奧斯丁：
語言現象學與哲學

楊玉成◎著

臺灣商務印書館發行

序

　　奧斯丁是二次大戰後英國著名的分析哲學家，是所謂牛津派普通語言哲學的領袖人物，在英美哲學界有極大的影響。但是，奧斯丁的名字，直到上世紀 80 年代以前，對中國讀者來說還是陌生的。近二十年來，國內學術界對奧斯丁的思想、著作雖陸續有所譯介、述評，但專門的論著迄今仍然少見。我高興地看到，楊玉成兄致力於奧斯丁哲學研究，積數年之功，撰著《奧斯丁：語言現象學與哲學》一書，為彌補中國學界的這一缺憾做了一件有益的工作。

　　從書中可見，作者對奧斯丁的全部著作（量雖不可謂巨大，但讀懂遠非易事）做過很扎實的研究，對奧氏的思想有深入透徹的理解，因而對其哲學能做出相當全面完整的論述和闡釋。人們或以為奧斯丁乃至整個普通語言派皆泥於一詞一句、一事一例的支離而零碎的分析，似無理論可言，更無系統可尋。作者對這種誤解力予澄清，指出奧氏的整個哲學是由具有內在聯繫和理論創見的三個部分組成的：語言現象學方法、言語行為理論和對傳統哲學問題的語言分析。我以為這為讀者總體地把握奧斯丁哲學提供了一個極有見地的精要提示。

　　奧斯丁和牛津派的普通語言哲學出現後在西方哲學界曾招致種種的批評，其中以羅素的批評最為尖銳。他指責這種哲學背離了二千多年來哲學家們以理解世界為己任的傳統，只討論各式各樣的語言的用法，而不關注世界和人與世界的關係，不涉及「實質性(substantial)的問題」。為了糾正這種偏激的看法，作者在此書中專有一章論語言和世界的問題，為奧斯丁做

了辯護。作者認為，奧氏的語言現象學不是純語言研究，不僅關注語言現象，而且關注語言之外的經驗現象或世界。他以語言分析的方法所探究所處理的正是或者説主要是若干重要的傳統的哲學問題，如現象、實在、一般、個別、物質事物、感覺材料、知識、真理等等。而且作者對奧斯丁使用的與語言相對照的有關世界的詞語（如實在、事物、現象、事實、事件、事態等等）及我們用語言談論世界的方式（尤其是他獨創地提出的言語行為理論）有很細緻的介紹和説明，令人信服地指出奧斯丁的語言分析雖然主要是在語言層面上對這些哲學範疇進行意義的分析，而不是對它們做本體論或認識論的「實質的」研究，但絕非與世界了不相關。不過，這裡有一個似應論及而作者暫且未予深究的問題，即語言和世界究竟是什麼關係？何以可用我們的語言談論世界？這是一個關乎奧斯丁及牛津派的基本哲學傾向的根本性問題。也許我們並不能從奧氏著作中直接找到明確的回答，但在他的弟子那裡對此卻有明白的表述。例如，塞爾説，「世界是按照我們區分它的方式而區分的，而我們區分事物的主要方式是在語言中。我們關於實在的概念是一個語言範疇的問題。」語言並非如實在論者設想的那樣是世界的圖像或摹本（奧斯丁和所有普通語言派的人都反對這種語言觀），反之，我們是「通過語言的範疇來經驗世界，這些範疇幫助我們賦予經驗本身以形式」，誠然世界不是語言創造的（塞爾説：「我不是説語言創造實在」），但是世界之具有被我們所經驗的形式，世界之成為我們所經驗的對象，卻是由語言範疇所塑造的。（參閱 Magee, *MEN OF IDEAS*, pp.183-185）在這個意義上，世界作為經驗的對象與經驗的語言範疇是同時成立的，正如在康德那裡作為知識對象的現象世界與知識的諸範疇形式是同時成立的一樣，我們用語言談論世界之所以可

奧斯丁：語言現象學與哲學

2

能，其秘密即在於此。這或許可以稱之為一種現代形式的康德主義。

　　奧斯丁的哲學被稱為普通（或日常）語言哲學，「普通」二字尤為批評者所詬病，其注重普通語言被譏為對語言的「普通用法」的一種盲目「崇拜」，「把哲學弄成了瑣屑不足道的東西」。作者在此書中談到奧斯丁關於普通語言的看法，指出奧氏亦非迷信普通語言，而是也看到普通語言有這樣或那樣的缺陷，「所以，奧斯丁認為，我們在強調現實語言的事實時，又不能滿足於普通語言，不能因發現了『日常用法』而自滿」，這個評論是公允的。同時作者又指出，奧氏正是通過對普通語言、對語言的普通用法的研究揭示了語言的多功能性，糾正了以往哲學家，尤其是所謂理想語言派的分析哲學家們以描述為語言的首要乃至惟一功能的簡單化的觀點，這確是奧斯丁和普通語言派在哲學上的一大貢獻。當然我們似亦不能不承認奧斯丁對普通語言的強調有其褊狹之處。他們都拳拳服膺維根斯坦《哲學研究》中的哲學研究一句箴言：「我們把語詞從其形而上學的使用重新帶回其日常的使用。」在他們看來，儘管普通語言可以有這樣那樣的缺陷，但是普通語言的用法對於哲學來說卻有一種規約的作用。他們認為，哲學與各門科學不同，後者可以有其專門的術語，這些術語可以有其自己的特定涵義，而哲學則沒有也不應該有其專門的術語，哲學的詞彙都是從普通語言來的，但是哲學家們賦予它們以不同於普通用法的異常涵義，這就違背了普通語言的使用規則，從而造成了混亂，引起了種種爭論不休的哲學問題，如果哲學家們能按照普通語言的用法使用語詞，這種種問題似乎就自然消解了。例如奧斯丁討論「實在」一詞，列舉了這個詞在普通語言中的各種用法，其中絕無哲學家們所謂與現象對立的形而上學的涵義，

於是實在與現象這一對範疇作為對普通語言的誤用而被消解了。這樣，奧斯丁實際上是用所謂普通語言限制人們對語言的哲學的使用，也就是限制人們對世界進行更深沉更精湛的深求，使人的認識停留在、局限在日常生活和普通常識的水平。就此而言，他的哲學恐難免貽人以「淺薄」之譏。

陳啓偉
2002 年 3 月於北京大學暢春園

目　錄

導　論

　　奧斯丁(J. L. Austin, 1911-1960)是二次大戰後英國最有影響的哲學權威之一，是現今在語言哲學和語言學中已很著名的言語行為理論的首創者。自奧斯丁逝後，西方學者對言語行為理論的研究越來越深入細緻，已使之成為語用學的一個重要組成部分。他們當中許多人對奧斯丁的興趣主要偏重語言學方面，傾向於把奧斯丁的後期著作看作是與哲學無關的語言學著作。①這種從語言學方面對奧斯丁的研究當然是有意義的。因為奧斯丁本人就曾經暗示他的語言探究不僅有其哲學上的目的，還有語言自身方面的目的，他甚至希望對語言的全面、詳盡的研究可以導致一門新的語言科學的建立，以便超越和取代傳統的哲學家、語法學家和語言學家在該領域所做的一部分工作（參看1956b, 232，關於本書的引注說明詳見本導論的最後部分）。

　　當然，無論如何，本書的興趣不在「語言科學」方面，而在哲學方面，在於作為哲學家的奧斯丁。誠然，奧斯丁是作為一名卓越的古典語言學者步入哲學之門的，他在哲學上諸多新穎的原創性洞見肯定在很大程度上得益於他在語言方面的高度敏銳。他終身對複雜的語言現象保持高度的興趣，不時在其哲學論文和演講中插入與論題相關的細緻的語言研究。但是，奧斯丁對語言所做的探究畢竟與經驗語言學家的純語言研究不

①　奧斯丁對語言學界的影響甚鉅。西方學者的語用學方面的著作幾乎都要論及他的言語行為理論，而對言語交際理論的研究更是離不開奧斯丁。中國語言學界在70年代末就已注意到奧斯丁，許國璋先生在《語言學譯叢》第一輯（中國社會科學出版社，1979年）就已摘譯評介《如何以言行事》一書。中國哲學界對奧斯丁的評介工作似乎要晚一些。

同，他的語言探究是有其哲學上的目的或意圖的。他對語言的某些表達式的意義和用法的極其細微的差別所做的具體的、詳盡的研究，是因為這些表達式與傳統哲學問題有密切的聯繫，而他的言語行為理論對語言所做的概括性研究也是從哲學角度對語言的本質所做的探討。因此，儘管奧斯丁不贊成把他對語言所做的探究稱為「語言分析哲學」或「分析哲學」，認為這類名稱引人誤解，但他明確承認他從特殊的觀點對語言所做的研究具有哲學上的意義或重要性。正是在這個意義上，他把他對語言所做的探究看作是做哲學的一種「方法」或「方式」，即通過語言探究來處理某些傳統哲學問題，他提議為避免誤解最好把這種做哲學的方式稱為「語言現象學」（linguistic phenomenology，參看 1956a, 182 ）。

奧斯丁對「語言現象學」這一名稱未詳加解釋，但有一點是明確的，即「語言現象學」研究的是「什麼時候我們會說什麼，在什麼情況下我們會用什麼詞」(1956a, 182)。這種研究實際上就是語言使用的研究。[②]在這種研究中，我們不僅要盯住語詞，還要盯住我們使用語詞所談論的實在，「我們是在運用對語詞的敏銳覺察去磨銳我們對現象的知覺」(1956a,182)。因此，奧斯丁的「語言現象學」不是純語言的研究，它不僅關注語言現象，還關注語言之外的經驗現象。對語言的研究和對實在的研究不僅不相互排斥，而且實際上二者是相互促進、相互補充的。一方面，「對體現在日常語言中的微妙區分的澄清同

---

② 奧斯丁所使用的「use」一詞實際上相當於「employment」（使用），在不嚴格的意義上也可譯為「用法」，但應注意「用法」(use)與「慣用法」(usage) 之間的不同，對前者的研究要考慮使用者的意圖以及使用情境因素，後者相當於使用規則，對它的研究是語義學家的事。可參看賴爾的〈日常語言〉一文，載查佩爾(V. C. Chapell)編的《日常語言》，紐約，多佛出版有限公司，1964 年。

樣闡明了世界中的區分」③，因此，研究語言使用上的細微差別有助於理解實在；另一方面，研究實在或經驗現象的多樣性和複雜性又可以幫助我們認識語言的「不適當」和「任意性」，有利於避開語言給我們設置的陷阱。

正因為「語言現象學」在理解語言和理解實在兩個方面都有積極的作用，因而它對傳統哲學來說是重要的，它會導致某些哲學上有重要意義的結果。借助這些結果，某些傳統哲學問題可以得到解決或得以消除。正是在這個意義上說，語言探究是處理哲學問題的一種特殊的「方法」或「途徑」。從實際情況看，奧斯丁首先注意的是語言現象學的哲學後果，而它為新的語言科學奠定基礎乃是第二步的或將來的目標。對於這個第二步的目標，他談的很少，大致只有一種模糊的構想，並未付諸實施。有人認為奧斯丁在《如何以言行事》中幾乎達到「語言的科學」④，這種說法畢竟有些誇張。實際情況是，奧斯丁僅僅在《如何以言行事》中論述到他的「一般的」言語行為理論，他對這個理論並不感到滿意，僅僅承認它足以摧毀真／假偶像和價值／事實偶像（參看 Words, 150），而未宣稱它是新的語言科學之雛形。由此看來，他的言語行為理論不僅是對語言的本質所做的探究，不僅是一種語言哲學，它同時還有一般的「哲學意義」，可以用於處理傳統哲學問題，儘管奧斯丁並未詳細討論它的哲學「後果」，而把它在哲學中的有趣運用留給讀者自己去思考（參看 Words, 163）。

對於語言探究的哲學「後果」，奧斯丁是有自覺意識的，因為他所研究的大多是與傳統哲學有關的語詞的使用，以便求

---

③ 威茨(Morris Weitz)編的《二十世紀的哲學：分析的傳統》，紐約，自由出版社，1966 年，第 327 頁。

④ 約翰·巴斯摩爾(John Passmore)《哲學百年》，倫敦，企鵝圖書公司，1966年，第 455 頁。

得某種「結果」。在他從 1947 年起所做的有關知覺問題的演講中，他就兼研究知覺語詞和知覺事實，並以他的結果檢驗傳統的知覺理論的論證（參看本書第四章）。在 1956 年的〈為辯解辯〉一文中，他明確指出對辯解詞族的研究「尤其對道德哲學做出特殊的貢獻，在肯定方面提出一種謹慎的現代行為觀點，而在否定方面又糾正從前的一些比較草率的理論」(1956a, 177-178)。在 1956 年的〈如果和能夠〉一文中奧斯丁強調指出，他對「ifs」和「cans」的研究之所以重要的理由之一就是它們與哲學上的決定論問題有關，因而他的研究是以一定的哲學問題為背景的，是有哲學意圖的（參看 1956b, 231）。即使在其「語言味」最濃、並在後來確實極大激勵語用學研究的言語行為理論中，奧斯丁也時時意識到他的工作與傳統哲學事業的關係。另外，儘管奧斯丁主張運用他的語言探究技術的初學者應該選取離傳統哲學較遠的話題，但他本人所加以詳察的「知道」、「相信」、「是真的」、「看起來」、「真實的」等等，都是哲學家們的常用詞彙，即便是他認為較少受哲學踐踏的辯解詞族，也因其與責任和自由問題有關而受青睞。由此看來，奧斯丁的語言探究的哲學用意是很明顯的。

當然，奧斯丁的語言探究的哲學後果是雙重的，既有肯定面又有否定面。前段已提及辯解詞族研究對於道德哲學的肯定性後果和否定性後果。事實上，他對其他語詞的研究也有這兩方面。從否定方面看，奧斯丁對傳統哲學的幾乎所有的概念都提出質疑，共相、殊相、個體、物質事物、感覺材料、知識、真理、自由、行為等術語無不受他的挑戰，而感覺材料和物質事物、共相和殊相、事實和價值、真和假、現象和實在、描述話語和評價話語、分析判斷和綜合判斷等拙劣的二分法的思維模式無不受到他的批評，這就是說，他對傳統哲學的否定態度

極為徹底，不願意接受傳統的範疇框架，甚至不願意接受傳統的哲學問題，用他自己的話說，就是大量傳統難題或錯誤可以被消解或消除（參看 1956a, 180）；從肯定方面看，他致力於尋求哲學上的「新的開端」，力圖釐清一些哲學概念的真正內涵，使知識、真理、行為等問題在新的闡釋中獲得新生。他通過對傳統哲學問題進行批判性的考察，改變了問題的提法和思考的框架，拓展了解決問題的思路，因此，他不是哲學的取消者，而是革新者。比較而言，奧斯丁更注重肯定面，而視否定面為「附帶的結果」，終究也是服務於肯定面的，因為破畢竟是為了立。因此，奧斯丁對哲學的總的態度是積極的，他力圖使問題變得清楚，從而明確解決問題的方向，用他自己的話說，他使哲學研究獲得「積極的新開端」(1956a, 180)。

　　總之，奧斯丁的「語言現象學」是他對語言的使用所做的一種特殊的探究，這種探究的最切近的努力是獲取哲學上有啟發性的結果。本書的主題就是探討奧斯丁的這種語言探究及其在哲學上的有教益的方面，探討它在哲學觀念上所帶來的變革和創新。當然，應該注意的是，奧斯丁與那些主張所有的哲學問題都因「語言」而產生的「語言分析哲學家」(linguistic philosopher)不同（參看本書第一章第二節），他並不主張所有的哲學問題都是語言問題，也不認為語言探究是解決哲學問題的惟一合法的途徑，因此，他在哲學探究中也不僅僅運用所謂的「語言現象學方法」。他所探討的大多是「實質性」的哲學問題，如知覺問題，真理問題和知識問題等，這些問題都需要實質性的討論，而不能僅僅停留在語言層面上。因此，儘管他偏愛從語言探究開始的方式，但也常偏離語言現象學的步驟，直接面對哲學問題做實質性的議論，如在知覺問題上他就揭示了艾耶爾企圖把世界觀念化的唯心主義的隱秘動機。因此，儘管

本書的課題重在探討奧斯丁的語言現象學及其哲學後果，但並不固執於由語言現象學步驟所推出的哲學結果，也不細究奧斯丁的語言辨析的細節，而主要著眼於問題的實質方面，著眼於奧斯丁所持的哲學見解。

還有兩點需在導論中加以說明，其一是奧斯丁的思想淵源問題，其二是奧斯丁哲學之內在關聯問題。與維根斯坦不同，奧斯丁是個學者型的哲學家，有深厚的哲學史功底，對西方哲學史上幾乎所有的大哲學家的學說都極為熟悉，在他為數不多的公開發表的論文以及演講稿中幾乎提到所有大哲學家的名字，並幾乎是順手拈來就可以加以點評。我們很難確定他究竟受了哪些哲學家的思想影響以及影響的程度如何。大致說來，亞里士多德、萊布尼茲、弗雷格、穆爾、柯克·威爾遜、A.普利查德等人的思想或多或少在奧斯丁的思想中有痕跡，而柏拉圖、貝克萊、休謨、康德、羅素、艾耶爾等人的思想則主要是他的批評對象。從大的思想背景看，奧斯丁所屬的當然是英國經驗論傳統。在英國理智傳統上根深蒂固的是一種對具體性和個別性的感覺，一種對抽象和誇大其詞的概括的不信任。這種傳統與歐洲大陸的抽象、思辨的理性論傳統形成鮮明的對照。從 20 世紀分析哲學傳統內部看，奧斯丁顯然不屬於以羅素、前期維根斯坦、卡爾納普、塔斯基、蒯因和戴維森等為代表的理想語言派傳統，而屬於穆爾開創的普通語言派傳統，除奧斯丁外，屬於這個傳統的重要哲學家有賴爾、後期維根斯坦、威斯頓、斯特勞森、塞爾等。當然，在我看來，由於奧斯丁思想高度的獨創性，細究他的思想淵源可能收效甚微，因此，本書不擬專門討論他的思想與前人或同時代人的關係，而是直接進入主題，在討論具體的相關問題時順便討論他與其他哲學家的思想關聯。

關於奧斯丁思想的內在關聯問題，有人持否定的意見，認為奧斯丁對哲學問題的探究是一系列相互獨立的探究，彼此之間沒有多少聯繫，因而要對他的「哲學」給予系統的說明是不可能的。[5]我不贊成這種否定意見。在我看來，奧斯丁的整個哲學是由相互密切聯繫的三個部分組成的：其一是他所獨創的日常語言的探究方法，即語言現象學方法，這是他整個哲學的前提和基礎；其二是他比後期維根斯坦和賴爾更鮮明地用這種方法來探求對語言的本質的認識，其結果是著名的言語行為理論，這項工作通常被看作是語言哲學(philosophy of language)工作的一部分，而言語行為理論可以看作是他的語言哲學，即他的「語言現象學」的理論部分；其三是他運用自己的方法探究傳統哲學問題，尤其是知覺、真理、知識、行為等問題，這項工作就是通常所說的「語言分析哲學(linguistic philosophy)」的工作，這可以說是「語言現象學」的具體運用部分。從時間順序看，奧斯丁先做的是第三方面的工作，而只是到後期才形成他的語言哲學理論，即言語行為理論；但從邏輯順序看，語言哲學理論應是在先的，因為對語言性質的看法影響了他對特定哲學問題所做的語言分析，如他的知識概念分析就嚴重依賴於他的「施事話語(performative utterance)」概念，儘管當時他尚未形成系統的言語行為理論。

本書所採取的是邏輯順序，先討論奧斯丁的方法（第一章）。然後討論語言和世界的關係（第二章）以及語言與行為的關係（第三章）。實際上，語言和行為的關係是語言和世界關係的一個方面，因為行為是可見世界的一部分。其區分在於語言和世界的關係是間接的、抽象的和不固定的，它必須通過

---

[5] 參看保羅・愛德華(Paul Edward)主編《哲學百科全書》中的「Austin」詞條，倫敦，麥克米倫出版公司，1967年版，第212頁。

言語行為來實現；而語言和行為的關係則是語言和世界的現實聯繫，即語言和世界在言語行為中的結合。奧斯丁區分了語言和言語，把言語的本質看作是人類的行為，從而也就把語言看作是人類行為的一部分，看作是可見世界的一部分。奧斯丁欲破除語言和世界的嚴格的二分法，語言和行為的關係是他關心的重點。最後，我還要依次討論奧斯丁對知覺問題、真理問題、知識問題、倫理問題所做的探究（分別構成第四、五、六、七章）。為了便於讀者進一步了解奧斯丁的生平和哲學活動情況，提供有關奧斯丁思想的一些背景材料，我還選擇摘譯了與奧斯丁關係親密的學生或合作者的幾篇有關紀念文章，置於正文之後，構成附錄 I、II、III、IV、V。關於文中的註釋，奧斯丁著作的引述採用文中注，其餘均作為當頁腳註，腳註中引述的英文原著翻譯為中文，英文目錄詳見書後參考書目。S & S 代表 *Sense and Sensibilia*（《感覺和可感物》，牛津大學出版社，1962 年），Words 代表 *How To Do Things With Words*（《如何以言行事》，牛津大學出版社，1962 年版），*Philosophical Papers*（《哲學論文集》，牛津大學出版社，1979 年版）中的論文標出寫作年代，沒有明確寫作年代的直接標出在該論文集中的頁碼。有關論文寫作年代如下：

1939：〈有先天概念嗎？〉(Are There A Priori Concept?)

1940：〈一個詞的意義〉(The Meaning of a Word)

1946：〈他人的心〉(Other Minds)

1950：〈真理〉(Truth)

1953：〈如何談論：一些簡單的方式〉(How to Talk— some simple ways)（簡記〈如何談論〉，How to talk）

1954：〈對事實的不公正〉(Unfair to Facts)

1956a：〈 為辯解辯 〉(A Plea for Excuse)

1956b：〈 如果和能夠 〉(Ifs and Cans)

1956c：〈 施事話語 〉(Performative Utterance)

1958：〈 偽裝 〉(Pretending)

　　論文年代之後的頁碼是《哲學論文集》（ 1979 年版 ）中的頁碼。例如（ 1950, 120 ）就讀作：〈 真理 〉、《哲學論文集》的第 120 頁。

第一章

「語言現象學」作爲一種哲學方法

導論中已提及，奧斯丁的「語言現象學」是對語言使用的研究。它包括對某些特定的表達式的使用做具體的研究和對一般的使用語言的方式做概括性的研究。前者是處理某些傳統哲學問題的方法之一，其結果是傳統哲學問題的消解或轉換；後者則是對語言的普遍特徵或本質的研究，其結果是一般的語言理論或語言哲學理論。因此，「語言現象學」既是一種哲學方法，又是一種有關語言使用的一般理論。本章主要討論作爲哲學方法的「語言現象學」，而把作爲一般語言使用理論的「語言現象學」留待第二章和第三章探討。

一、奧斯丁的一般哲學概念和哲學方法概念

在討論奧斯丁的語言現象學方法之前，我們有必要先弄清奧斯丁頭腦中對哲學的性質和方法究竟持有什麼樣的一般概念？在 1956 年的〈如果和能夠〉一文的結語部分，奧斯丁寫道：

> 在人類探究的歷史中，哲學擁有當初的中心太陽的地位，潛含待發而又混亂喧囂，它不時甩掉自身的某個部分使之成爲一門科學，成爲一顆冷卻的、秩序井然的行星，堅定地朝著遙遠的最終狀態前進。很久以前，數學就這樣產生了，而後又產生了物理

學；只有到上個世紀我們才又一次目睹了同樣的過程，通過哲學家和數學家的共同努力，數理邏輯科學緩慢而又幾乎難以察覺地產生了。在下個世紀通過哲學家、語法學家和許多其他語言研究者的共同努力，難道不可能產生一門真正的、全面的語言科學嗎？到那時，我們將以我們曾經能夠擺脫哲學的惟一方式（即把它明升暗降），擺脫掉哲學的一個更大的部分（當然，還會有許多東西剩下）(1956b, 232)。

這段引文表明奧斯丁意識到過去在「哲學」名義下所做的那些探究，實際上是對許多不同類型問題的探究，而且這些最初的哲學探究是一種前科學狀態的探究，它們通常處於混亂的爭論之中，在歷史的發展過程中，它們當中的某些問題的討論漸趨成熟，已經從哲學中獨立出去，成為有序前進的具體科學，而對其他問題的探討仍然處於紛爭之中。但是，除了強調哲學是養育各門科學的溫床，而某些科學已從所謂的「哲學」中分化獨立出來這樣一個基本的事實之外，奧斯丁對哲學的性質並沒有什麼正面的系統的一般見解，相反，他對哲學卻有許多否定性的意見，認為哲學家們總是爭吵不休，達不到任何一致的意見，處於混亂狀態似乎成了一個問題之為哲學問題的標誌，而粗心、草率、固執的創新傾向、依賴於定義不明確且不可靠的專門術語的傾向、過分簡單化、過早的概括以及對非此即彼的二分法的偏愛等，不僅是哲學家易犯的職業病，而且簡直可以說是哲學家所從事的職業（參看 Words, 38/1956c, 252）。[1]

基於上述的對哲學的「否定性」的理解，對奧斯丁而言，他的任務有兩個：一是充當新的語言科學的助產士，使哲學對

---

[1] 還可參看瓦諾克(G. J. Warnock)《J. L. 奧斯丁》，倫敦，勞特利奇出版社，1989年，第9頁中對哲學家過失所作的概括。

語言所做的探究成為語言科學的一部分；二是努力澄清尚處於混亂之中的某些哲學問題，使其中的一些似是而非的問題因此得以消失，使被歪曲的問題得以修正，為問題的解決尋求新的開端。需要做第一方面工作的理由是，在奧斯丁看來，既然哲學的探討並沒有自身所固有的一般性質，而是對諸多異質問題的前科學狀態的探討，因此，哲學家的一個重要任務就是促使對某些問題的探討走向成熟，讓更多的東西從哲學的混亂局面中擺脫出來，成為獨立的科學。由於傳統的哲學家和語言學家兩方面對語言資源和語言問題都缺乏全面的、徹底的研究，也由於奧斯丁自己所感興趣並擅長處理的是語言，因此，他希望對語言的研究從哲學中獨立出來，擺脫混亂局面，成為井然有序的科學。這是他所設想的長遠目標，而他的言語行為理論也許可以說是他在這方面工作的初步嘗試。

奧斯丁的第二方面的任務實際上就是為哲學清掃地基。需要做這方面工作的理由是，未併入科學而繼續被稱為「哲學」的那些問題仍然處於混亂之中，造成這種混亂的原因很多，但至少部分是由問題的不清楚造成的，因此作某種程度的清理是必要的。在奧斯丁看來，現實的情況是哲學家對如何回答哲學問題缺乏一致的意見，他們的論證總是表現為駁斥和反駁斥，人們在哲學的無休止的論戰和爭吵之中似乎看不出它有什麼進步。哲學的這種混亂景象與科學的井然有序形成鮮明的對照，其暗淡的現實狀況使奧斯丁受到極大的影響，但他不相信這種混亂的狀況是無望改變或無可救治的。儘管無結論和爭吵確實是哲學的實際表現，但無論如何，這不是哲學所固有的本質特徵。哲學上的不斷爭吵是由哲學家們所易犯的一些過失造成的，一方面是由於他們的專門術語的含混不清和對普通語詞的濫用，另一方面則是由於他們對事實的概括過於簡單化。這兩

方面的過失即便不是有缺陷的人類所能完全消除的，但至少可以通過誠實的努力而得以減少。總之，哲學給我們帶來的是一些很有爭議的難題，這些難題需要得到小心的處理，至少需要得到澄清，這是擺脫哲學混亂的第一步工作。

奧斯丁的上述兩個方面的任務都與對語言的研究有關——為語言科學做準備必須包含語言的研究自不必說，而消除哲學混亂也必須詳細研究某些語詞的意義和用法，以揭示哲學術語之不適當和哲學家對普通語詞的濫用——因此，奧斯丁在實踐中通常通過對語言使用的詳細研究來處理問題。當然，奧斯丁所關注的語言是我們通常所使用的普通語言，在〈為辯解辯〉一文中他還對從普通語言出發的「語言現象學」方法進行了理論上的反思和辯護（詳見下節）。然而，由於奧斯丁對哲學問題的性質沒有正面的一般見解，因而他在對如何處理這些問題的方法問題上也沒有系統的看法。儘管他堅持適當的哲學方法應包含對語言的研究，但他的看法並不獨斷，並不堅持對語言的研究是惟一的適當的哲學方法，而只是堅持它是「可能的做哲學的一種方法」②。因為，在他看來，既然「哲學」所涵蓋的是一系列完全異質的探究，這些探究就不會具有任何單一的目標，因而也不大可能共有任何單一的方法。因此，他並不預先制定任何普遍的方法原則，而傾向於認為哲學家們可以採用他們各自認為有效的辦法討論哲學問題。他自己則經常採取他所熟悉的語言探究的方法來處理他所感興趣的一些哲學問題。

當然，儘管奧斯丁對哲學方法並沒有系統的概念，但他在對如何「做哲學」或如何處理哲學問題這一問題上，還是有其

② 參看厄姆森(J. O. Urmson)〈J. L. 奧斯丁〉一文，載《哲學雜誌》，第62卷，1965年，第500頁。

明確的態度和一般傾向的。他強調要不惜一切代價防止「哲學」的過於簡單化（參看 Words, 38），主張對語言現象和經驗現象作儘可能詳盡的研究和描述，這種對語言和現象的詳盡研究需要敏銳、頭腦清楚、仔細和耐心等必要的品質，還需付出艱苦的勞動。另外，儘管奧斯丁不認為有惟一的、標準的哲學方法，但他堅持無論哲學家採取什麼方法討論哲學問題，這種討論都應該是合作的討論，即許多人的協作探求，通過協作者對定義明確的問題所做的討論來達到可靠的一致意見。奧斯丁不大相信哲學上的個人天才和單個人的苦幹，認為哲學的目的如果不是為製造某種個人影響或某種「文學的」效果，而是要在某些問題上取得結論的話，那麼，最好的方式應該是合作的、耐心的討論。在討論「辯解」問題時，奧斯丁特別強調「發現的樂趣、協作的快樂和取得一致意見的滿足」(1956a, 175)。因此，奧斯丁在有關做哲學的方式上的一個重要態度是主張討論，即為達到共識、為把事情做好的仔細的批判性的討論。他的「語言現象學」就是一種批判性討論的方法，它在實際操作步驟中所表現出來的一個重要的特徵就是批判性的討論，即由一組人相互協作地勞作並相互批評、相互修正，最後在某些點上達成共識。無論這種共識多麼微小，但在奧斯丁看來，達成共識總是意味著進步。下面開始具體討論奧斯丁所提出的語言現象學方法。

二、語言現象學方法的提出及其理論辯護

　　導論中已提及，奧斯丁把他的語言探究看作是一種適當的哲學方法，他對這種方法的惟一的肯定性的建議是稱之為「語言現象學」。奧斯丁只是非常簡短地談到他提議的理由。他認為，由於「日常語言」、「語言分析哲學」(linguistic philosophy)③、「分析哲學」、「語言分析」等諸如此類的口號或名稱的流行，極易使人們對他的語言探究產生誤解。為了避免誤解，他提出最好用「語言現象學」作為他的哲學方法之名稱，因為他的語言探究與通常所謂的「語言分析」不同，他的「從日常語言出發」的語言現象學方法考察的是「什麼時候我們會說什麼，在什麼情況下我們會什麼詞」(1956a, 182)，這種考察所注意的不僅是我們的話（或語詞），它還關注說話的境況以及我們用語詞意指的東西，即關注語言之外的實在或現象。這表明奧斯丁是重視「實在問題」的，不是常被指責為過分著迷於語言問題的「語言分析哲學家」。

無論如何，從奧斯丁的簡短說明中，我們可以得到一些啟示。首先，他把他的語言探究稱為「語言現象學」，這表明他力圖把語言使用的研究上升為一種系統的理論研究，而不像維根斯坦等人所做的零碎的「治療性的」研究，這暗示了他想把語言使用研究納入將來的擴充了的語言科學的遠景目標。他所提出的描述語言的某些重要概念，如言語行為概念，可能會在語言科學的發展中扮演重要的角色。其次，「語言現象學」是一種提醒哲學關注事實的方法。奧斯丁對語詞的敏銳覺察是為了磨銳對現象的知覺，就是說，他對某些表達式用法的細微差別的關注是為了使人想起世界中的事實的區分，因而，這種關注具有哲學上的重要性。例如，傳統哲學以簡單化的方式處理了大量的有關知覺和行為的複雜事實，而奧斯丁對涉及知覺和

③ 把「linguistic philosophy」譯為「語言哲學」或「語言學哲學」似乎都不妥當，因為前者無法與「philosophy of language」區分開，而後者無法與「philosophy of linguistics」區分開。關於「philosophy of language」和「linguistic philosophy」之間的區分可看塞爾(John Searle)《語言哲學》（牛津，牛津大學出版社，1971年）的導言部分和《言語行為》（劍橋，劍橋大學出版社，1969年）的第一章。

行為的語詞的用法做詳細的比較和區分的目的是，使人們以具體的方式認識到與知覺語言和行為語言有關的各種複雜的境況。在這方面，奧斯丁和後期維根斯坦有相似之處，他們都希望哲學關注世界，並且都主張關注日常話語，關注我們非反思地描述世界的方式。因為關注日常話語有雙重的作用：其一，它是一種提醒的方法，即對日常語言的反思能使人們認識到世界中的區分；其二，語言本身是世界的一部分，是人的世界的一部分，哲學應理解這個世界，而不是去製造大量過分簡單化的理論。再次，對回到事實的關注暗示奧斯丁的「語言現象學」與歐洲大陸的現象學似乎有某種關聯。他的語言現象學的目的在於消除妨礙我們重新察看世界的概念框架，這與歐洲大陸現象學「以新的、沒有妨礙的方式重新察看世界和我們的經驗」這個口號極為相似。因此，他的「語言現象學」這個提法應該有來自歐洲大陸的「世界現象學」方面的依據和激勵。不過，正如塞夫(Walter Cerf)所指出的，奧斯丁頭腦中的現象學概念似乎不是胡塞爾的先驗的建構性現象學，而是胡塞爾追隨者的普通的描述性現象學。④

---

④ 塞夫是注意到奧斯丁的語言現象學與歐洲大陸現象學之間的關聯的少數研究者之一，他的看法儘管有發揮成分，但還是頗有啟發性。在〈對《如何以言行事》的批判性考察〉一文中，他認為，奧斯丁思想的一些方面和現象學家以及生存主義者的某些先見有密切的聯繫。如他的描述態度受現象學家影響，而他的要求考察「在總體情境中的總的言語行為」這種整體主義與英國傳統的原子主義相衝突，而與從海德格爾到梅洛-龐蒂的生存主義相一致。另外，他的語言現象學要求消除傳統的語言觀，以便重新察看人類在諸情境中即在世界中如何運用語言，因此，他的語言現象學，不同於通常的邏輯分析或語言分析，而與生存論分析有同調之處，因為語言是人類所特有的，運用語言是人類區別於動物的一個本質特徵。在塞夫看來，奧斯丁的語言現象學與歐洲大陸的「世界現象學」相對應，並且以世界現象學為基礎。他還指出，從奧斯丁的言語行為分析到漢普舍爾的《思想和行動》這條道路與從胡塞爾到海德格爾這條路相似，這兩條路都通向生存論分析。塞夫的該論文初發於《心》雜誌（1966年），重印於范光棣(K. T. Fann)編的《J. L. 奧斯丁討論集》，倫敦，勞特利奇和基根·保羅出版公司，1969年，第351頁。

當然，無論如何，奧斯丁自己並未解釋他是在什麼意義上使用「現象學」一詞的，更未說明它與歐洲大陸的「現象學」有什麼關聯。也許正因為如此，「語言現象學」這個名稱在研究者中並未得以流行。我把這個名稱用於本書題目是因為它是奧斯丁對他的語言探究工作所做出惟一的肯定性說法。我把它與「語言的使用研究」同義使用，不細究它有什麼特別的意味。我認為，從奧斯丁實際所做的工作看，他的「語言現象學」包括兩個方面：一是特定術語的語言現象學，即對特定術語的使用所做的研究，這主要是處理哲學問題的一種方法；二是一般的語言現象學，即對「語言的使用」做一般系統的研究，這主要是對語言的本質所做的探討，是一種普遍的語言理論或語言哲學。

　　儘管奧斯丁明確宣稱「語言現象學」是一種哲學方法，但由於他對這個名稱未做明確的解釋，因此，在有關他的哲學方法問題上依然存在很大的爭議。大致說來，有兩種相互對立的意見。一是通常的看法，即奧斯丁通常被看作是語言分析哲學家中的一員，與後期維根斯坦和賴爾等人一樣以語言分析或闡明為方法來解決或消解傳統哲學問題。與此相反的另一種意見是奧斯丁的共事者或追隨者所持的看法。他們強調奧斯丁的獨特性，不承認奧斯丁是語言分析哲學家或以語言分析或闡明為方法，甚至認為奧斯丁並不持有特別的哲學方法，更沒有對他的「方法」進行辯護的原則或一般意義上的哲學方法論。厄姆森就認為奧斯丁並不預先制定任何方法論原則，只是在實際操作技術方面提出一些忠告，他擁有的是一套系統的開始工作的方式，某種相當於「實驗技術」的東西。[5]瓦諾克則認為奧斯

⑤　參看厄姆森〈J. L. 奧斯丁〉一文，載《哲學雜誌》，第62卷（1965年），第499-508頁。

丁在哲學和語言之間的關係上並不持特別的看法，也不賦予某種語言探究在哲學方法中的中心地位。在他看來，奧斯丁僅僅堅持哲學家應更加努力地工作以及為達到一致意見而應做仔細的、批評性的合作討論，除此之外，哲學探究沒有什麼特定的目的，也沒有什麼專門的方法。[6]漢普舍爾甚至認為奧斯丁的所謂的「方法」最好應被看作是一種「思想風格」或「思考習慣」。[7]由於這些人與奧斯丁的親密關係，他們的見解在專門的研究者中有廣泛的影響。

　　我認為，上述的第一種意見乃是引人誤解的空泛之談。實際上，奧斯丁是否應該被看作是語言分析哲學家還頗不易說（關於語言現象學與語言分析之間的關係見下節），這涉及「語言分析哲學」這個術語的界定問題。按瓦諾克的看法，語言分析哲學的典型觀點是認為典型的哲學問題和困惑以某種方式潛伏在語言本身之中或由語言本身而產生，因而能通過對語言的詳盡研究而得到解決或以某種方式得到處理。儘管賴爾也不喜歡「語言分析哲學」這個標籤，但他確曾一度認為哲學上的麻煩是由於自然語言的某些通常的形式是「系統地引人誤導的」，即語言外表的一致性和表面的相似性掩蓋了深層的概念差異，使我們喪失了對它的洞察力。這樣，哲學的目標就是抵制被誤導，揭示表達式的致人誤導的形式，避免落入語言給我們設置的類比和同化的陷阱，從而消除試圖把我們的思想壓縮進不合適的形式所引起的不適和困擾。[8]後期維根斯坦更是強調我們必須抵制「語言對我們理智的迷惑」，抵制「由語法幻

⑥ 參看瓦諾克《J. L. 奧斯丁》的導言，倫敦，勞特利奇出版社，1989年。
⑦ 參看漢普舍爾(Stuart Hampshire)〈J. L. 奧斯丁〉一文，轉載於羅蒂(Richard Rorty)主編的《語言的轉向》，芝加哥，芝加哥大學出版社，1967年，第240頁。
⑧ 參看賴爾〈系統的引人誤導的表達式〉一文，載弗盧(Antony Flew)編的《邏輯和語言》(1)，牛津，巴西爾‧布萊克威爾出版公司，1960年。

覺所產生」的迷信，抵制「因誤導我們的語言形式所導致」的迷信。⑨如果說賴爾和維根斯坦是典型意義或強意義上的語言分析哲學家，那麼，奧斯丁肯定不是這樣的哲學家。儘管他也提醒我們要注意語言給我們設置的圈套，但他並不認為哲學問題都因語言而產生，也不認為語言探究是哲學的惟一合法的工作；儘管他同維根斯坦等人一樣試圖通過語言研究消除某些哲學困惑並因此而使他的語言探究有否定性的一面，但由於他的更為重要的目標是透過語言更好地理解實在，以便使哲學獲得新的開端，因此，他的語言探究與維根斯坦的止於「治療」目的的零碎的探究不同，他的探究更為系統、詳盡，用他自己的話說，更類似於「昆蟲學家」的分類工作（參看 1956c, 234）。這就是說，他的語言探究更具科學性，更有建設意義，它的作用不僅在於消除哲學困惑，治療「哲學疾病」，還能積極地預防哲學困惑的產生。

　　或許我們可以據奧斯丁的高徒約翰・塞爾的看法，把奧斯丁看作是不僅對傳統哲學問題有興趣，而且還試圖通過細緻處理我們用於描繪世界的語言來探究世界的某一方面這樣一種弱意義上的語言分析哲學家⑩。無論如何，由於「語言分析哲學」這個名稱的含義不明確，容易引人誤解，因此，奧斯丁拒絕這個標籤，而煞費苦心地新創了「語言現象學」作為他的哲學方法的名稱，其用意就是為與通常的「語言分析」有所區別。

　　從以上的論述可見，奧斯丁的哲學方法不是典型意義上的「語言分析」方法。那麼，前面所說的第二種意見是否更為合理呢？我認為，第二種意見在拒絕第一種意見時又走到了極

---

⑨　維根斯坦《哲學研究》，牛津，巴西爾・布萊克威爾出版公司，1958年，第109-111節。

⑩　參看塞爾《語言哲學》的導言，牛津，牛津大學出版社，1971年。

端，實際上等於否認奧斯丁有獨特的哲學方法，這種意見也是極為偏頗的。誠如厄姆森所言，奧斯丁主張在「哲學」名目下所涵蓋的是一系列全然異質的探究，因而它們並不擁有任何單一的目標，也不大可能共有一種方法，因為對處於混亂之中的哲學問題，人們尚未找到解決它的標準辦法。[11]但是，我認為，由奧斯丁的這一主張並不能得出他自己的語言探究沒有特定的目標和方法，由哲學本身沒有惟一適當的目標和方法不能推出持這一主張的哲學家本人沒有明確的目標或不作方法原則方面的探討。因此，儘管作為奧斯丁遺囑的執行人厄姆森，對奧斯丁的「實驗技術」的操作步驟的報導是可信的，但他認為奧斯丁的「實驗技術」的辯護只在於實踐中的成功而無理論依據這個觀點則證據不足。

在我看來，奧斯丁是一個以方法見長的哲學家，他在哲學上的獨創性與他的獨特的方法是密不可分的。如果他的方法僅僅是一套實際的操作技術或技巧，而無理論依據或辯護，那麼，這種失之無據的技術或技巧就顯得極為任意，這不僅不能讓別人信服，也不能令奧斯丁自己滿意，我想，奧斯丁是不會停留在無根基的「技術」之上的。事實上，奧斯丁的語言現象學不僅僅是一套實驗的操作技術（所謂的「實地考察」和「實驗技術」僅是實際操作技術的特徵），而是有其原則依據的，這種原則貫串於他的操作步驟之中。儘管我們還不能確定是否應該將奧斯丁在方法原則方面的探討稱為哲學方法論（據瓦諾克報導，奧斯丁討厭「方法論」這個詞[12]，但事實上奧斯丁在研究「辯解」中曾明確指出它在方法論上是一個吸引人的主

---

⑪ 參看厄姆森〈J. L. 奧斯丁〉一文，載《哲學雜誌》，第62卷（1965年），第499頁。

⑫ 瓦諾克〈周六晨會〉，見劉福增《奧斯丁》（台北，東大圖書公司，1992年）一書第13頁的摘引。

題），但毫無疑問的是，他確實討論了為語言現象學辯護的三個理由：

> 第一，詞是我們的工具，而至少我們應使用乾淨的工具。我們應當知道我們意指什麼和不意指什麼，而且我們必須預先把我們自己武裝起來，以免掉進語言給我們設置的陷阱。第二，詞不是事實或事物（除了在它們自己小天地裡）。因此，我們需要把它們與世界分開來，使它們與世界保持距離並與世界相對照，以便我們能認識到它們的不適當和任意性，這樣，我們就能在沒有妨礙的情況下重新看世界。第三，更為鼓舞人心的是，我們所擁有的共同詞彙體現了許多世代的生存中人們所發現的值得劃分的一切區別以及值得標示的聯繫：與你或我在午後的安樂椅上構想出來（這是人們最喜歡採用的方法）的那些詞相比，這些詞確實可能數量更多，更可靠（因為它們已經經受住長期的適者生存的考驗），更微妙（至少在一切日常的和合理的實際事務中是這樣的）。(1956a, 182)

奧斯丁的三個辯護理由所表達的總的思想是，日常語言的語詞固然有缺陷，但更主要地卻是凝結著人類世代對世界的豐富認識，對日常語言的詳細研究既能探得珍寶，又能消除其不利影響。具體地說，奧斯丁的前兩個理由談的是日常語言的缺陷及其對哲學的消極影響，這不是什麼新東西，其他哲學家曾強調過。第三個理由談的是日常語言的優點及其對理解世界的積極作用，這個理由是新穎的、值得注意的。這個理由表明對特定領域的語詞的使用所做的研究能使我們對認識世界的概念前提有可靠理解，從而使我們對現象或者事實的洞察力變得更加敏銳。奧斯丁的這三個理由實際上是作為他的語言探究的三個原則體現在他的整個哲學工作中。第一個理由最明顯體現在

他與艾耶爾有關知覺問題的論戰中，第二個理由見之於他與斯特勞森有關真理和事實問題的爭論中，而第三個理由在他對「辯解」詞的積極研究中得到充分的表達。

然而，瓦諾克卻認為，奧斯丁的這三個理由不是在為他的哲學方法辯護，而是在評論一個哲學主題，即為研究「辯解」這個主題辯護[13]。我覺得瓦諾克的這個觀點是令人費解的，因為哲學方法和哲學主題不是相互排斥的。實際上，對日常語言這個主題的辯護同時也應是對「從日常語言出發」這種方法的辯護。正是由於日常語言蘊藏著許多代人的經驗和敏銳，與哲學家所構想的專門術語相比更優越、更有價值，因而，「從日常語言出發」的語言現象學方法是合理的，儘管日常語言也有缺陷，不是現象的最後的裁決者，不是定論(last word)，還可以被補充、改進、甚至被取代，但它至少是哲學家不得不使用的並由之出發的「初論」（ first word，參看 1956a, 185 ）。無論如何，從日常語言出發，研究日常語言使用的語言現象學是一種適當的、有益的哲學方法，儘管它不是惟一適當的哲學方法，不是對所有哲學領域都有效。事實上，不存在惟一的普遍的哲學方法，也不存在為這種普遍方法預設原則的方法論，就此而言，奧斯丁的語言現象學不僅不失為一種哲學方法，而且似乎也不缺少理論辯護。

三、語言現象學和語言分析

上節已經說過，奧斯丁的「語言現象學」所探究的不僅僅是我們所說的東西，而是「什麼時候我們會說什麼，在什麼情況下我們會用什麼詞」，即它既是對語言的探究又是對世界的

---

[13]參看瓦諾克《J. L. 奧斯丁》，倫敦，勞特利奇出版社，1989年，第5頁。

探究，把這種探究僅僅看作是「語言分析」，顯然是不甚恰當的。當然，奧斯丁的哲學工作是處於 20 世紀分析哲學的大背景之中的，他的方法與這種分析的背景不無聯繫，尤其是與概念分析或語言分析關係密切，因此，有必要討論他的方法與這種分析的關係。我認為，無論是在方法上還是在論題上，奧斯丁的思想與穆爾的思想有密切的關係，本節先從穆爾的分析方法談起。

1. 穆爾的分析概念

在〈為常識辯護〉一文中，穆爾認為存在許多常識命題，它們都完全是真的，我們也知道它們完全是真的，它們還全都不模糊，我們都理解它們的含義，因此，困擾著哲學家的不是它們的真值，也不可能是它們的含義，使我們不安的倒是它們的分析，即對一個常識命題的含義的正確分析是什麼，這是一個極其困難的問題。[14]在穆爾看來，對概念或命題進行分析是哲學的一項重要任務。對穆爾的「分析」究竟意指什麼頗不易說清，從人們經常引證的穆爾把「兄弟」這個概念分析為「一個男性同胞」這個例子可以看出，他的分析是下定義，即對概念的內涵進行分解。[15]但是，根據 A. 懷特的論證，穆爾在實踐中有時背離了這種分解式的分析方法，而採取區分式的分析方法，即把一個表達式的特定含義與該表達式的其他含義或其他相關表達式的含義做比較和區分。[16]穆爾的著名論文〈存在是一個謂詞嗎？〉就採用區分的方法來區分「存在」和「咆哮」

---

⑭ 參看穆爾(G. E. Moore)〈為常識辯護〉一文，載於穆爾《哲學論文集》，倫敦，喬治‧阿靈和昂文出版有限公司，1959年，第37頁。

⑮ 參看穆爾〈對我的批評者的一個回答〉一文，載於希爾普(Schillp)編的《G. E. 穆爾的哲學》，芝加哥，西北大學出版社，1942年，第666頁。

⑯ 參看 A. 懷特《G. E. 穆爾》，牛津，布萊克威爾出版公司，1958年，第74-75頁。

或「抓」這兩種行為之間的巨大差異。[17]

2.奧斯丁對穆爾的繼承和背離

至少在對待常識方面，奧斯丁以穆爾的立場作為出發點。像穆爾一樣，他把許多常識觀點看作肯定是真的。如我有時知道另一個人在發怒，我有時看到一隻貓等等。這類常識的觀點明顯是真的，無需論證。在他看來，對常識的論證往往依賴於比它們自身更為可疑的前提。

在方法方面，奧斯丁受到穆爾在實踐中所運用的區分方法的影響。區分同一語詞的不同使用和比較不同語詞的不同使用構成奧斯丁的「語言現象學」的一個重要環節。然而，奧斯丁不接受穆爾的概念分析或命題分析，因為他並不相信實體化的概念的存在，他在 1939 年的〈有先天概念嗎？〉和 1940 年的〈一個詞的意義〉這兩篇論文中對實體化的概念和實體化的意義進行激烈的拒斥，而 1959 年他在瑞典的哥德堡所作的題為〈作為一個哲學家我做了什麼〉的演說中曾說他實際上並不相信有任何概念。[18]既然不存在可加以分解或分割的概念或意義，那麼，穆爾把一個概念分解為更小單位的其他概念的分析方法就是成問題的。

3.奧斯丁對「共相」的批評

奧斯丁拒絕穆爾的概念分析是因為他不相信「概念」的存在，而他懷疑概念存在的重要理由是，惟一的能夠據以解釋概念的共相並不存在（參看 1939, 32-40）。他指出，「共相」因先驗的論證而被推斷為存在，典型的論證有兩個：A、相應於通名的不是易逝的感覺內容，而是某種單一的等同的東西，我

---

[17] 參看穆爾〈存在是一個謂詞嗎？〉，載於A. 弗盧編《邏輯和語言》(II)，牛津，巴西爾‧布萊克威爾出版公司，1953年，第82-94頁。

[18] 參看弗伯格(Mats Furberg)《話語行為和話語施事行為》，哥德堡，哥德堡哲學研究叢書，1963年，第22頁。

們稱之為「共相」；B、相應於真的科學陳述的東西不是感覺內容，而是某種實在的不可感知的東西，即「共相」。在奧斯丁看來，且不說這兩個論證各自包含許多漏洞，單就這兩個論證的結論而言，它們所論證的「共相」就彼此很不相同，除了它們都具有不可感這個特性外，我們不知道它們還有什麼一致之處(1939, 35-36)。然而，就是不可感這個特性對 A 論證來說又是致命的，因為，按照 A 論證，可以把某個感覺內容歸於某個通名之下，這樣，通名所對應的共相必定在感覺內容中，但它又不在感覺內容中被感知，「我們又如何判定它是否存在於感覺內容中，甚或僅僅是猜測到它？」(1939, 38)。由於這個致命的矛盾，許多哲學家轉而承認我們確實感知到共相，而未感知到殊相。而這又等於放棄了整個先驗論證，因為它承認共相不是在種類上與感覺內容不同的存在物。

更為重要的是，奧斯丁發現 A 論證所隱含的前提是他所不能接受的，這就是：相同的東西，相同的名字。撇開這個前提其他方面的可疑之處不說，僅就 A 論證中的「我們把同一名稱運用於不同事物」這一說法而言，它就幾乎是錯誤的，因為「灰色」和「灰色」不是同一名稱，它們是相似的符號（標記），正如「這」和「那」所指稱的事物是相似的事物一樣(1939, 39)。關於我們為什麼以同一名稱稱呼不同種類事物這個問題，奧斯丁在 1940 年的〈一個詞的意義〉中有詳細有趣的討論。他認為，唯實證者以「共相」和唯名論者以「相似性」對這個問題所做的解釋是錯誤的，理想語言派的語義學家對這個問題的探討也是不可靠的，而他則受亞里士多德對「健康的」和「善」等詞的探討啟示去研究「實際的」語言，從而發現了幾種明顯不同的理由（詳見 1940, 69-75）。

基於上述理由，奧斯丁斷定先驗論證不能證明「共相的存

在」，因此，我們也不知道概念是什麼。當然，奧斯丁並不反對使用「概念」這個詞，他所反對的是作為事物的「本質」或「共相」的概念，而我們通常所使用的「概念」這個詞在不同的語境中有不同的含義(1939, 40)。

4.奧斯丁對「分析」和「綜合」二分法的批評

在〈一個詞的意義〉一文中，奧斯丁認為我們可以問某個特定的詞的意義是什麼，而且我們可以用語形學或語義學方式去解釋某個詞的意義。例如，解釋「新鮮的」這個詞的「語形學」就是，用語詞描述新鮮是什麼和不是什麼，舉出可以在其中使用「新鮮的」這個詞的例句和不能在其中使用這個詞的例句。而直示該詞的語義學，就是讓提問者去想像或者甚至去實際經驗，我們應該用包含「新鮮的」和「新鮮」等詞的語句正確加以描述的情形和我們不應使用這些詞的其他情形（參看1940, 57）。奧斯丁認為絕大多數普通語詞的意義可以用這兩種方式加以說明。

但是，正如奧斯丁所指出的，哲學家往往會由追問特定的詞的意義而過渡到更為一般的問題，即追問「一個詞的意義是什麼？」這個問題的意思是「詞一般的意義是什麼？」或「任何詞的意義是什麼？」——這是似是而非的問題。哲學家為此提供的答案有「一個概念」、「一個觀念」、「一個意象」、「一類相似的感覺材料」等等，這些答案都是對一個似是而非的問題所做出的似是而非的答案。如當有人問我「悶熱」這個詞的意義是什麼時，而我回答是「悶熱」的觀念或概念，那麼，我的回答就是荒唐可笑的，因為這根本不是問者所期待的回答（參看1940, 59）。在奧斯丁看來，「概念」或「觀念」等虛構物的產生部分地是由於追問「一個詞的意義是什麼？」這個問題，而使人們誤以為存在著作為詞的意義的某種實在的

東西。正是由於把意義實體化或把意義看作是某種單獨存在物的傾向使人們一再重蹈製造虛構存在物的覆轍。

　　如果我們把詞的意義看作是概念或觀念存在物，那它就是可分割為幾個部分的東西，這樣，說一個概念是或不是另一概念的一部分就是合理的。這是分析／綜合二分法的基礎。但是在奧斯丁看來，意義不是概念，不是存在物，不能分為幾個部分，因此「X這個詞的意義的一部分」這個短語就是完全不確定的，「它被懸在空中，我們不知道它究竟是什麼意思。我們是在使用一個無法適應我們實際想談論的事實的作業模型。當我們思考我們實際想要討論的東西而不是思考作業模型時，說一個判斷是『分析的或綜合的』到底是什麼意思呢？我們一點也不知道。……從一開始，我們的作業模型就顯然不能恰當處理語形學和語義學的區分」(1940, 62-63)。

　　當然，必須注意的是，奧斯丁所反對的是分析／綜合二分法，而不是分析／綜合的區分。分析／綜合的區分是存在的，在許多情況下我們可以區分出分析判斷和綜合判斷。但是，有許多邊緣情況無法歸入這二者，因而並非每一判斷都要麼是分析的，要麼是綜合的。因此，錯誤的不是分析／綜合的區分，而是非此即彼的二分法過於簡單化，在許多情況中不起作用。⑲

　　在當代語言哲學中，奧斯丁是一個對「共相理論」、「意義觀念論」和「分析命題／綜合命題二分法」持激烈批評態度的哲學家，而且從時間上看，他的批評早於蒯因等人的批判。

5. 區分方法的啓示

　　穆爾為概念或命題的分析所困，主張對它們進行分析是哲

---

⑲ 還可參看塞爾《言語行為》，第一章，劍橋，劍橋大學出版社，1969年。

學的重要任務之一。奧斯丁不相信穆爾所說的「概念或命題」的存在，拒絕穆爾的分析概念，但他接受穆爾在實踐中所運用的區分方法。這種區分的方法一方面暗示對某個表達式的闡明可以通過揭示其使用規則而得以實現；另一方面，它又暗示我們不可能在「真空」中有效地討論某個語詞的使用，而必須把它嵌入整個話語，乃至置於非語言的背景之中。而當話語在其語境中被加以考慮時，就會出現兩個問題：A、確定在某個情形中使一個話語成真或成為適當的那些特徵是什麼；B、確定話語的力量是如何被傳達的，如聽者如何得以理解該話語是一個報導而不是嘗試性的觀點或猜測。對前一個問題，傳統哲學曾經處理過，而後一個問題則幾乎未曾得到過認真的注意。奧斯丁則試圖通過他的旨在「弄清整個言語情境中的全部的言語行為」的一般的言語行為理論來處理這兩個問題。

奧斯丁的話語行為(locutionary act)處理的是第一個問題，他認為針對這個問題必須研究該類話語究竟會以哪些方式且會在哪些方面出毛病，因為毛病較易發現，而且如賴爾所言，「一種適當方式的界限同時是被禁止的領地的界限」[20]。例如，我們有時確切無疑地知道花園裡有一隻金翅雀或湯姆真的生氣了，而哲學的一項重要任務就是仔細研究我們是如何知道的，在〈他人的心〉一文中，奧斯丁通過考察我們的知識主張會如何出錯而詳細處理了這一問題。當然，奧斯丁並不專注於話語之為真或假的方面，因為許多話語並不以真或假為目的。更確切地說，他的目標是研究不同種類的話語在正常起作用時，它們與世界之間所必須保持的關係。從這方面看，他不是羅素所指責的只「想弄清問題的性質，而對回答問題不感興趣」的語

---

[20] 賴爾《哲學的論證》，牛津，克拉寧東出版社，1945年，第14頁。

言分析哲學家。㉑

奧斯丁的話語施事行為(illocutionary act)處理的是話語的力量或所履行的功能問題。對此他在《如何以言行事》中有詳細的論述。總之，對奧斯丁來說，他在研究正常起作用的話語與世界所必須保持的關係和所具有的力量時，無須把某種東西分解為更小的部分。他所需要做的是區分同一表達式的不同使用和比較不同表達式的不同使用，而這種區分或比較的方法已不是傳統意義上的分析。

6. 奧斯丁和維根斯坦

由於奧斯丁和維根斯坦一樣都關注我們通常所說的東西，這使得有些人以為奧斯丁很大程度上受到維根斯坦的影響，甚至把奧斯丁歸入「維根斯坦派」。這個觀點是不符合實際的、錯誤的。因為一方面奧斯丁對後期維根斯坦的哲學思想知之甚少，他的思想在時間上與維根斯坦的思想是平行發展的，二者是相互獨立的。另一方面，奧斯丁對日常語言的密切專注隸屬於古老的牛津的亞里士多德派的傳統。柯克・威爾遜和他的學生普利查德已使牛津的學生習慣於這樣的觀念：普通語言中所標示的區分決不能輕易地被忽視，而且至少某些哲學問題，可以通過對我們通常所說的東西、我們如何說它以及我們何時說它的認真考慮而得到解決。對語言探究保持哲學上的興趣是牛津學者的傳統。在這方面，我們無須假定奧斯丁是在維根斯坦影響下形成他的基本思想。

事實上，儘管奧斯丁和維根斯坦都相信以前的哲學家的方法有問題，都認為正確的方法應包含語言的研究，因此他們之間的思想有相似之處，但無論如何，他們之間的差別更引人注

㉑ 參看羅素〈普通用法的崇拜〉，載於《記憶中的畫像》，倫敦，阿靈和昂文出版公司，1956年。

目。首先，維根斯坦認為一切哲學都是治療性的，他對語言的使用和語言之外的事實的關注終究是為消解哲學問題，解除精神困惑，他拒絕對語言的功能做系統的分類；但奧斯丁並不堅持哲學的治療概念，他致力於對語言功能做系統的分類。與此相關，維根斯坦認為對語言的研究應選擇哲學問題聚集的領域以便發現這樣或那樣的胡說；奧斯丁的「語言現象學」則喜歡日常語言豐富、微妙且較少受傳統哲學污染的領域，因為他在消解一些傳統哲學問題的同時，更主要地是要為哲學獲得新開端，開闢新領域。當然，這方面的差別並不那麼明顯，因為奧斯丁也關注哲學問題。只是從策略上說，他不大直接攻擊「知識」、「真理」、「自由」、「美」這些標題詞，而是通過迂迴考察與明顯重要的哲學難題相鄰、相似、同族的語詞來使哲學問題更加清楚。

其次，奧斯丁和維根斯坦在哲學態度上有重要的差別。由於維根斯坦堅持哲學是治療性的，因此他關注的是概念問題，並堅持哲學不擴展也不試圖擴展我們的知識。然而，奧斯丁認為，哲學不僅僅關注概念問題。他對人們所說的東西感興趣是因為他認為，人們的說話方式既揭示他們如何構想某種情境又經常使情境中的不同特徵昭顯出來——即它告訴我們關於世界的某種東西。他的「語言現象學」是闡明情境因素的微小變化如何使說話者改變他們的用詞的一種方法。因此，他認為，哲學的任務之一就是闡明這些因素是什麼，以這種方式，哲學力圖要增長我們關於世界的知識，而不僅僅使我們的概念系統更清楚。這個重要差別足以表明奧斯丁和維根斯坦之間的相似性是表面上的。

四、語言現象學的實際操作技術及其本質

如果我們採用奧斯丁的語言現象學方法進行哲學探究，那我們應如何著手進行呢？奧斯丁在 1956 年的〈為辯解辯〉中做了一些指點，厄姆森則根據奧斯丁遺留下的筆記進行忠實的報導[22]。在這裡，我主要以這兩個材料為依據先對奧斯丁的實施步驟做些介紹，而後討論這種操作技術的本質。大致說來，奧斯丁的方法可分為五個步驟：

第一步是研究領域的選定。因為我們不可能在一次或數次討論會中探討整個自然語言，因此我們總是得先選擇某個研究領域，如責任、知覺、條件句或人工製品等談話領域。所選定的研究領域既可以是哲學家感興趣的領域，也可以是離哲學較遠的領域。奧斯丁建議初學者應該選擇未受傳統哲學踐踏的領域，以免受過時的理論行話影響（參看 1956a,182），但從他所發表的論文看，他自己所選擇的大多是與傳統哲學有密切關係的領域。

第二步是儘可能完整地收集與所研究的領域有關的所有語言資源（包括慣用語和詞彙）。例如，在研究責任時，奧斯丁所收集的語詞有「willingly」（自願地）、「inadvertently」（漫不經心地）、「negligently」（疏忽大意地）、「clumsily」（笨拙地）、「accidentally」（意外地），等等。為迅速而又徹底詳盡地收集語詞，這個階段應由一個小組來完成。收集語詞的辦法有：(a)自由聯想。(b)查閱相關文獻或科學手冊。如研究責任領域就應閱讀法律案例匯編，研究器皿就閱讀郵購商品廣告目錄等。(c)使用字典。要麼通讀整本字

---

[22] 參看厄姆森〈J. L.奧斯丁〉一文，載於《哲學雜誌》，第62卷（1965年），第499-508頁。

典，列出所有似乎相關的語詞；要麼查閱已注意到的語詞並進一步查閱在這些詞的解釋中出現的新詞，直到該詞的家族圈子完整為止（參看 1956a, 186-187）。據說，奧斯丁最為欣賞的字典是《牛津英語詞典》。

第三步是以語言現象學的通常方式研究語詞可以在什麼情況中被使用。這個階段也應由一個小組的成員協作進行，以便能相互補充並修正彼此的疏忽和錯誤。該階段的工作方式是講述情境故事和進行對話，以此儘可能清楚而又詳盡地擺出這個慣用語比那個慣用語更合用或那個慣用語比這個慣用語更合用的情境範例，以及在什麼地方我們應該用這個詞，或在什麼地方我們應該用那個詞的例子。這個步驟的目的就是區分語言表達式之間的細微差別，進而就什麼場合應該用什麼表達式達成一致意見。

第四步是系統表述第三步所取得的結果。奧斯丁認為，在第三步的虛構故事階段應嚴格排除理論說明，應小心避免過早的解釋為什麼的企圖，因為過早的理論化會使我們喪失對語言事實的洞察力，會使我們歪曲慣用語的用法以適應理論的需要。在哲學家的著作中對語詞的誤用並不鮮見。當然，奧斯丁又堅持，終究我們必須達到系統化階段，因為，「儘管詳細探究語詞的通常用法作為一項準備工作是重要的，但終究我們總是被迫對它們作些整理」(1953, 134)。這種整理就是在詳盡地區分和比較語詞的用法所得的結果的基礎上對它們做出一般的說明。這種說明的正確與否是一個經驗問題，它可以不斷得到修正。

第五步是依據上一階段的結果檢驗傳統哲學的論證。這種檢驗的方式是把上一階段對語言表達式所做的一般說明與哲學家有關該表達式所說的東西加以比較。例如，在《感覺和可感

物》中，奧斯丁考察了「illusion」、「delusion」、「hallucina-tion」、「looks」、「appears」、「seems」、「real」、「apparent」、「imaginary」等各種詞族，而後試圖表明各種傳統論證表面上的可能性依賴於對這些以及相似的關鍵語詞的誤解和互換。

以上幾個步驟就是奧斯丁所推薦的語言現象學方法的實際步驟或實際的操作技術。簡單地說，就是一組對某個話語領域有興趣的人收集與該領域有關的語詞和慣用語，構想這些表達式在其中正常使用或被誤用的例子，並對這些表達式的用法給出一般說明，還可把這種說明與傳統哲學的說明相比較。奧斯丁把這種實際操作方法稱為「實驗技術」或哲學的「田野工作」。這種「實驗技術」在哲學上有什麼重要性呢？對此人們的看法不一。有人認為，奧斯丁的這種操作技術比他公開發表的論文更有價值，因為人們可以用他的這種技術進一步解決諸多哲學問題。[23]有人認為他的方法只是個人的思想風格和天才的體現，把它變成一般方法是誤入歧途。[24]

在我看來，儘管奧斯丁的「實驗技術」在其實施中需要技巧和想像力，但從實質上說它是一種公共可操作的東西，而不是什麼個人的技巧或天才的體現。奧斯丁所說的幾個步驟中最為重要的是第三個步驟，而第三個步驟本質上是區分和比較方法的體現。上節中我們已談到奧斯丁受穆爾在實踐中所運用的區分方法的影響，這裡我們可以更為具體地看到這種區分方法已經融入語言現象學的實際步驟中。想像一個語詞的一切可能的使用情境實際上就是為了區分該語詞的種種不同的用法，而

[23] 參看厄姆森〈J. L. 奧斯丁〉一文，載於《哲學雜誌》，第62卷（1965年），第500頁。
[24] 參看漢普舍爾〈J. L. 奧斯丁〉，見羅蒂編《語言的轉向》，芝加哥，芝加哥大學出版社，1967年，第240頁。

想像不同表達式在不同情境中的使用就是為了比較它們在用法上的細微差別。

那麼，這種區分或比較的方法為什麼具有哲學上的重要性呢？奧斯丁認為，這種方法給我們提供了大量的語言上的或非語言上的區分和聯繫——因為語言上的區分可能標示著世界中的兩種不同的事態類型，因此，語詞上的區分同時表明了世界中的區分——這不僅告訴我們人們通常是怎樣構想世界的，它還可能暗示新的可能性並因此有助於我們保持開放的頭腦。更為重要的是，這種方法所給出的區分比哲學家所構想出來的區分更豐富、更可靠，它有助於我們避免哲學家易犯的過分簡單化的、矯揉造作的二分法。例如，分析判斷／綜合判斷二分法就使我們忽視了話語間除相互矛盾外的其他衝突（參看 1940, 68），而把知覺區分為真實的和非真實的這個企圖則模糊了許許多多重要的區分（參看 S & S, 48）。在大多數情況下，二分法的結果是使我們認為歸入同一名稱之下的所有的現象都是相像的或在某一方面是相像的，這使得我們不注意個別的情況而忽視了現象之間的差異性。但在奧斯丁看來，這種差異性是極為重要的。

與哲學家對二分法的依賴相似的是，那種對語詞的否定和語詞的對立面標示真實的否定和真實的對立面的信念。例如，(a)一個行為要麼自願要麼不自願地做出，以及(b)不自願做出的行為的對立面是一個自願做出的行為。然而，「語言現象學」的區分方法表明這種信念是錯誤的。對(a)而言，「我打呵欠，但我不是不自願地打呵欠（或自願地打呵欠），也不是故意地打呵欠，以任何這樣的方式打呵欠恰恰不是真正的打哈欠」(1956a, 190)。這個例子足以表明(a)是錯誤的。對(b)而言，「自願地」的對立面可以是某種「在強制下」，如脅迫、責任或影

響，而「不自願地」的對立面可能是「故意地」、「有目的地」等等。這種對立面的歧異表明，儘管「自願地」和「不自願地」表面上是相聯繫的，但卻是完全不同的東西（參看1956a, 191）。以上兩點共同表明自願行為和不自願行為必須滿足的是不同的而且不是互補的條件系列，一個行為不能成為自願的，並不因此有資格成為不自願的，反之亦然。意識到缺乏互補性不僅僅是意識到語言規則，同時是對世界中的因素的覺察。

　　總之，奧斯丁所推薦的操作技術表明他的語言現象學的本質在於區分，這種區分激發了我們的想像力，使我們意識到語言給我們的思維設置陷阱的一些重要的方式，並且它所提示的區分和聯繫對我們認識世界來說也是極為重要的。

第二章

語言和世界

奧斯丁的語言現象學所考察的不僅是語言，還要考察我們用語言所談論的實在或世界，因而，語言與世界之間的關係極為重要。[1]從總體上看，他的語言現象學是圍繞語言和世界之間的關係而展開的，因為語言現象學所研究的是「什麼時候[2]我們會說什麼，在什麼情況下我們會用什麼詞」(1956a, 182)，顯然，我們應說什麼是與語言之外的「情況」密切相關的，只有在我們的語言與語言之外的實在或世界保持適當的關係時，我們的「說」才是適當的，或者說我們的話語才正常地發揮作用。為理解語言和世界之間的適當關係，我們先分別看看奧斯丁所理解的世界和語言，然後討論一下「我們如何用語言談論世界」的問題。

一、世　界

我們用語言來談論世界，通過語言進行溝通或交流，因而語言和世界密切相關。當然，無論如何，我們還是可以把它們分開，使二者相互對照，分別對它們做考察。奧斯丁也明確指出「（除非在它們自己的小角落裡）語詞不是事實或事物，因

---

[1] 奧斯丁沒有專門談論語言和世界的關係問題，本章從他的零碎論述中重建了他有關這一問題的看法主要是為了解蔽，因為許多評論者認為奧斯丁只關心語言而不關心語言之外的世界。本章專論這一問題意在對這種誤解進行澄清。

[2] 奧斯丁這裡用的「when」這個詞，不僅具有時間上的含義，還有境況之意味，與「在什麼情況中」同義。在奧斯丁看來，世界就是言語情境，即言語所置身於其中的環境。見1953，〈How to Talk〉。

而我們需要把它們與世界分開並使它們與世界相對照，以便我們能認識到它們的不適當和任意性，能在不受妨礙的情況下重新看世界」(1956a, 182)。

當然，儘管奧斯丁承認可以擺開語言考察世界，但實際上他並未對世界或實在事物做單獨的系統的考察，而是在談語言、真理和知覺等問題時，兼談及與語言相對應的世界、與陳述相對應的事實或事態以及作為感知對象的事物或現象等。他並不就實在事物本身而談論實在的「結構」或「形式」(1950, 125)，不討論世界的本質，也不根究世界中的個項(individual item)和類型的「形而上的狀態」(1953, 137)，因此，很難說他對世界的性質和狀況有獨立的系統的說明，很難說他有單獨的本體論或存在論。但奧斯丁確實經常談及語言之外的實在或世界，並對實在或世界有其獨特的見解。那麼，奧斯丁對語言之外的世界究竟有一個怎樣的概念呢？

在日常用語中，「世界」一詞在不同語境中有不同的含義。在傳統哲學中，世界主要是指與主體或人相對的、作為主體或人的認識對象的外部世界。在奧斯丁那裡，「世界」與「語言」相對照，是語言所指涉、描述或表述的東西。在〈真理〉一文中他指出，如果我們要通過語言達成溝通，「還必須有與言詞不同的某種東西，即運用言詞所要加以溝通的東西：這種東西可以被稱為『世界』。除了因為在特定場合所做出的實際陳述本身涉及世界外，在任何其他意義上都沒有理由不把言詞包括在世界之中。」(1950, 121)由此可見，奧斯丁的「世界」是指我們的話語所涉及的東西，除了實際的陳述因為本身指涉世界而應排除在世界之外，通常言詞也應包括在世界之中，因為它們本身也可以為陳述所指涉（參看1950, 126-127）。在涉及與語言相對照的世界方面時，奧斯丁的用語有「實

在」、「事物」、「現象」、「事實」、「事件」、「事態」、「事況」(situation)、「境況」(circumstance)和「場合」(occasion)等等。這些術語的含義彼此之間既有區分也有聯繫，這裡無法一一論及，但有一點是共同的，即它們都表示世界中之物（things-in-the-world，借用斯特勞森的用語，詳見第五章第三節），它們在本體論上的地位並沒有什麼差異。由奧斯丁的用語和實際的論述中可以看出，他的「世界」所包括的東西極為廣泛。世界遠不是傳統意義上的事物的總和，它還包括許多東西，呈現出的現象，發生的事件，事物的狀況、特徵，事物之間的關係，人的行為，人的感覺和經驗等等[3]，凡是語言所能談及的東西都是世界中的東西。這樣看來，他的諸多論文所談論的都是世界中的東西，如知道、相信、許諾、辯解、偽裝等都是世界中的行為，因此，指責他只注意語詞而不關心世界是不符合實際的。為進一步理解奧斯丁的世界概念，有必要考察一下他對有關概念所做的詳細闡明：

1.實在

在談及語言所談論的東西時，奧斯丁經常用「實在」這個詞，幾乎把「實在」與「世界」同義使用。顯然，奧斯丁的「實在不可能是傳統形而上學所談論的與現象相對立的、作為事物本質的實在。他對傳統哲學所討論的超經驗的「共相」或「概念」極不信任，認為傳統哲學中的種種先驗論證根本不足以證明「共相」或「概念」的存在（參看 1939, 32-40）。「實在」(reality)這個詞是由形容詞「real」變來的，從字面意思看，指的是「真實的東西」。為準確地把握「實在」這個概

---

③ 在〈有先天概念嗎？〉一文中，奧斯丁把「相似性」等關係看作是可以感知到的事物，參看1939，48-45。在1950，123中，他把「感到惡心」看作是一種事況，可見，他承認感覺等是世界中的東西。

念，奧斯丁詳細地分析了「real」一詞的用法。他認為「real」根本不是一個規範的語詞，即不是一個具有能詳加說明的單一意義的語詞。概括地說，它有四種不同的用法：⑴它是一個「缺乏內容」的語詞，它不能像「黃色的」或「粉紅色的」等語詞那樣單獨用作描述詞，而是像「good」一樣僅僅在「一個真實的如此這般的事物」這樣的語境中才有意義；⑵它是一個褲詞(trouser-word)，即它是一個無肯定意義的而只有否定性使用的語詞，它僅僅是排除了成為不真實事物的可能方式，但未對任何事物做出什麼正面的描繪，如「一隻真實的鴨」與「一隻鴨」的不同之處就在於它排除了不作為真鴨的各種情況——如囮鴨④、玩具鴨、圖畫鴨等——但它對鴨並未做任何進一進的描述；⑶它是一個範圍詞，是一組差不多起同樣作用的詞（例如，「恰當的」、「真正的」「可信的」）中最為一般的；⑷它是一個「調整詞」，允許我們去應付新的、未預見的情形，而不必發明一個特別的新詞（參看 S & S, 68-77）。

在這裡，與我們論題尤為相關的是第⑴和⑵用法。奧斯丁多次提到「real」一詞沒有正面的意義，只能與其對立面(「not real」)相對照而得以理解，在特定的語境中從它所要排除的方面來理解（參看 S & S, 15 中的腳註，1946, 87 和《哲學論文集》第 284 頁中的有關論述）。在奧斯丁看來，我們只有在有疑惑或感到有什麼不對頭時才會考察事物或事實的實在性問題（參看 1946, 87 和 S & S, 69），而在我們確定了該事物的實在性之後，我們並未對事物的性質增加點什麼，而僅僅是肯定它是其所是，不是其他的什麼東西。從更大的範圍看，我們所排除掉的東西也並不更少實在性。如一隻囮鴨不是一隻真實的鴨，但

----

④英文為「decoy duck」，指的是誘捕野鴨用的假鴨。

它仍然是一隻真實的鴨鴨，仍然是世界中的真實之物，用奧斯丁的話說，一個對象可以不是真實的 X，但是真實的 Y。因此，把世界中的事物分為實在事物和非實在事物兩類是毫無意義的，因為「真實的」一詞並不代表某類事物的共同性質，我們不知道實在事物和非實在事物究竟指的是什麼。實際上，「實在事物」和「非實在事物」是相對而言的，並不存在由「真實的 X」所構成的特別種類的實在事物，因為一個事物不是真實的 X，但同時又可以是真實的 Y，它仍然是實在事物。奧斯丁認為，如果我們把「真實的」一詞看作有單獨的意義，就會導致追問「實在事物是什麼？」這樣一個只會產生胡說的問題（參看 1940, 58），或導致形而上學的「實在世界」或「物質對象」的虛構(1946, 88)。在奧斯丁看來，並不存在一個與現象界相對立的更為真實的「實在世界」，因為儘管我們可以確定某個具體事物的實在性，但對作為事物總體的世界，談論它的實在性是無意義的，我們無法區分出真實的世界和非實在的世界，一個實際上無法劃分的區分是不值得劃分的（參看 S＆S, 77）。另外，「真實的」也不僅僅只能運用於「物質對象」（參看 S＆S, 78-83），實際上，世界中的東西都可以是真實的，只是在通常情況下我們沒有必要加上「real」這個修飾詞。由以上論述可以看出，奧斯丁所說的「實在」並沒有特別的含義，意指的就是通常所說的在世界中實際存在的東西，與「事物」或「存在物」等概念並沒有實質上的差別，只是在奧斯丁那裏，「實在」所涵蓋的範圍似乎比傳統意義上的事物或存在物等概念所涵蓋的範圍更廣。因為實在就是語言所能談及的東西，不僅包括一般意義上的事物，還包括行為、情感、經驗等，甚至我們所說的話語也包括在內（奧斯丁把陳述看作是「軟事實」，當它成為更高一層的陳述所談論的對象時，它

也就作為實在之物而屬於世界方面，參看 1950, 127-128 ）。

2. 事實

「事實」這個詞比較麻煩。奧斯丁認為我們在用「事實」這個詞來代表歷史的事況、事件等，並一般地用它來代表世界時，會產生麻煩，因為「事實」這個詞常常跟 that 從句連在一起，這會使人們誤以為「事實」就是真的陳述的另一種表達方式（見 1950, 122-133 ）。斯特勞森就因此而把事實看作是陳述的內容，看作是似是而非的存在物(pseudo-entity)，而不是真正在世界中的東西(things-genuinely-in-the-world)[5]。

然而，奧斯丁決不相信「事實」是似是而非的存在物，在 1954 年的〈對事實的不公正〉一文中他對事實這個概念做了細緻的辨明。在他看來，儘管「事實」和「事物」、「事件」等詞之間有重要的差別，但同時又有重要的相似性，它們同屬於真正在世界中的東西，並不存在斯特勞森所說的邏輯上重要的類型差別。因為，真正在世界中的東西遠不只是事物和人，還包括現象、事件、情況、事態，而後面這些東西都可以說是事實。例如，第三帝國的毀滅是一個事件又是一個事實──曾經是一個事件又曾經是一個事實。而貓的狀況，即貓患有蟎病這個事實，是在世界中的某種東西（參看 1954, 156-157 ）。

為揭示斯特勞森對事實的誤解在語言方面的根源，奧斯丁詳細說明了可以使用和不可以使用「事實」一詞兩種情形之間的細緻差別。他認為，「Fact that」這種用法往往引人誤解，實際上，它是談論包含言詞和世界在內的情況的一種簡潔方式，儘管這種談論方式在日常生活中有其方便之處，但在哲學上，為避免誤解，最好把言詞和世界分開，把對事實的陳述和

奧斯丁：語言現象學與哲學

[5] 參看斯特勞森(P. F. Strawson)〈真理〉(1950)一文，重印於他的《邏輯語言論文集》，倫敦，梅休恩有限公司，1971年版，第190-213頁。

事實本身分開（有關奧斯丁對「Fact」和「Fact that」用法的詳細討論參看 1950, 124 和 1954, 157-158）。

在奧斯丁看來，說某個東西是一個事實，至少部分意指它是世界中的某種東西，並進一步地把它歸為在世界之中的某種特別種類的東西，即這種東西是真實的。正是在這方面，事實與事件或事態不同，事件或事態可以是可能的或虛構的，而事實只能是實際發生的事件或「實際的事態」(1954, 165)。此外，奧斯丁還通過詞源的考察表明「事實」意指的是「實際發生的某種東西」。他追溯了「事實」與「行為」或「行動」、「事件」或「發生的事物」在詞源含義上的關聯，從而得出「事實」最初是作為「在世界中的某物」的名稱這樣一個結論 (1954, 164)。

從奧斯丁對「實在」和「事實」及其與「事物」、「事件」、「事況」、「事態」等之間的聯繫和區別所做的研究可以看出，奧斯丁頭腦中所構想的「世界」是一個複雜的概念，它既意指一個由實際存在或實際發生的東西所構成的現實世界，又意指我們可以想像的、我們的語言所能談及的、由可能的事物或事態等構成的「可能世界」（他在1953年的〈如何談論〉中所構想的 So 中的世界就典型地是一個想像的或可能的世界，儘管他本人從未用「可能世界」這個詞，參看 1953, 135）。而且，無論是在現實世界中，還是在可能世界中，其中所包括的東西還以不同的、複雜的方式存在，我們語言中的「事物」、「現象」、「事件」、「事態」、「事況」「境況」、「特徵」等詞彙就有區分地表示它們的不同存在方式。

在考慮世界中的「事物」時，從總的傾向看，奧斯丁強調世界「分」的一面，即強調事物的多樣性及其彼此之間的差異和區分，主張對事物做詳盡的、客觀的描述，反對用抽象的概

念對他們進行概括和還原，因而，他的世界概念或實在概念具有多元論和唯名論的傾向。但我感到又很難用一個傳統哲學術語來概括他對世界或實在的獨特看法。「常識實在論」、「多元論」、「唯名論」這類術語在哲學史上有特定的含義，用在奧斯丁那裡似乎都不甚妥貼。我認為，與其用這些引人誤解的名目來給他對世界或實在的看法貼標籤，不如對它做詳細的報導。具體地說，他對事物或實在的看法有以下三個方面值得注意：

1. 事物之間的相似和差別

在談到我們用語言進行溝通所需要的條件時，奧斯丁認為，從世界方面看，它「必須顯示出（我們必定觀察到）相似和差異（二者相互依存，沒有彼方就沒有此方）：如果一切事物要麼與其他任何事物絕對不可區分，要麼與其他任何事物完全不相像，那就沒有什麼東西可說了」(1950, 121)。奧斯丁的這一觀點看似平凡，但卻道出了事物之間的相似性和差異性相統一的一面。一方面，事物之間肯定有相似的一面，全然的相異是不可能的，正因為事物之間有相似性，我們才可以用「相似的」符號意指相似的事物⑥，並且，由於與現實世界的無限性相比，我們的語詞是有限的，為了用有限的語詞談論無限的世界，我們並不特別堅持最為細緻的可察覺的差別，而是應強調相似性（參看 1953, 147）；當然，另一方面，事物之間的相似性是相對的，有差異的相似，無差別的「絕對同一」是不可能的，如果沒有差異性，我們就不會有不同的語詞。由此可見，相似性和差異性是相對的，把事物的相似性和差異性絕對

---

⑥ 奧斯丁在1939年的〈有先天概念嗎？〉一文中對「同一名稱」提出質疑，他認為「grey」與「grey」不是相同的名稱，不是相似的符號，正如「這」和「那」所指謂的事物是相似的事物一樣（參見1939, 39）。

化都會使我們的語詞失效。

奧斯丁所討論的事物的相似性和差異性首先指的是不同的種類事物之間的相似和差異。儘管奧斯丁不相信共相的存在，甚至不承認邏輯構造意義上的「共相」(1939, 34)，但他承認種類的存在，認為不應將種屬問題和共相殊相問題相混淆（參看 1939, 33，註釋 2），只是他並不詳究種類或類型的形而上的狀態，而簡單地把它看作是「構造物」，認為可以把種類或類型看作是標準或模型，而把歸於它之下的個別的項看作是標本或樣本（參看 1953, 137）。這裡且不論種類的本體地位到底怎樣，無論如何，在《感覺和可感物》中，奧斯丁堅持事物種類的多樣性。他批評把我們所感知到的事物歸為單一種類事物的簡單化做法，而認為可感物不是一種而是有許多不同的種類。筆、彩虹、火焰、影子、電影銀幕的圖像、後像、圖畫、聲音、蒸汽等等，都是可感物，它們是不同種類的事物，彼此之間儘管不是在所有方面都不相同，但確實在許多方面是不同的。我們應滿足於事物種類的多樣性和差異性，不能簡單地把它們歸結為感覺材料或物質事物或任何其他單一種類的東西。事物種類的數量及其彼此之間的相似和差異或許可以通過科學研究而得以確定，哲學對此似乎無能為力。如果哲學家們把它們概括或歸約為物質存在物或觀念存在物就會犯過於簡單化的錯誤（參看 S & S, 3-4）。

另外，奧斯丁還討論了同類事物的不同個項之間的相似和差異。他認為，同類事物的不同項目[7]之間當然是相似的，甚至是極為相似的，但它們之間決不可能是同一的。在他看來，一個項目（如一個事態）之屬於一個類型乃是意味著它「非常

---

[7] 奧斯丁對共相和殊相或個體這一對術語的雙方都提出了質疑，參看 S & S，腳註4。他在談到類似問題時常用種類(kind)或類型(type)和項目(item)這對術語。

像那些標準的事態」（1950, 122，腳註 2 ），因此，個項與類之間的關係實際上仍然是個項之間的相似關係，個項屬於類，但不能完全併入「類」之中，因為儘管它可能非常像那些標準事態，但總有差異的方面要存留下來作為自身的獨一無二的個性。

2. 事物的可區分性

與事物之間的差異性相連的是它們在種類或性質上的可區分性。在《感覺和可感物》的第五講，奧斯丁對艾耶爾的「真實經驗和虛妄經驗以及二者的對象在種類或性質上無差別或不可區分」的論斷進行有力的反駁。首先，在他看來，真實經驗和虛妄經驗在性質上是不同的。例如，夢中到南極和實際上到南極在性質上不可區分嗎？答案很顯然是否定的，因為總是有公認的辦法可以區分夢和醒，否則我們怎麼懂得用「夢」和「醒」以及像「夢一般的性質」這類語詞？如果夢和醒在性質上無差別，那麼，豈非每一個醒著的經驗也恰像一場夢？我們的整個經驗世界豈不就變成一個夢境？（參看 S &S, 48-49 和1946, 87 ）除夢和醒這個例子外，奧斯丁還列舉了其他一些例子，如頭腦中想像「看見」星星和抬頭望天空實際上看見星星在性質上不是不可區分的，看見以白牆為背景的綠色的後像與看見牆上實際的綠斑塊也不完全相像，通過藍色的眼鏡看白色的牆與看藍色的牆不會完全一樣，等等（參看S & S, 49 ）。在這些情況中，儘管我們可能以同樣的語詞描述經驗（它看起來……），但我們沒有理由否認經驗本身是不同的這個明顯的事實。

其次，奧斯丁認為，儘管我們能識別或區分兩種或兩項非常相似的事物，但由於我們語言分類詞的少而粗略，我們未必能對它們做精確的描繪。如我們能識別不同年份的玻爾多葡萄

酒，但無法說出識別的根據，也無法說出它們之間的差別之所在。但是，這種描述上的無能只能說是語言的缺陷，而不能證明我們在經驗上無法區分不同的事物或事物本身在性質上是不可區分的（參看 1946, 85）。

當然，奧斯丁承認，由於人類是易誤的存在物，因此，在某些特殊情況下我們可能實際上未能把 A 事物和 B 事物區分開。但是，他認為由這種實踐中的無能不能得出 A 事物和 B 事物必定是不可區分的。實踐中的無能可能是由於細心或注意不夠，或由於經驗不足等原因造成的，而不是因為事物本身在性質上不可區分。例如，小孩可能由於經驗不足而誤以為水中的棍子真的是彎的，但成年人通常不會犯這種錯誤（參看 S & S, 51）。如看到水中彎曲的棍子，水就是這個「知覺」的一部分，這就與我們看到不在水中而實際上是彎的棍子時所擁有的「知覺」區分開來。

3. 事物的變易性

奧斯丁考慮到世界的變易性，他在談真理時就強調依指示約定我們的陳述與世界中的歷史事況相關聯（參看 1950, 122）。在他看來，我們的自然語言所處理的現實世界與他在 So 言語情境中所規定的不變的世界在一個非常重要方面是不同的，即它是變化著的。[8]正是由於世界以及其中事物的變動不居，在考慮陳述的真理性時，我們要考慮世界狀態的歷史性。如對於「渡渡鳥滅絕了」這樣一個陳述，其真理性就取決於在做出這個陳述時世界的動物區系狀況。[9]我們在某個時候所做出的一個真的陳述在另一個時候很可能就變成假的，因為事情已發生了變化。

---

[8] 關於 So 中的世界詳見第五章。
[9] 參看瓦諾克《J. L. 奧斯丁》，倫敦，勞特利奇出版社，1989年版，第54-55頁。

奧斯丁還多次談到與我們的語言相比，自然可能反覆無常或出現奇蹟。他很喜歡舉的例子是，一隻與我們多年友好相處的貓突然發表了一個演說這樣一個想像的例子（參看 1940, 67）。奧斯丁認為，這種奇怪的情境儘管不能證明我們過去的信念是錯的，但可以修改我們關於事物的觀念，如我們關於金翅雀或真實的金翅雀觀念、關於真實綠洲的信念、以及關於真實的貓的觀念都是可以修正的（參看 1946, 89 & 95 以及 S & S, 76-77）。奧斯丁所強調的自然的這種反覆無常或惡作劇當然也是事物變動不居性質的一種可能方式。他甚至認為，以我們作為個人或作為人類的有限經驗無法預期自然的反覆無常（參看 1953, 147）。

二、語　言

　　奧斯丁曾經強調，如果人們接受索緒爾和加迪納(A. H. Gardiner)在言語和語言之間的區分，那麼，他和他的同事們對前者比對後者更感興趣。[⑩]當然，儘管奧斯丁對言語即語言的實際使用更感興趣，但他並不忽視對語言的研究，他論述中的某些重要的展開研究就是對作為我們說話工具的語言的研究，而不是研究這些工具是如何被使用的。本節所要考察的就是奧斯丁對作為工具的語言——即包括詞彙和語法在內的語言——所作的研究。

　　除在 1953 年的〈如何談論〉一文中討論他自己所構想的 So 語言和 S1 語言外，奧斯丁所討論的語言大多指的是作為世界或實在的一部分的自然語言或實際的語言，他很少談及「理想語言」。他對實際的語言或普通語言總的看法是，這種語言

⑩　參看M. 弗伯格(M. Furberg)《話語行為和話語施事行為》，哥德堡，哥德堡哲學研究叢書，1963年，第68頁。

是人類不得不使用的交際工具，但這種工具不是完美無缺的，而是有缺陷的工具。奧斯丁對語言的這種總的看法一直沒有多少改變。這裡，有一點特別值得提請注意的是，儘管奧斯丁認為普通語言體現了許多代人的經驗和敏銳，並主張研究普通語言是做哲學的必要準備工作或「從普通語言出發」是一種有效的哲學方法——為此他被看作是普通語言派哲學的主將——但我們決不能由此認為奧斯丁主張普通語言是最終的上訴法庭或者說普通語言是不可改變的、標準的、完美無缺的「定論」。實際情況是，除了在 1956 年的〈為辯解辯〉一文中對普通語言的優勢做較多的辯護外，奧斯丁在其他論文中幾乎很少談到普通語言的優點，相反，他更為經常強調的倒是普通語言的缺陷。這種情況的原因也許是，在奧斯丁看來，在複雜的現實世界和現實生活中，構造「理想語言」或「迫使現實語言符合某個預想的模型」(1940, 69)是行不通的，而普通語言在日常生活中對我們的實際目的來說是合用的交際工具，其優點顯而易見，無需過多的強調和辯護，更應強調的是它的缺陷，因為相對於它所談論的複雜多樣的世界來說，它畢竟是一種有缺陷的工具，在使用這種工具時，我們必須警惕，以免受它誤導而產生麻煩，特別是在超出實際事務進行哲學研究時，我們更應防止掉進它所設置的陷阱，以免產生哲學上的麻煩。

　　無論如何，奧斯丁確實經常談到普通語言的缺陷或遮掩。他所強調的缺陷有以下幾個方面：

1. 在非常的情況下普通語言會失效

　　奧斯丁舉了一個假想的例子來說明問題，這個例子我們上節曾提到過，即假設我與一隻貓和睦相處了四年，而後牠發表了一篇謾罵演說(1940, 67)。奧斯丁認為面對這種奇怪的情形，普通語言就失效了，普通人所訴諸的「牠是一隻真貓」或「牠

不是一隻真貓」的描述在語義學上都不符合事實，都是引人誤解的，因為你不能對發表謾罵演說的某個東西說前一句話，也不能對四年來一直如此表現的某個東西說後一句話。奧斯丁認為，在這種情況下，普通語言任何簡短的描述都會誤述事實，我們惟一且很容易能做的是對事實進行詳盡的描述。

2. 普通語言妨礙了我們的想像力

奧斯丁舉了另一個有趣的例子[11]來說明我們的想像力以奇怪的方式受到語詞的奴役。他的例子是假設我碰巧想到在一個人剛死後去拜訪他的情形，在這種情形中說「他在家」或「他不在家」都是錯誤的（參看 1940, 68）。奧斯丁認為，這種「一個人既不是在家又不是不在家」的奇怪情景通常是難以想像的，因為我們只能使用精確描述或使人想起普通情況的語詞去描述我們試圖想像的東西，這就使我們的想像力為語詞所支配。正因為在通常情況中對「他在家嗎？」這個問題的回答是「在」或「不在」這樣確定的答案，這就使我們難於想到上述的「既不是在家又不是不在家」的情形。

3. 普通語言詞彙的有限性

奧斯丁多次談到由於我們人類是有限的存在物，不可能發明、也不可能掌握無限多的詞彙，因此，詞彙的有限性是任何自然語言所無法回避的特徵。儘管這種有限性可以通過調節詞等語言手段在一定的程度上得以彌補，因而對日常生活來說未必是一個很大的缺陷，但在面對無限多樣的現實世界時，我們確實有時會無能為力。如由於分類詞的少而粗略，我們未必能

---

[11] 奧斯丁哲學的魅力部分來自他的例子的獨特而有趣，上面所述的貓及表演說和這裡的恰在某人死後造訪兩個例子都是他所喜愛的、多次提到的例子。有關他的例子的評價可參看 G. 皮徹的〈奧斯丁：個人回憶〉一文，見劉福增《奧斯丁》，台北，東大圖書公司，第20頁。

對我們的識別經驗進行描述或無法做詳細描述（參看 1940,
85）。

4. 普通語言的語法也有引人誤導之處

如「fact that」會使人誤以為事實就是真的陳述（參看
1950, 123）；「know what I see」中的「what」會被誤以為是
關係詞，而實際上它是疑問詞（參看 1946, 96）；而「could」
在過去直陳式的情形中也會被誤以為是過去虛擬式（參看
1956b, 215）；等等。

5. 普通語言包含錯誤的成分

奧斯丁明確指出，「迷信、錯誤和各種幻覺的確結合在普
通語言中，它們有時甚至還經受住了考驗而繼續存在下來」，
因此，「它在任何地方都可以被補充、改進和取代」(1956,
185)。

正因為普通語言有上述的種種缺陷，所以，奧斯丁認為，
我們在強調現實語言的事實時，又不能滿足於普通語言，不能
因發現了「日常用法」而自滿，以為沒有什麼東西有待於討論
和發現，實際上「可能有大量可能發生和確實發生的事需要新
的和更適當的語言去描述……甚至關於我們的日常經驗，也可
能有為普通人和普通語言所忽視的不同尋常的事實」(1940,
69)。當然，在奧斯丁看來，在我們應對環境的過程中，普通語
言的缺陷不是不可克服的。對非常的情形，我們可以對事實做
詳盡的描述，還可以發明新的術語；針對語詞的有限性，我們
可以求助於含糊的短語做描述或求助於調節詞；而對語法上的
誤導我們只要更加仔細研究就可以了；對待普通語言中的迷信
和錯誤所需要的只是補充、改進或代替。因此，儘管普通語言
是一種有缺陷的交際工具，但它又是我們不得不使用的工具，
我們可以對它進行改進和完善，但不能棄之而構造另一種語

言。

　為了進一步說明語言的性質及其與世界的關係，奧斯丁還從語言的形式方面做了一些探討，即從詞彙和句法方面做了一些具體的論述。這方面的討論主要體現在 1953 年的〈如何談論〉中對 So 語言的討論和其他許多論文和演講中對調節詞的論述。

1. So 模型語言的詞彙和句法

　奧斯丁構想 So 語言模型是因為我們的普通思維和普通語言有時確實運用了這種模型（參看 1953, 134），或者可以說它是普通語言的雛形，研究這種不完善的語言起作用的方式有助於理解普通語言起作用的方式。在他的 So 模型中：

> 世界由許多個體的事項組成，每一事項屬於且僅僅屬於一個確定的類型。每一類型全然且同等地與所有其他類型不同；每個事項全然且同等地與所有其他事項不同。許多事項可以屬於同一類型，但沒有一個事項不止屬於一個類型(1953, 135)。

　So 語言的詞彙由受某些約定支配的聲音或記號組成。如果不考慮支配它們的約定，這些聲音或記號被稱為詞殼(vocables)。它們只有通過約定與世界中的事項或類型相關聯才成為詞。按所指約定與世界中的事項相關聯的詞殼就成為事項詞，即 I- 詞，按含義約定與世界中的類型相關聯的詞殼就成為類型詞，即 T- 詞。在 So 中，事項與 I-詞一一對應，類型與 T- 詞一一對應。而 So 所允許的惟一的語句形式是「I is a T」，如「1227 是一個菱形」(1953, 138)。因此，在 So 語言中，除了斷言連結詞「is a」外，每個詞要麼有一個由所指約定所確定的所指，要麼有一個由含義約定所確定的含義，但不可能既有所指又有含義。

2. S1 模型的詞彙

假設我們擁有與在 So 中同樣的語言，但世界更為複雜。它包含「並不與我們庫存的任何模式（我們任何名稱的含義）相一致的類型所屬的事項，儘管它們可能多多少少相似於那些模式中的一個或多個模式」(1953, 146)。奧斯丁認為，在多數的實際言語情境中，這種複雜情形以及更為複雜情形的引進是不可避免的。那麼，語言如何適應複雜情形的引進呢？當然，我們可以在一個新的類型剛出現時就賦予它一個新的標籤。但這通常是不實際的。通常我們可以採取另外兩種方式進行。第一種方式是把舊詞的含義做些擴展以包容新的事項。如在 S1 中我們碰到一個事項偏離了 So 中的菱形模式，但因為差別很小，我們決定也把它稱為菱形（參看 1953,149 中的討論）。另一種方式是引進調節詞。我們可以說新的事項像菱形(Like rhombus)，或它們是準菱形(quasi-rhombus)，或它們屬於菱形類(rhombus-type)，或它們是近似菱形的(rhombusish)。或者，我們還可以從另一面來處理問題，說儘管新的事項是菱形，但它們不是真實的(real)或真正的(genuine)或準確的(true)或嚴格意義上的(proper)菱形。

3. 調節詞(adjuster-words)

在詞彙方面，奧斯丁對調節詞論述最多，研究最為深入[12]。調節詞是使我們有限的語詞更能適應世界中出現的無數不可預見的情境的一種手段，「它是我們用來整理和調整語詞意形關係的語言工具的一部分」(1953, 120)。如果我們把語詞看作是射入世界的箭，那麼，按奧斯丁的意見，調節詞的功能是使我們能夠命中並不處於正前方的目標，它能以弧線的方式射中。

---

[12] 有關調節詞及其在適應世界方面的步驟的論述參看(1946, 89)，(1950, 120)，(1953, 150)，(S & S, 73-77)。

借助調節詞，我們無需改變它所修飾的術語含義就獲得了靈活性。因為如果我能說「不是真正的豬，但像豬」，我就無須改變「豬」這個詞本身的意義（參看 S & S, 74-75）。

因為調節詞要求有被調整的名詞，它本身不能充當述謂表達式。我們不能像說「這是粉紅色的」那樣說「這是真實的(real)」，我們總是必須追問「真實的什麼？」，否則我們就不知道指著一個東西說「它是真實的」究竟是什麼意思（參看S & S, 69）。對「true」、「genuine」、「proper」等詞來說，情況也是這樣。

從奧斯丁的論述中我們可以看出，調節詞起作用的方式至少有兩種，一種可以稱作是準擴展式(quasi-extension)，另一種可以稱作是準縮約式(quasi-contraction)。在準擴展式中，我們運用調節手段使人們注意屬於「T」的運用範圍的事項與不屬於該範圍的事項A之間的相似性；在準縮約式中，我們表明在「T」運用範圍內的事項A與其他事項極為不同。在這兩種情形中我們都未改變「T」的適用範圍，儘管準擴展方式意味著它能合理地被擴展到A，而準縮約方式意味著它能合理地拒絕A。

奧斯丁顯然極為重視準擴展式。他注意到在 S1 情形中，適合於 So 的詞彙必須被擴展，以便適合新的現象類型。在那種情境中，「like」（像）是最重要的調節詞，或者說是我們最主要的適應手段。如我第一次看到野豬，我的描述自然是採取「我看到某個像豬的東西」這種形式，這就給你有關它的視覺表象的粗略觀念。類似的表達方式還有「quasi」、「kind of」和後綴「ish」。

但是，假設在一個土語中還未有單獨語詞區分「鴨」和「野鴨」，而用「鴨」這個詞無差別地運用於二者。現土著人

開始對語言的貧乏感到不滿而想找一個補救辦法。由於保守他們不想發明新詞而採用調整舊詞的方法。他們指著鴨說「這些是真鴨」，而後指著野鴨說「那些不是真鴨」。這樣，他們就實現了準縮約。對於野鴨他們就可以暫時說「鴨但不是真鴨」，不必馬上引進新詞。因此，使用「real」、「true」、「genuine」、「proper」是限制術語運用範圍的第一步，同時也是限制它的含義的第一步。當然這些詞在語言中不僅是調節詞，還起奧斯丁所說的褲詞和範圍詞的作用（參看 S & S, 70-73）。在奧斯丁看來，「real」、「true」、「genuine」這些詞連同「same」(1950, 120n2)、「free」、「direct」、「good」等詞在語言中的作用比較特殊，如不小心就會弄出麻煩的問題來（參看 S & S, 15, 60/1940, 58/1946, 88）。

4. 語詞之間的推導關係

調節詞是調整我們的語詞以使之符合新的事項類型的方法，它們所調整的是語詞與世界之間的約定關係，即「垂直約定關係」。但奧斯丁認為還有另一種約定關係即「水平約定關係」(1953, 143)。它的功能不是使詞殼與世界中的某物相連結，而是使兩個類詞的含義以各種方式相關聯。推導就是這種水平規則的一個例子。例如，在 S1 中出現了一種與 So 中的「紅色」極為相似的顏色，但我們不想把它與「紅色」等同起來，而把它叫做「深紅色」。當然，我們又不想使兩種顏色彼此相距太遠，我們對 So 中的「紅色」一詞的含義進行修正，把深紅色看作是紅色的一種，這樣「紅色」就成了多種模式的名稱，成了屬名。這樣，由「1228 是深紅色」就推出「1228是紅色」(1953, 149)。

5. 語詞的「開放結構」(open texture)

在〈如何談論〉中，奧斯丁所討論的 So 和 S1 都是人工的

簡單情境，其中的事項都被認為僅屬於一個類型或僅擁有一個特徵或僅可從一個維度評估，對同一事項擁有多種特徵或屬於多個類型或可從多個維度評估的更為複雜的情形，他只簡單地稱之為 S2 而未作討論（參看 1953, 146）。關於更複雜情形中類型詞的討論在奧斯丁的〈他人的心〉一文中可以找到。在該文中，奧斯丁談到在識別一個事項時我們必須注意它的諸多特徵，特徵的數量是不確定的，它們構成不明確的一個系列。缺乏其中的個別特徵無關緊要，但如果缺乏其中的一些特徵就會使我們懷疑該事項的真實性。例如，我們就有判別某物是否是一隻金翅雀的不明確標準系列，如紅色的頭、喧嘩的聲音、尖嘴、吃薊草……等等。這個劃界標準系列不是完全確定的，其中任何一個特徵都不是絕對必要的，但是如果「金翅雀」一詞要能正確地運用於眼前的事物，其中相當數量的特徵必須出現。另外，如果語詞的使用要無缺陷的話，某些前提必須滿足，如對於金翅雀來說不能出現「說話」這個特徵。如果出現這種奇蹟或反常，「我們就不知道該說什麼」(1946, 88)，語詞會讓我們失望。奧斯丁對分類詞劃界標準不確定性的論述與魏斯曼關於詞項的「開放結構」⑬概念類似。當然他未使用「開放結構」這個詞。

三、我們如何用語言談論世界

以上兩節分別從世界和語言兩個方面闡述了奧斯丁的有關見解。當然，在奧斯丁那裡，語言和世界是密切相關的，談世界往往是相對於語言而言的，而在談語言時也脫離不了與之相對照的世界，因此，「分別闡述」不是使二者相脫離，而是在

---

⑬ 參看F. 魏斯曼〈可證實性〉一文，轉載於帕金遜(G. H. R. Parkinson)編的《意義理論》，牛津，牛津大學出版社，1968年版，第37頁。

有所側重中使二者相對照，在這種對照中顯示它們之間的區分和聯繫。下面我們將討論語言與世界關係的重要方面，即我們如何運用語言談論世界。

奧斯丁認為，在我們的語言的「立法」階段已結束而開始按約定使用語言談論世界時，我們就已由抽象的語言形式轉向實際的言談，即由語言轉向言語，更具體地說是由語句轉向話語。那麼，在什麼情況下我們對世界所做的談論是適當的呢？奧斯丁認為，即使在最為簡單的 So 模型中，令人滿意的話語也須滿足三個必要條件：(1)說話者所使用的 I- 詞（個項詞）按照語言約定真正指稱他想要指稱的事項；(2)他所使用的 T- 詞（類型詞）按語言約定真正命名[14]了他想要命名的類型；(3)他所指涉的事項真正屬於他使用 T- 詞所命名的類型(1953, 136-137)。

當然，我們這裡所要討論的問題不是話語的適當性，而是我們如何運用語言談論世界問題，因而上述條件中的(1)和(2)所談的指稱和命名關係與我們的問題有關。至於話語的適當性與真理問題有關，我們將把條件(3)留待第五章討論。

就我們對世界所做的談論而言，奧斯丁認為，在 So 中無論何時我說出一個斷言，我即因此在進行指稱又在進行命名，即我在運用 I- 詞指稱世界中的個項並且用 T- 詞命名世界中的類型。當然，對適當的談論而言，指稱和命名這兩個行為都必須遵循我們共同的語言約定，否則就會犯誤指和誤名的錯誤。由於語言是交際的手段，因此，誤指或誤名會使聽者受誤導。

奧斯丁還談到誤名和誤指的兩種不同情形。「誤名和誤指

---

[14] 由於在 So 中，類型僅僅通過檢視就可被認識（參看1953, 135），因而奧斯丁把 T- 詞與類型之間的關係叫做「命名」關係。但在更為複雜的情境中，按他的意見，分類詞未必是名稱，它與事物特徵之間的關係就不宜叫做「命名」，而應叫「描述」（參看1950, 122, n2）。

同樣可能或是反常的，或是特異的(1953, 139)。反常的誤名或誤指是由於違反了説者和別人共同接受的語言約定，而特異的誤名或誤指則是因為説者所接受的語言約定與人們共同接受的語言約定不一致。奧斯丁沒有詳細討論特異的誤名或誤指。但他在〈他人的心〉一文和《感覺和可感物》一書中討論了反常的誤名或誤指。為了批駁感覺陳述具有特殊性即説出它們的人不會弄錯這樣一種觀點，奧斯丁區分了兩種反常的誤名：一種情形是我認識眼前的事項，但我對它用錯了詞；另一種情形是我誤識了眼前的事物而用錯了詞。前種情形可能出於口誤或筆誤，但後種情形決不是由於語詞上的錯誤，而恰恰是因為我的感覺本身的不確定造成的。正是由於後一種反常的存在使「感覺陳述具有特殊的確定性」這一觀點大打折扣（參看 1946, 83n2/1946, 90-93, S & S, 112-113 ）。

上面所討論的是在 So 中話語所包含的 I-詞和 T-詞的起作用方式。那麼，在更為複雜的日常言談中，話語所包含的語詞又如何起作用呢？對此奧斯丁沒有做專門的討論，他只是在 1950 年的〈真理〉一文的一個附注中順便談及這個問題（參看 1950, 122, n3 ）。他認為普通言談所使用的語句包含起指示作用的語詞和起描述作用的語詞，它們的作用分別相當於 So 中的 I-詞和 T-詞。儘管在日常言談中，指示詞經常可以為非語詞的實際指示所代替，而且許多指示詞實際上只是輔助手段，總是有非語詞的根源作為它們的坐標，但無論如何，普通語言總是運用不同的手段作為它們的指示因素和描述因素。

然而，在奧斯丁看來，無論是 So 中話語所包含的 I-詞的指稱行為和 T-詞的命名行為，還是普通言談中指示詞的指示行為和描述詞的描述行為，它們都只是我們談論世界的完整話語所完成的行為之部分，或者可以説是完整的話語行為的從屬部

分。在我們談論世界時，我們完整的話語起作用的方式與其從屬部分起作用的方式不同。例如，在 So 中，當我們說出「1227 是一個菱形」這個斷言時，我們是在把 1227 識別為菱形或者是在陳述 1227 是一個菱形，因此，話語的完整發出是進行識別或做出陳述，而整個的話語就是識別或陳述。在運用"1227"這個詞時我可能在誤指，在運用「菱形」這個詞時我可能犯誤名，但在運用「1227 是一個菱形」這個語句時，我們所可能犯的是誤識或誤述，而不可能是誤指或誤名（參看 1953, 40）。

相比較而言，奧斯丁更為關心的是完整的話語的功能或起作用的方式，而較少考慮作為話語的部分的語詞的功能。他在假定我們的話語在遵守語言的約定方面無懈可擊，即在其中所包含的語詞正常地發揮作用的情況下，詳細探討了話語起作用的不同方式，即我們運用它們談論世界的不同方式。他的討論主要限於 So 和 S1 言語情境中的話語。

奧斯丁告訴我們，在 So 中，當我們用「1227 是一個菱形」這樣的語句來談論世界時，我們可以有四種不同的使用方式，或者說，在我們把它作為一個斷言說出時，我們可以說是在做四種不同的斷言行為或是在給斷言行為以四種不同的解釋：(1) C 式識別(C-identifying)，即試帽(Cap-fitting)或安置(Placing)；(2) B 式識別(B-identifying)，即填單(Bill-filling)或網捕(Casting)；(3)陳述(Stating)；(4)示例(Instancing)。

奧斯丁的這些解釋大多是比喻的說法。我們很難將它們準確地譯成中文。但他曾舉例說明了 C 式識別和 B 式識別之間的區分：「當你把它遞給我並問我是否能辨別它，而我說它是月桂，這時我們可以說『把它認作是（月桂）』：但當你遞給我一個載物片且問我是否能在其中辨別出月桂時，我們又可以說『識別月桂』。在第一種情形中我們在找適合特定對象的帽

子；因此就有『試帽』或『C式識別』這樣的名稱。我們是在試圖『安置』它。但在第二種情形中，我們試圖找到適合特定清單的對象；因此就有『B式試別』或『填單』這樣的名稱。我們按月桂『網捕』這個事物」(1953, 142-143)。由此可見，兩種識別的差別是適應(fit)方向的差別；在 C 式識別中我們在找適合特定事項的名稱，因而是使名稱適應事項；而在 B 式識別中我們在找適合名稱的事項，因而是使事項適合名稱。而在奧斯丁看來，使名稱適應事項顯然不同於使事項適應名稱，正如栗子適應篩子顯然不同於篩子適應栗子（參看 1953, 141 ）。

對陳述和示例這兩種行為，奧斯丁未多加說明，因為他認為「陳述」和「示例」這兩個術語無須解釋。他僅僅告訴我們這兩個行為具有相反的適應方向：陳述像C式識別一樣是在使名稱適應特定的事項；示例則像B式識別一樣是在使事項適應特定的名稱（參看 1953,142 的圖解）。那麼，C 式識別和陳述，B 式識別和示例又是如何區分開來的呢？

為了回答這個問題，奧斯丁引進了「匹配的責任」(onus of match)概念：「我們使名稱適應事項或使事項適應名稱是以事項的類型和名稱的含義相匹配為根據的。但是，在比較X和Y中，存在著使 X 適合 Y 和 Y 適合 X 之間的區別，這可以被稱為是匹配責任的差別」(1953, 141)。這樣，C 式識別之不同於陳述就在於，對C式識別而言，事項的類型被看作理所當然，被質疑的是，是否名稱的含義真正與之相配；而對陳述來說，名稱的含義被認為理所當然，被質疑的是，是否事項的類型真正與之相配。示例以同樣的方式區分於B式識別：對B式識別而言，名稱的含義被認為不成問題，有疑問的是，類型是否與之相配；對示例而言，類型被認為不成問題，而成問題的是，

名稱的含義是否與之相配。

為了進一步闡明四種斷言行為之間的差別和類似，奧斯丁還考察了它們被誤施的情形：

⑴C式誤識表明我們由於不理解名稱的含義而在匹配中出了毛病。奧斯丁認為這種錯誤在比 So 更複雜的情形中可以說是對含義的「誤解」（misconception, 見 1953, 144）。

⑵誤示(to misinstance)同樣揭示了對名稱含義的誤解。

⑶誤述(to misstate)表明我們不正確地評估了事項的類型。

⑷ B 式誤識同樣揭示了對事項類型的誤覺。

奧斯丁認為，誤施的情形顯示了C式識別和示例之間以及陳述和B式識別之間的相似性。前二者的問題都出在對名稱的誤解上，後二者的問題都出在對類型的誤覺上。從另一側面，誤施的情形又可以說明C式識別和陳述之間的相似性以及示例和B式識別之間的相似性；對C式誤識或誤述，我們的回應是「但是，1227 不是一個菱形」；而對誤示或 B 式識別我們的回應是：「但是，1227 不是一個菱形」。前者強調的是名稱之不符合特定的事項，而後者強調的是事項之不符合特定的名稱。

另外，奧斯丁還指出說明C式識別和陳述以及B式識別和示例之間差別的另一種方式。儘管在C式識別和陳述中我們都是使名稱適應事項，但在C式識別中我們的興趣是通過含義來連結名稱和類型，而在陳述中我們的興趣是通過類型把含義和事項連接起來，這就是說，我們識別的主要是類型，而我們陳述的主要是事項。與此相似，在示例和B式識別，我們都是使事項適應名稱，但我們所示例的主要是類型，而我們所網捕的主要是事項（參看 1953, 145-146）。

由奧斯丁對四種斷言行為彼此之間的差異和相似的論述中

可見，即使在最為簡單的 So 言語情境中，我們的言語即我們對世界所做的談論也與世界處於複雜的關係中，我們不僅要考慮名稱（T- 詞）與事項的適應關係以及名稱的含義和事項的類型之間的匹配關係，而且還要考慮適應的方向和匹配的責任。我們的話語（這裡僅限於斷言）或把世界中的特定事項認作是某個名稱的含義與之相匹配的類型中的一員，或通過或特定名稱的含義相匹配的類型網捕世界中的某個事項，或陳述世界中特定事項是與某個名稱的含義相配的類型中的一員，或把某個事項引證為特定名稱的含義與之相匹配的類型之一例。

當然，在比 So 複雜的言語情境 S1 和 S2 乃至在實際的言談中，我們的話語與世界的關係更為錯綜複雜。在〈如何談論〉一文中，奧斯丁還討論了 S1 情境中的言語行為，但未論及 S2 情境和現實世界中的話語。他認為，在 S1 中，由於事項的類型並不與我們詞彙庫中任何名稱的含義嚴格匹配，因此需要一組新的術語來稱呼四種不同的斷言行為。正如在 So 中一樣，按照適應的方向和匹配的責任，我們可以把它們稱為：(1)稱作；(2)描述；(3)例證；(4)歸類。例如，對「1228 是一個多邊形」這個斷言來說，當我們把 1228 稱作或描述為多邊形時，我們就承認名稱並不準確地適合事項，因為在一種情形中名稱的含義並不嚴格地與事項的類型相配，而在另一種情形中事項的類型並不嚴格地與名稱的含義相匹配。如果我們把 1228 誤稱為多邊形，那我們就被指責為是在濫用語言，即是在破壞語言；而如果我們把 1228 錯誤地描述為多邊形，那我們就被指責為在歪曲事實（參看 1953, 147-148）。同樣，當我們給出實例而不是示例時，我們承認模式的多樣性，而某個樣品並不酷似模式；當我們把某個事項歸類為多邊形而不是按多邊形來網捕它時，我們承認忽視了事項的許多特殊性（參看 1953,

148 ）。

　　在討論我們〈如何談論〉問題上，奧斯丁主要考慮世界方面對我們的言談方式或言語行為的影響，但他也簡要地考察了語言方面對我們言語行為的影響。他認為，如果我們用 SN 類型的語句即「I is no a T」這種類型的語句來對世界做斷言性的談論，那麼可能的言語行為的數量就減少了：兩種形式的識別就消失了。因為在這些簡單的言語行為中，識別的目的是使名稱的含義和一個類型相匹配，而「把某個東西認作不是如此這般的東西」是一個無意義的短語。但是，在 SoN 言語情境中，儘管名稱的含義不與類型相配或類型不與名稱的類型相配，示例和陳述這兩種言談方式或言語行為仍然作為某種有用的東西而保留下來（參看 1953, 152-153 ）。奧斯丁還相信，以相似的方式，所允許的語句形式的其他變化通常對言語行為的種類有影響（參看 1953, 153 ）。

　　從以上的論述可以看出，奧斯丁在對我們的言談方式或言語行為的種類所做的探究中，主要考慮的是語言和世界之間的適應和匹配關係。當然，現在可能有人會問，即使奧斯丁在有關適應和匹配關係上所持的看法是正確的，那它們在哲學上又有什麼重要性呢？對此奧斯丁的觀點似乎有三個方面：(1)語言並不被以隨意的方式使用。我們所使用的不同表達式，如「識別」、「陳述」、「示例」等，適用於不同的情境類型。這個原則或許可以被看作是對「語言現象學」的辯護，即對言談方式的探究真正使我們更清楚、更詳盡地察看世界。(2)言語行為的名稱比我們通常所考慮到的更多、更專門、更模糊且更意味深長。如果不對它們做更多的研究，它們中的任何一個名稱在哲學上都不能以一種普通的方式被安全地使用，如「陳述」或「描述」這樣的名稱就極為含糊，易引人誤解。因此，對不同

的斷言行為的研究在哲學上有一種預防性治療的作用⑮，此後奧斯丁在談及對世界所做的或真或假的斷言時，不再使用「陳述」或「描述」這樣的名稱，而代之以他自創的「constative」一詞（參看 Words, 3）。⑶言語情境模型的建構有助於我們弄清可能的言語行為的種類，從而有助於我們對語言和世界之間關係的複雜性的理解（參看 1953, 150-151）。

---

⑮ 參看瓦諾克《1900年以來的英國哲學》，牛津，牛津大學出版社，1958年，第148頁。

第三章

語言與行爲

　　本章所處理的是奧斯丁的言語行為理論。前章第三節已談過，當我們開始使用語言談論世界時，我們就已由語言轉到言語，即我們在實際情境中所做的言談。言語是在特定的場合中對特定的語言的具體運用，它包括運用語言的說話行為和所說的話。無疑說話本身就是人的一種行為，是人所做的一種事情，因此，即便是在最為通常的「說話」這一層面上，說話也是做事，言(saying)即是行(doing)。奧斯丁論及這種意義上的言語行為，他稱之為「話語行為」(locutionary act)，並對它進行剖析，但他關注的焦點不是這種言語行為。他更為感興趣的是更高層面的言語行為，即我們的說話是有意圖的，我們總是在說話中做點說話之外的事情，或就世界中的事件進行陳述或報導，或做些另外的事情，如進行結婚、打賭、致歉、命名、許諾等社會活動。我們在說話的同時總是在做諸如此類的事情。奧斯丁最為關心的就是這種意義上的言語行為，他稱之為「話語施事行為」(illocutionary act)。他還對這種行為進行分類。此外，奧斯丁還順便談到另一層面的言語行為，即經由說話我們會對自己或他人的思想、感情或行為施加影響，從而獲得使相信、使驚奇、使喜歡、使厭惡等言後之果。奧斯丁稱這種收言後之果的行為為「話語施效行為」(perlocutionary act)。

　　以上是奧斯丁的言語行為三分說（即後來人們所說言語行為理論）之大概。當然，奧斯丁對言語行事現象的認識並不是從一開始就達到如此深入系統程度的，而是經過一個艱苦的探

索過程才逐步深化的。他先是提出施事話語／記述話語(per-formative utterance/constative utterance)區分説，認為「施事話語」是一整類特別的話語，或者説，是我們使用語言的一類特別的方式，即使用語言實施許諾、打賭、命名、致謝、祝賀等約定俗成的社會行為。語言的這種施事的使用方式與語言的記述的使用方式相對照，即與使用語言對世界中的事實或事態做或真或假的記述相對照，因此，施事話語與記述話語是相對照、相區分的兩類不同的話語。但是，由於奧斯丁的「施事話語」概念本身的不嚴格以及他的興趣的擴展，他後來感到很難堅持「施事話語」和「記述話語」之間的嚴格區分，轉而提出一個更為一般的理論（即言語行為三分説）來處理言語行為問題。從這個一般理論的角度看，施事話語和記述話語不再對立，因為記述話語（語言的記述使用）正如施事話語（語言的施事使用）一樣都是在實施某種行為，即都是在實施某種話語施事行為。例如，做一個陳述和做一個許諾一樣都是在實施某種話語施事行為，儘管它們所實施的是兩種不同的話語施事行為。這種，話語的施事功能就不是某些話語所具有的特別功能，而是一切完整意義上的話語所共同具有的一般特徵。奧斯丁先後提出的這兩個理論既有聯繫又有重要的差異，下面將分而述之。

一、施事話語／記述話語區分説

1.「施事話語」概念的提出

奧斯丁是通過研究語言的使用而達到他的「施事話語」概念的，他把「施事話語」看作是語言的一種使用（參看 1956c, 235）。通常我們使用語言是為了述説或報導世界中的事實或事件，也就是使用語言談論世界。從這個意義上説，我們的話

語可以與「世界」相對照，即可以考察它們是否與事實相符合，因而，它們是有真假的。傳統哲學家和語法學家所重視的就是語言的這種描述功能。這樣，儘管他們承認使用語言本身是一種行為，但他們僅僅把這種行為看作是陳述或描述這樣的言談行為，而言談行為和其他行為是可以區分開的，所謂的「言行不一」表明的就是言談行為與實際行為的不一致。

然而，這種認為語言的首要功能是描述事實的看法自 20 世紀 30 年代初開始受到來自維根斯坦的挑戰。他認為語言是一種工具，除了用於報導事實外，還可用於提問、下命令、編故事、講笑話、詛咒、禱告等等，因此，描述事實只是語言無數種使用中的一種使用。①奧斯丁在 30 年代後期已經形成有關語言施事使用的想法，並在 1946 年的〈他人的心〉一文中首次公開表露了這一想法（參看 Words，編者前言），批評那種認為所有語言都是純描述性的看法是犯了「描述性謬誤」(1946, 103)。但他後來認識到「描述性謬誤」這個名稱不妥當，因為他在 1953 年的〈如何談論〉一文中已經證明即使在簡單的言語情境中，我們談論世界的方式也是多種多樣的，或者說，我們可以給斷言行為以不同的解釋，而「描述性」行為本身是一種特別的斷言行為，並非所有或真或假的陳述都是描述。因此，他更喜歡稱語言的描述性使用為「記述話語」(constative utterance)，自然，那種認為語言只有記述使用的觀點應是犯了「記述」的謬誤（參看 Words, 3）。

當然，與維根斯坦不同的是，奧斯丁不認為語言的使用方式是無限的，而堅持語言的使用方式是有限的，並認為我們可以對它們進行概括和分類。他認為可以把語言的使用方式分為

---

① 參看維根斯坦《哲學研究》，牛津，巴西爾‧布萊克威爾出版公司，1958年，第23節。

兩大類或者說我們有兩大類話語：一類是語言的記述使用，就是上面所說的「記述話語」；與此相對照的另一類是語言的施事使用，他稱之為「施事話語」(performative utterance)[2]。他認為這兩類話語在性質上極為不同，彼此形成對照。當然，奧斯丁並未給「施事話語」下明確的定義，而是嘗試說明它的基本特徵：第一，「施事話語」在形式上是無懈可擊的、極為普通的直陳式，其中不包含奇怪的或危險的詞而且在結構上不成問題，它們在語法上與「陳述」無異；第二，它們實際根本不陳述任何東西，因此是無真假的；第三，這類語句的說出不是在說點什麼，就是說，不是在做陳述或報導這樣的言談行為，而是在做另外的一些事情，如做道歉、保證、許諾等約定俗成的社會行為。而這類社會行為通常並不被看作僅僅是在說些什麼。正是由於這第三個特徵，這類話語才被稱為「施事話語」，因為正是在這類講話中，我們的言就是行或行的一部

---

[2] 有關語言的施事使用，以前的哲學家也曾經注意過。正如奧斯丁所言，對如此廣泛而又顯而易見的現象，前人不可能完未注意到(Words, 1)。奧斯丁的老師普利查德(H. A. Prichard)就曾經對許諾(promising)感到困惑——僅僅說些什麼怎麼能建立約束關係？也許正是普利查德對許諾現象的思考引起奧斯丁的興趣，促使他去思考一般的「施事話語」現象，並更進一步思考說和做、「言和行」這樣的一般課題（參看瓦諾克《J. L. 奧斯丁》，倫敦，勞特利奇出版社，1989，第105-106頁）。如果我們追溯得遠一點，可以看到，休謨也曾詳細論述過許諾的責任問題，但奧斯丁似乎未意識到這一點。實際上，休謨的觀點與奧斯丁的觀點極為相似，他也把許諾行為與心理意願區分開，也意識到許諾的不嚴肅的使用（參看休謨《人生論》，第三卷第二章的第五節「論許諾的約束力」，中譯本，關文運譯，商務印書館，1980年，第557-564頁）。當然，無論如何，儘管以前的哲學家曾注意過語言的施事使用，但他們的論述是零碎的，只有到奧斯丁那裡才首次發現語言的施事使用是一種很普遍的現象，並以「施事話語」概念給予明確的表述。儘管奧斯丁後來自己對「施事話語」和「記述話語」的區分提出嚴肅的批評，但在哲學文獻中這個區分繼續得到論述，似乎可以說是一個經典，塞夫(Walter Cerf)甚至聲稱，施事話語已經成為奧斯丁的標誌，如同「機器中的幽靈」是賴爾的標誌，而語言遊戲則是維根斯坦的標誌一樣（參看他的〈對《如何以言行事》的批判性考察〉一文，轉載於范光棣(K. T. Fann)編的《J. L. 奧斯丁討論集》，倫敦，勞特利奇和基根·保羅出版公司，1969年，第351頁。

分，而我們的行或行的一部分也體現為言，言行合一，不可分離。正是在這個意義上，我們的言語才真正地是在做事──做與言談不同的其他事情。

奧斯丁承認，「施事話語」概念初聽起來似乎有點奇怪，但滿足上述特徵的話語不勝枚舉，根本就不稀奇。例如（參看 Words, 5/1956C）：

A.「我願意（娶這個女人做我的合法妻子）」──在婚禮過程中如是説。

B.「我把這艘船命名為『伊麗莎白號』」──在輪船的命名儀式中如是説。

C.「我把我的錶遺贈給我的兄弟」──做遺囑時如是説。

D.「我道歉」──在我踩到你的腳時如是説。

E.「明天準會下雨，我敢賭六便士」。

F.「我答應七點鐘到那裡」。

這類話語在語法上都是我們所熟悉的直陳句，但它們與「貓在草席上」、「他在跑」這樣陳述事實或描述事態的語句不同。在説出這類話時，「我」顯然不是去描述我所做的事情或陳述我正在做它：我不是在説（＝報導）我給一隻船命名，而是正在給它命名；不是在説我打賭，而是在進行打賭；不是在説我許諾，而是正在許諾。這就是説，我們不是在描述或報導結婚、命名、遺贈、打賭、道歉、許諾等活動，而是在進行這些活動。説話本身就是在實施這類活動或履行其中的一部分，因此，説話就是施事，這類話語也就被稱為「施事話語」。施事話語的首要功用是施事，不是陳述事實或描述事態。因此，它們不存在是否與事實相符合問題，無真假可言。奧斯丁甚至認為，它們之無真假可言正如「見鬼！」之無真假可言一樣顯而易見，無需論證（參看 Words, 6）。

奥斯丁還尤為反對把某些施事話語看作是對某種內在精神行為的或真或假的描述，如把「我保證……」這類令人敬畏的施事話語看作是對內在精神嚴肅性的描述。他認為這種看法會為種種口是心非的不道德行為提供藉口（參看 Words, 9-10/1956c, 236）。

2.「施事話語」達成的條件及其種種可能的「不適當」方式的分類

儘管施事話語不是對外在行為或內在行為描述，它本身也無真假可言，我們不能拿「真假」概念來評價它，但我們還是有相應的概念可以評價它。這就是奧斯丁所提出的「是否適當」概念（happiness 或 unhappiness）。奧斯丁提出這個概念的意思是，「施事話語」不是脫離情境的單純孤立的話語，它是處於一定的情境之中的，如果情境不適當或有欠缺(infelicities)，那麼，「施事話語」所要執行的行為就無法成功實現，或在某種程度上被污損或以某種方式出差錯，甚或完全是空的或無效的。奧斯丁把在有欠缺情況下的施事話語統稱為「不適當」的話語。如許諾有可能是空的或言而無信或未被履行等種種不適當的情形。因此，與記述話語之有真假相對照，施事話語有「適當」和「不適當」之分。我認為，奧斯丁引進「是否適當」概念來評價施事話語的做法是可取的，因為施事話語既是話語又是行為，是言和行的統一體，而「是否適當」概念既適用於言又適用於行，比只適用於言的「真假」概念更加靈活運用。

奧斯丁認為，一個施事話語要適當，即要順利達成，必須有適當的情境，即必須滿足一定的條件。具體地說，有以下幾個必不可少的條件（見 Words, 13）：

(A1)必須存在一個被接受又具有一定效果的約定程序，這

個程序包括在一定的情境中，由一定的人說出一定的話。

　　(A2)在某一場合，特定的人和特定的情境必須適合所訴求的特定程序的要求。

　　(B1)這個程序必須為所有參加者正確地實施，並且

　　(B2)完全地實施。

　　(Γ1)這個程序通常是設計給具有一定思想或情感的人使用，或者設計給任何參加者去啟動一定相因而生的行為，那麼，參加並求用這個程序的人，必須事實上具有這些思想和感情，並且進一步

　　(Γ2)隨後親自這樣做。

　　奧斯丁認為只要違反這六條規則中的任何一條，施事話語就會以這種或那種方式「不適當」。當然，「不適當」的各種方式之間存在很大的差別，他試圖對這些方式進行歸類並做詳細的闡述。

　　首先，從大的方面看，從 A1 到 B2 規則制約的是外在的情境，違反這類規則的施事話語不能成功實現，奧斯丁稱之為「未成」(misfire)；Γ1 和Γ2 規則制約的是內在情境，違反這類規則的「施事話語」是在不誠實的情況下達成的，它濫用了程序，奧斯丁稱之為「濫用」(abuse)。當話語未成時，我們所訴求的程序是遭駁的(disallowed)或錯壞的(botched)，我們的行為就是空的(void)或沒有效果的。例如，犯重婚罪者在說「我願意」時，他僅僅「經歷了結婚的形式」，他的「結婚」行為是無效的（見 Words, 16 ）。另一方面，當一個施事話語妄用時，我們的行為就是「偽稱的」(professed)或「虛偽的」(hollow)。例如，當我在對你的成功並不感到愉快時而說「我祝賀你」，那我就是不誠實的（見 1956c, 239 ）。

　　其次，從更細的方面看，違反(A)規則和違反(B)規則是有

區別的，因而有兩種不同的「未成」。違反(A)規則是程序的誤求(misinvocation)——要麼沒有這樣的程序，要麼所訴求的程序不適應想做的行為——前者違反了(A1)規則，即所求助的程序實際上並不存在而說話者誤以為它存在。如「我要求與你決鬥」這句話所訴諸的程序過去曾被人普遍接受，但現已不被接受，因而它是無效的，聽者可以對它置之不理。奧斯丁未找到稱呼這種程序誤求的適當名稱，他曾稱之為「non-play」，但後來又放棄了這個叫法（參看 Words, 18 的圖表及腳註）。後者違反了(A2)規則，即儘管所訴求的程序確實存在，但說話者以不恰當的方式運用它。奧斯丁稱之為誤用(misapplication)。例如，給企鵝施行浸禮就是程序的誤用。與違反(A)規則相比，奧斯丁認為，違反(B)規則不是由於所訴求的程序不存在、不合適或運用不當，而是由於在程序執行過程中出了差錯而使施事話語無效。他稱之為誤施(misexcution)。對違反 Γ 規則，奧斯丁也區分了不誠實和違背承諾兩種情形。[3]但在現實生活中，這二者並不易鑑別。

在對「不適當」的方式做初步的分類之後，奧斯丁還對這種分類做了三點自我評估（參看 Words, 18-24）。(1)「不適當」概念的適用範圍。首先，「不適當」概念不僅適用於言語行為，還適用於其他禮儀行為。其次，它也適用於某些陳述。如「目前的法國國王是個禿子」這句話就像贈給別人你所並不擁有的東西一樣地「不適當」。奧斯丁認為，關於不存在的東西的陳述不是假的，而是空的(void)。[4](2)這個分類不完全。首

③ 關於違背承諾(breach of commitment)，參看奧斯丁的〈施事話語—記述話語〉一文中有關各種不適當方式的分類，此文轉載於塞爾《語言哲學》，牛津，牛津大學出版社，1971年，見第15頁。

④ 奧斯丁對無所指的指稱詞的處理辦法與羅素和斯特勞森的處理辦法都不一樣。

先，「施事話語」是一種行為，它會遭受所有行為都可能遭受的被強制做出或偶然做出或錯誤做出等不適當。其次，「施事話語」可能會不嚴肅地說出，如舞台對話、作詩或個人獨白。再次，「施事話語」也會因誤解而失效。(3)種種「不適當」的方式並不相互排斥。一個施事話語可能同時遭受幾種「不適當」。而對於一個特定的施事話語究竟以何種方式「不適當」有時也難以確定。這種分類上的不確定性在奧斯丁對各種「不適當」的分別詳述中表現得尤為明顯，這裡因篇幅關係不再細談。

3.「施事話語」的可能判別標準及其與「記述話語」區分上的困難

在前面的論述中，我們滿足於使施事話語之有「適當與否」和記述話語之有「真假與否」相對照、相區分。但奧斯丁很快又發現，這種對照或區分並不可靠。因為，實際上「對適當和不適當類型的那種考慮會影響陳述（或某些陳述），而對真假類型的考慮會影響施事話語（或某些施事話語）」(Words, 55)。一方面，記述話語也易遭受施事話語所遭受的種種「不適當」。如「約翰的所有孩子都是禿頭的」這個記述話語，在約翰事實上並沒有孩子的情況下，就像某人在沒有錶的情況下說「我把我的錶遺贈給你」這個施事話語一樣是空的、無效的，因為它「缺乏所指」(1956c, 249)。再如，某人在不相信貓在草席上時而說「貓在草席上」就像某人在不打算到某個地方去而說「我答應到那裡去」一樣地是不真誠的。另外，我在不知道隔壁房間有多少人的情況下我就無權做「此時此刻隔壁房間裡有五十個人」這樣的陳述，我最多只能做如是猜測，正如我在不具有支配你的權威時我就無權說「我命令你……」一樣，我最多只不過口頭說說這句話而已，但不會產生命令的效力。諸

如此類的例子足以說明記述話語同施事話語一樣容易出現一些不適當的情況。當然，另一方面，「施事話語」也會受真假概念「侵蝕」。首先，儘管「施事話語」本身無真假可言，但會蘊涵著一些別的為真為假的陳述。如「我道歉」這個施事話語的適當與否決定了「我正在道歉」這個記述話語的真假（見Words, 53）。其次，事實會影響「施事話語」的適當性，甚至使其成為有真假的。如「我警告你那頭牛將會襲擊」這個施事話語要受牛是否真的襲擊影響，如果牛並未襲擊，這個警告就會受到批評，但批評不應是前面所講的「不適當」中之一種，因為警告這個行為已被執行，而且也不是在不誠實的情況下被執行的，我們也許更傾向於說它是假的或錯的（參看 Words, 55）。總之，從「適當與否」概念會滲入記述話語和「真假」概念會滲入施事話語這兩方面看，要依據這兩個概念把它們區分開來是成問題的。那麼，是否存在更為嚴格的劃分標準呢？尤其是，是否存在識別施事話語的某種語法上的（或詞彙上的）標準？

奧斯丁首先提出兩條語法上的標準（見 Words, 56-57）。一是具有第一人稱單數現在直陳式主動語態的話語。前面所舉的「施事話語」例子都符合這個標準。二是具有第二或第三人稱單數或多數現在直陳式被動語態形式的話語。如「Passengers are warned to cross the track by the bridge only」。但他又馬上檢查這兩個標準，發現只有「顯式施事話語」(explicit performatives)才符合這種語法標準，而對「向右轉」、「關上門」、「越位」這樣的「隱式施事話語」(implicit performatives)來說，這種語法標準不起作用。

奧斯丁又試圖通過特別的詞彙把「施事話語」標示出來，但反例又使他放棄這一做法。一方面，在沒有施事標示詞的情

況下我們亦可得到施事話語。如用「角落」代替「危險的角落」，用「牛」代替「危險的牛」來做警告；還可用「You will」代替「You are ordered to」，用「I shall」代替「I promise to」，等等。另一方面包含施事標示詞的話語也未必是施事話語。如「你答應」、「他准許」就不是施事話語。

由於語法標準上的困難，奧斯丁還進一步嘗試是否可把事實上的「施事話語」化約、擴展或分解為語法上第一人稱單數直陳主動語態式話語。如我們可把「out」（出局）擴展為「I declare you out」（我判你出局）。奧斯丁承認這種改寫通常可以辦到，但他又發現具有改寫後形式的話語並非都是施事話語。如「I promise only when I intend to keep my word」就用於描述習慣性行為。而像「I state that the sun rises in the east」明顯就不是施事話語，而與「the sun rises in the east」一樣都是描述事實的記述話語。

奧斯丁最後不得不承認沒有純粹的語言標準可據以把施事話語和記述話語區分開。而且，由於前面已說過的「不適當」會侵入記述話語以及評價話語和事實之間關係的「不正確」、「不好」、「不公正」、「不正當」、甚至「錯誤的」、「假的」等責難也適用於施事話語，因此，「施事話語」和「記述話語」之間的界限已相當模糊，「它們之間的差異已被大大削弱，且實際上已崩潰」(1956c, 251)。為此，奧斯丁猜測，所有的記述話語歸根到底都是施事話語，是隱式施事話語，都可改寫為「I state that……」這種形式，都在實施陳述行為，而陳述同結婚、道歉、打賭等一樣都是行為。這樣，施事話語和記述話語的區分就只是施事話語內部的區分。記述話語只是諸多施事話語中的一種，最多也只是較為特別的一種。既然記述話語和施事話語不再對立，且「我們不能說出任何話語而不實施某

種有關的言語行為」，因此「也許我們所需要的是關於這些言語行為的一種更加一般的理論」。⑤這就是我們後面要討論的言語行為三分說。

4. 施事話語和記述話語之間的區分是否真的已崩潰？

奧斯丁原先曾滿懷信心地要把施事話語同記述話語區分開，使之作為語言的一種重要的非描述性使用與記述話語的描述性使用相對照，以此表明傳統哲學只重視語言的描述功能或認知功能的基本態度是不適當的。但是，他漸漸發現，區分施事話語和記述話語殊非易事，因為我們很難找到識別施事話語的嚴格標準。這樣，他又轉而懷疑原來所做的區分，甚至認為原先的區分已崩潰，應當被拋棄。那麼，奧斯丁原初的施事話語／記述話語的區分是否真的已崩潰呢？

不少學者並不贊同奧斯丁的意見，而認為施事話語和記述話語的區分觀念是有益的，它們之間的功能性區分是應當堅持的，問題在於奧斯丁尋找判別施事話語的語言標準的努力是誤入歧途。⑥在施事話語／記述話語區分是否崩潰問題上，瓦諾克在《J. L. 奧斯丁》一書中有詳盡的論述。我認為他的解釋較為合理。他認為奧斯丁對施事話語／記述話語的區分感到困惑的原因在於從一開始他對「施事話語」就沒有一個清楚的概念，而他要拋棄這種區分的根本原因是由於他實際上並不對特別的話語類型感興趣，而是對所有話語的某一特徵（在說話中某件事被做出的特徵）感興趣。就是說，由於奧斯丁感興趣的是我們語言（確切地說是言語）的普遍特徵，因而特別的話語

---

⑤ 參看奧斯丁〈施事話語—記述話語〉，轉載於塞爾編的《語言哲學》，牛津，牛津大學出版社，1971年，第20頁。

⑥ 參看塞森斯凱(A. Sesonske)〈施事話語〉一文，載《哲學雜誌》，第62卷，1965年，第459-468頁，和瓦諾克《J. L. 奧斯丁》，倫敦，勞特利奇出版社，1989年，第114頁。

類型之間的區分並不是他特別感興趣的東西。⑦

　　確實，從奧斯丁最初所舉的例子看，施事話語所實施的都是約定俗成的儀式性行為的一部分，如結婚、給輪船命名、遺囑、打賭等都是具有約定俗成程序的儀式性行為，我們的話語正是作為某個已確立的約定程序的必要組成部分而成為真正的施事話語——說些什麼同時是做些什麼，甚至主要是做些什麼，做約定程序的一部分。正因為施事話語所執行的是約定俗成的做事過程的一部分，所以奧斯丁把「必定存在具有某種約定效果的公認的約定程序」(Words, 14)作為施事話語之適當性的首要條件。然而，奧斯丁後來對施事話語的展開論述表明他對「適當的」約定程序究竟是什麼並沒有非常清楚的概念，因為他後來明顯把事實上並不具有約定俗成程序的勸告、警告等行為看作是約定的行為，可見，他的約定程序概念相當不確定、相當模糊，是極成問題的。正因為他對約定的程序沒有明確一致的概念，他對「施事話語」也就沒有明確一致的概念，這樣，對施事對話／記述話語的區分也就不會有清楚的概念，關於區分的諸多困惑也就隨之而來。而既然奧斯丁對要做什麼樣的區分，要把什麼東西從什麼東西中區分出來並沒有前後一致的清楚概念，那麼，區分之被拋棄或劃界企圖之崩潰究竟是什麼意思也是不清楚的。對這一點下面就更具體地展開論述。

　　在奧斯丁最初引入「施事話語」概念時，在他的頭腦中，施事話語只是一些特別的話語，是作為約定俗成的、儀式的或禮儀的程序中的「施行」因素而被說出的某種東西，儘管這種話語並不罕見或奇怪，因為在社會生活中總是存在做各種各樣

---

⑦ 參看瓦諾克《J. L. 奧斯丁》，倫敦，勞特利奇出版社，1989年，第117-119頁和146-148頁。另外，還可參看瓦諾克的〈施事話語的一些類型〉一文，載伊賽亞·柏林等著《諸家論J. L. 奧斯丁》，牛津，牛津大學出版社，1973年。

事情的各種約定俗成的程序。對結婚、離婚、打賭、遺贈或捐贈、給重要的船命名、給嬰兒施洗禮、訂合同、玩遊戲等等活動而言都有規定好的儀式。在這些儀式中說出關鍵的話就不僅說事情會怎樣怎樣，實際上它是去做該事情。這樣一種作為儀式過程的一部分的「施事話語」概念是清楚的，儘管因為存在許多邊緣的、不嚴格的情況，這種概念允許進一步的推敲和完善，但肯定不存在最終被拋棄的危險。首先，這樣的「施事話語」肯定不存在語法上的或詞彙上的判別標準，因為任何種類語詞的任何符合語法形式的連結——疑問句、單個詞、單純的短語、祈使句、感歎句或陳述句——都可以作為「公認的約定俗成的程序」的一部分而具有施事的功用。因此，施事話語並沒有語法上或詞彙上的限制，當奧斯丁認為「我們自然應首先追問是否存在識別施事話語的某種語法（或詞彙的）標準」時，這種追問本身就已誤入歧途，不可能有肯定性的答案。其次，儘管施事話語同記述話語一樣蘊涵著真假，而記述話語也不僅僅只同真假問題有關，它同施事話語一樣也會是適當的或不適當的，但這只是表明二者並非全然不同，而並不表明二者根本就不存在著差別或區分。因為對奧斯丁最初所引進的這種典型的施事話語而言，它是在進行某種「公認的約定俗成的程序」過程中而被說出的具有某種約定俗成效果的東西，很明顯，絕大多數的陳述不是這樣的一種東西。因此，典型的施事話語與陳述等記述話語迥然有別，它作為約定俗成的儀式過程的一部分是完全可加以識別的特殊類型的話語，原則上同「普通的」談話（包括通常的做陳述）很易區分，儘管不是在所有的方面都絕對可分。那麼，奧斯丁為何要拋棄他原先所做的這種顯而易見的區分呢？

原因在於儘管奧斯丁最初把「存在公認的約定俗成的程

序」作為施事話語適當性的首要條件，但他後來並沒有堅持這一點。如他把「我命令」、「我警告」、「我勸告」等都作為施事短語，但事實上在說出這些短語時通常並沒有約定俗成的儀式性程序。因此可見，他的「施事話語」概念已發生了變化。他的興趣已不在作為「約定俗成程序」的一部分的特殊類型的話語，而是對如何弄清在說話中說話者所做的東西更感興趣。如「我勸告你做某事」作為施事話語是因為在說這句話中已清楚表明我是在給你一個勸告，儘管提出勸告肯定不是正式的約定俗成的程序或儀式，正如做出陳述也不是約定俗成的行為一樣。

　　由此可見，對「最初的區分」是否已崩潰這一問題顯然不能給予簡單的回答。事實上，奧斯丁至少在三個「施事話語」概念之間搖擺不定，因此「區分」也依這三個概念而有不同的結果。首先是作為約定俗成的程序或儀式的一部分的「約定俗成的」話語與普通說話的區分，尤其是與通常的做陳述之間的區分，是清楚的，不會引起嚴重的異議，這種區分並未崩潰。其次是具有弄清說話者在說話中做了什麼這個特別特徵的話語——即句子的主動詞作為說話者所實施的行為的名稱話語，這種話語儘管在某種程度上也可以自成一類，但它與做一個陳述卻無法區分開。因為陳述同樣可作為說話者在說話中所實施的行為的名稱。再次是最為一般的施事話語概念，即無論在說些什麼當中說話者做了些什麼的概念，這種施事話語不拘於任何形式。這個概念極其模糊，無法做任何簡單的區分，因為說話者無論在說些什麼時都在做些什麼。[8]正是在這最後一點上，奧斯丁認為必須重新考察說些什麼就是做些什麼究竟有多少種意思，從而引出更為一般的言語行為理論。

⑧　參看瓦諾克〈J. L. 奧斯丁〉，倫敦，勞特利奇出版社，1989年，第119頁。

二、言語行爲三分説

1. 三種基本言語行爲之界定、分析或説明

奧斯丁在尋求「施事話語」和「記述話語」的劃分標準失敗後開始更一般地「重新考慮説些什麼就是做些什麼，或在説些什麼當中我們做些什麼，以及甚至經由説些什麼我們做些什麼究竟有多少種意思」(Words, 94)。因為他認為「做些什麼」是一個極為含糊的表達式，需要一些澄清和界定。一方面，我們可以使人們的言和行相對照，在這種對照中，我們可以説他們僅僅在説而什麼也不做；然而，另一方面，我們可以使單純地思考某事與實際上大聲地把它説出相對照，在這個對照中，説就是做（參看 Words, 92）。正是依據後一種「做事」概念，奧斯丁在《如何以言行事》的後半部分（自第 91 頁起）嘗試提出一個更具普遍意義的理論來處理説話就是做事這個問題，這就是言語行為三分説，即現在已很著名的言語行為理論(theory of speech-acts)。

言語行為理論是從總體上研究話語的施行方面，用奧斯丁的話説就是要弄清「總的言語情境中的整個言語行為」(Words, 147)。他把作為整體的言語行為分為三個層次，即認為在説些什麼時，我們可能以三種基本的方式在做些什麼。他把這三層意義的做些什麼分別稱為「話語行為」(locutionary act)、「話語施事行為」(illocutionary act)和「話語施效行為」(perlocutionary act)⑨。大體而言，話語行為相當於説出某個具有意義（包括含

---

⑨ 「illocution」和「perlocution」都是奧斯丁自創的新詞。從構詞法看，「il-locution」＝「in locution，而 illocutionary act」意指在説話當中所實施的行為，直譯應為「在言所行」。「perlocution」＝「by locution」，而「perlocutionary act」意指經由説話所實施的行為，直譯應為「由言所行」。這裡的譯法是意譯，以便更符合中文的習慣。至於這兩種行為的實際內涵，見後文的界定和説明。

義和所指）的語句；話語施事行為是指以一種話語施事的力量(illocutionary force)說出某個語句，如做陳述，提疑問，下命令，發警告，做許諾，等等；話語施效行為則是經由說些什麼而達到某種效果的行為，如使相信，使驚奇，使誤導，勸服，制止等。下面具體看看奧斯丁對這三種行為所做的分析或說明。

A. 話語行為。奧斯丁把最為通常意義上的「說些什麼」(saying something)的行為稱為「話語行為」的實施(Words, 94)。他在談到話語行為的幾個地方（見 Words, 93/94/108/120 ）說法基本一致，都主張話語行為的基本特徵是有意義，即我們以言意指事態或者事實。這樣，我們的言就存在著與世界中的事實是否相符問題，因而它是有真假的。

奧斯丁還進一步對話語行為進行剖析。他認為，即使在這種最為通常的「說些什麼」的意義上，我們也可以區分出不同層次的「做些什麼」（參看 Words, 92 ）。首先，說者總要發出某些聲音，這就是「發音」行為(phonetic act)，而所說出的東西是音素(phone)。

其次，說話者通常是用某一種語言說話的，因此，他的發音行為通常又是在發出作為隸屬於某種語言詞彙庫的語詞的聲音，這些聲音按語言的語法規則而得以有序排列，並具有一定的聲調。奧斯丁把這種發出一些具有一定句法結構的語詞的行為稱為「發語行為」(phatic act[10])，這種行為所發出的東西是語素(pheme)，即語言的構成單位，實際上就是語言中的一個句子。

---

⑩ 「phatic」一詞是波裔英籍人類學家馬林諾夫斯基(Malinowski, 1884-1942)首先使用的，指的是用於建立氣氛和維持社會接觸而不是用於交流信息或思想的談話，如對天氣的評論和詢問健康狀況的用語，即寒暄之語。奧斯丁借用這一術語是為了表示機械地說出一個語句而不知其意的談話。

再次，通常，説話者不僅僅説出語言的一個語句，他是為了説一椿什麼事情而説出該語句的。就是説，他以帶有確定的涵義(sense)和所指(reference)的方式運用上面所説的語素及其成分。這就是「發言」(rhetic)行為。這種行為所發出的東西是言辭(rheme)。

以上三層行為共同構成奧斯丁的「話語行為」。他對話語行為的興趣主要在於弄清它是什麼，以便同話語施事行為和話語施效行為相區分。但他對話語行為本身也做了一番「推敲」，因為在他看來這番推敲對哲學家、語法學家和語音學家來説都是極為重要的（參看 Words, 95）。奧斯丁的推敲有以下幾點值得注意：(1)發語行為必定包含發音行為，但發音行為則未必同時是發語行為，如猴子發出「go」這個聲音就未做發語行為，因為牠未把這個聲音看作屬於某個詞彙庫。(2)發語行為的界定包含語法和詞彙兩項，它也因此會以兩種不同的方式被誤施：一是使用實際上不屬於該語言的「詞」，二是以該語言語法不能允許的方式把詞雜亂地堆砌在一起。這兩種誤施的結果是：「它（指語素）的典型缺陷是了無意思(nonsense-meaningless)」(Words, 98)。(3)發音行為和發語行為是可模仿的、可複製的，可用直接引語報導。如「他説，『貓在草席上』」報導的是發語行為，説話者僅僅是機械地引用了這句話，並不表示他理解這句話，也不表示他想把「貓在草席上」這個信息傳給別人，因而他只是在擺弄語詞，而不是在「發言」。(4)發言行為是報導性的，不是可複製的，從形式上看，我們通常用間接引語來報導。如「他説貓在草席上」。在做發言行為時，我們同時做了命名和指稱這樣的附屬行為（可參看上章第三節的有關論述）。我們通常不能做無指稱或無命名活動的發言行為。如，讀一首古詩而不知其意是做發語行為，而不是做發言

行為。(5)發言行為有確定的含義(sense)和所指(reference)。所謂的「含義」是指言辭所意指的事況的類型，而「所指」則指言辭所指示的「歷史的事況」。對此奧斯丁在〈真理〉一文中有詳細的論述（參看 1950, 122）。言辭也會出問題，「它的典型缺陷」是（含義）模糊或（所指）空洞(Words, 98)。

從奧斯丁對話語行為所做的剖析看，僅限於「說些什麼」這個層次，說話者也做了三種不同的事情。他發出某些聲音，說出了一個語句，「說到」某件特殊的事情。在一定的意義上說，這些「行為」明顯是可分離、可區分的。做一個鸚鵡學舌般的發音行為而不發出作為語句的聲音是可能的──也許因為他未意識到它們構成語句，發出一個語句而不在其中「說到」任何東西也是可能的──也許他只是在模仿或引用。當然，更為經常的是三種行為同時並行：他發出了作為語句「貓在草席上」的一串聲音──「貓在草席上」──以便說貓在草席上這件事。

當然，奧斯丁承認，儘管他對話語行為的考察很有趣，但仍無法解釋施事話語／記述話語的對照問題。例如，儘管我很可以弄清在說出「牛將要攻擊」時我們是在說些什麼，但我們還是弄不清這句話意在做警告，還是做陳述。為了弄清話語所言之外的「所為」，還需進一步考察「話語施事行為」。

B. 話語施事行為。所謂「話語施事行為」從字面意思看是指在說話當中所實施的行為，即在說話中實施了言外之事。奧斯丁用公式「In saying X, I was doing Y」表示這種行為（參看 Words, 121）。如 In saying「I will come tomorrow」, I was making promise。在這裡，saying (something)是話語行為，而 promise 是指在說話中所實施的言外之行，即在說「I will come tomorrow」中行許諾之事。英文的「illocutionary」是由 in ＋

locutionary 構成的，其中的「in」就是話語施事行為公式「in saying」中的「in」，表示 Y（許諾）儘管與 saying X（「I will come tomorrow」）不同，但是在 saying X 中完成的，因而仍然是一種言語行為。

「話語施事行為」當然與我們使用話語的方式有關，但奧斯丁認為「以何種方式使用」這個表達式的意思本身就極為模糊，因而他不主張用這個術語來說明這種行為，而是引入語力(force)這個新的概念來說明問題。他認為，我們在關注語言的施事使用時，我們所關注的不是話語的意義，而是關注說話者為表達其意圖而在說話中顯示出來的力量(force)。因此，他又把旨在說明語言的不同類型施事功能的理論稱為「話語施事力量」說。

C、話語施效行為。所謂「話語施效行為」是指說話者在說了些什麼之後通常還可能對聽者、說者或其他人的感情、思想和行為產生一定的影響（參看 Words, 101）。這種影響之產生不是話語施事行為，因為它不是在說話中所實施的行為，而只是言後之果。但它畢竟與話語行為和話語施事力量有關，是經由說話產生的效果，因而也是一種言語行為，實際上是收言後之果。

奧斯丁解釋「話語施效行為」的公式是：「by saying X, I did Y」(Words, 121)。我們可更具體地把這個公式改寫為「by saying X and doing Y, I did Z」。如，by saying「I will come tomorrow」 and (thus) making a promise, I reassure you。在這裡，「reassure you」（使你放心）就是言後之果。英語的「perlocutionary」中的前綴「per」等於「by」，也就是話語施效公式中的「by」，而「話語施效行為」就是成 Z 之事，它就是話語施效公式中的「by」，而「話語施效行為」就是成 Z 之

事，它是通過説 X 和實行 Y 而得到的結果。

　　以上簡要説明了奧斯丁所區分的三種基本言語行為。但實際上奧斯丁並不很關心三種行為的嚴格界定，也不完全拘泥於三種行為的字面意思，而認為「In saying X, I was doing Y」和「by saying X, I did Y」這兩個公式並不很可靠（參看 Words, 130）。他倒是更喜歡直截了當地用例子來説明這三種行為（參看 Words, 101-102），如：

X—話語行為

　他對我説「槍斃她！」，用「槍斃」意指槍斃，用「她」指稱她。

Y—話語施事行為

　他力勸（勸告、命令等）我槍斃她。

Z—話語施效行為

　他説服我槍斃她。

　他促使我（或使我，等等）槍斃她。

　再如：

X—話語行為

　他對我説，「你不能做那」。

Y—話語施事行為

　他抗議我做它。

Z—話語施效行為

　他制止我、阻止我。

　他使我不再進行，他使我醒悟過來，等等。

　他使我煩惱。

與此相似，這三種行為還可解釋為：

X—他説……

Y—他爭辯……

Z—他使我相信……

2. 三種基本言語行為之區分

奧斯丁承認，他的主要興趣在「話語施事行為」及其與其他兩種行為的區分或對照（參看 Words, 103 ）。因為他認為傳統哲學過於長久地忽視了對話語施事力量的研究，有忽略話語施事行為而偏愛話語行為或話語施效行為的固執傾向（參看 Words, 103 ），如「描述謬誤」就是錯把所有問題看作「話語的慣用問題」，即錯把話語施事行為看作是話語行為。因此，充分研究話語施事行為是必要的。奧斯丁對話語施事行為的「充分研究」一方面體現在他力圖弄清這種言語行為與另外兩種基本言語行為的區別，另一方面體現在他對話語施事行為所做的分類。這裡主要討論「區分」問題。

A. 話語行為和話語施事行為的區別。奧斯丁承認，話語行為和話語施事行為有密切的聯繫，因為「一般說來，實施一個話語行為可以說也就是實施一個話語施事行為」(Words, 98)，反過來說，「實施一個話語施事行為必然要實施一個話語行為」(Words, 113)，因此，「每個真正的言語行為都同是二者」，「話語行為和話語施事行為一樣只是一種抽象」(Words, 146)。這就是說，在實際的言語情境中，話語行為和話語施事行為是分不開的，但奧斯丁又認為，在對言語行為的分析中，我們必須把二者加以抽象，區別開來。話語行為就是僅僅說出一個具有意義的語句的言語行為，至於說話者以什麼方式或以何種話語施事力量說出該語句，則不屬話語行為，也不是該語句的意義所能決定的。因此，奧斯丁說：「我要在把意義等同於意思和所指的那種意義上把力量和意義區分開來」（Words, 100)。在他看來，一個語句的意義似乎是獨立或中立於任何一種話語施事力量的。他正是依據這一點把話語行為和話語施事

奧斯丁：語言現象學與哲學

行為區分開。

在這裡，我們應注意奧斯丁對「意義」和「使用」這兩個術語的含混性所做的批評。首先，「意義」(meaning)這個詞極為含糊、寬泛。在日常用語中，我們在談到話語施事力量時也可用「meaning」這個詞，如「He mean it as an order」。這樣，意義似乎也與說話的意圖或話語的施事力量有關。如不加界定地用這個術語會模糊話語行為和話語施事行為的區分。為此，奧斯丁把他所使用的「意義」一詞等同於「涵義和所指」(sense and reference)。如果我們參照他在〈真理〉一文中有關「事況類型」和「歷史的事況」的論述，我們可以分別把含義和所指看作是話語行為所說出的言辭所表達的「事況類型」和「歷史的事況」（參看 1950, 121-122 ）。既然「意義」所指的是與言相對的事況，它當然與話語施事的力量無關，二者當然是可區分的。其次，奧斯丁認為，「使用」這個詞和「意義」這個詞一樣含混、寬泛，「已變得經常遭人嘲笑」(Words, 100)。因為「以何種方式使用」、「表達式的使用」、「語言的使用」或「語句的使用」等術語不僅適用於話語施事行為，還適用於話語行為和話語施效行為，甚至適用於其他言語行為。我們很可以弄清話語行為意義上的語句的使用，而不觸及話語施事行為意義上的語句的使用（參看 Words, 100 ）。因此，用「語句的使用」或「語言的使用」這樣寬泛含混的術語無法把話語施事行為和話語行為區分開。為此，他引進「力量」這個新的概念解釋話語施事行為。

B. 話語施事行為和話語施效行為的區別。奧斯丁通過他所界定的「意義」概念和他所新引進的「力量」概念把話語行為和話語施事行為區分開。他認為這兩種行為的區別是顯而易見的，因此，無須過多的論述。但他承認，話語施事行為和話語

施效行為之間的區分會產生麻煩（參看 Words, 109 ）。

　　首先，「語言的使用」這個概念在區分話語施事行為和話語施效行為方面無能為力，正如未經界定的「意義」和「語句的使用」在區分話語行為和話語施事行為上的無能為力一樣。因為「語言」之用於爭辯(arguing)或警告恰如「語言」之用於說服、激怒和驚嚇一樣都是語言的使用。⑪

　　其次，解釋話語施事行為和話語施效行為的兩個語言公式——「In saying X, I was doing Y」和「by saying X, I did Y」——不能作為區分話語施事行為和話語施效行為的可靠標準。奧斯丁在構造「illocut ion」和「perlocution」這兩個詞時依據的是「in」和「by」這兩個詞的差別，他自然希望上述的兩個公式能為兩種言語行為的區分提供可靠的保證，但他通過對實際語言現象的研究最終發現這兩個公式最多只能作為區分話語施事行為和話語施效行為的極不可靠的標準，儘管「in」和「by」這兩個詞仍然值得儘可能詳盡的研究（參看 Words, 130-131 ）。奧斯丁的論證可簡述如下：一方面，「In saying……」公式並不總是挑出話語施事行為，如我們可以恰當地說「在說他在倫敦當中，我忘記了他在節日可能外出」，但忘記明顯就不是話語施事行為，也不是任何其他種類言語行為；另一方

---

⑪ 實際上語言還有用於開玩笑、作詩、演戲等寄生的、退化的或不嚴肅的使用，維根斯坦在《哲學研究》（1953年版，第23節）所列舉的諸多語言遊戲都屬不嚴肅的使用，不屬奧斯丁的三種基本言語行為之列。此外，語言還有暗示或暗諷(insinuating)的使用，這種使用也不是話語施事行為，因為我不能說「I in-sinuate……」(Words,105)。從奧斯丁對「語言的使用」的含混性所做的批評看，儘管他最初是通過研究語言的使用而觸及言語施行問題的（把施事話語看作是語言的一種特殊的使用），但當他轉向言語行為三分說時，他就開始不滿於「語言使用」的模糊性，因為這種言語行為都是「語言的使用」，言語本身就是語言的使用。這樣，「語言的使用」在區分不同的言語行為時就成了無用的概念，無法說明他所關心的話語施事行為的特殊性，「語力」概念由此應運而生。

面，「by saying……」公式也並不總是挑選出話語施效行為，如「經由說案件已結束，我的意思是我們已無事可做」就與話語施效行為無關。由此可見，「In saying……」和「by saying……」這兩個公式如果被機械地運用就根本不足以作為區分話語施事行為和話語施效行為的根據。

　　既然「語言的使用」概念毫無用處，而「in saying」和「by saying」這兩公式又不足據，那我們到底該如何把話語施事行為和話語施效行為區分開呢？奧斯丁頭腦中所想到的區分有三條：一是話語施事行為是約定俗成的，而話語施效行為則不是約定俗成的；二是話語施事行為可通過顯式施事話語公式弄清，而對話語施效行為則不能使用這個公式（參看 Words, 103 ）；三是話語施效行為實質上僅僅是說話帶來什麼效果問題，是實際上發生了什麼的問題，而話語施事行為則不是說話的效果問題。現在先討論較少引起爭議的第三點和第二點。當奧斯丁在說「我們完全可以弄清某人是否在爭辯而不觸及他是否使人相信這個問題」(Words, 103)時，他所想到的顯然是說話者的「意欲什麼」和說話後果的區別。話語施事行為是在說話中所做的事情，類似於說話者的「意欲什麼」，是說話者想要話語如何被接受的問題，它不是說話的結果。說話的結果（話語施效行為）則是「其次發生了什麼」的問題。說話者的「意欲什麼」也並不必然對聽者產生某種效果，它作為話語施事行為不依賴於是否對聽者產生了什麼效果，不依賴於實際上隨後發生了什麼。如果在說「我家的狗沒有拴住」時，我意在警告你不要進來，那麼我的警告（即我所意欲的東西）就不是說話所引起的效果，而是在說話中我在做的事情，至於你是否因此被阻，那是更進一步的效果問題。另外，說話者的意圖可以通過加上顯式施事話語公式而得以彰顯，如「我勸你辭職」這句

話本身就表明它的話語施事力量：我意在勸你辭職，這樣，話語行為本身就確定了話語施事行為，我們只要理解話語的意義就知道它所實施的話語施事行為，不會產生進一步的疑問。但話語施效行為則不能通過顯式施事話語公式而得以彰顯，因為它是實際上發生了什麼的問題，我不能僅僅通過說我要做什麼而事實上就能使你相信、使你驚駭或使你放心等，我也不能僅僅通過理解話語的意義就知道它會產生怎樣的效果。我們要知道言後之果就必須等著看。由此可見，顯式施事話語公式作為說話意圖的明確指示者在區分話語施事行為和話語施效行為方面是有幫助的。如「我警告」、「我勸告」、「我建議」等短語都明示我意指什麼，我意謂什麼，從而使我的說話意圖易於為聽者所把握，這對於話語施事行為的成功實施來說是很重要的。在這方面，話語施效行為大為不同，它的成功實施不在於說話意圖彰顯，而在於事實上的後果是否和說話者的意圖相一致。如「我使你相信」、「我使你吃驚」「我駁倒……」都與後果有關，不是說話意圖的指示者，不能作為施事話語公式。

對於第一點，即話語施事行為的約定俗成問題，評論者頗有爭議。奧斯丁對此未做多少論證和說明，只是反覆地加以強調。他說道：「我們務必注意到，話語施事行為是約定的行為，是遵照約定而實施的行為」（Words, 105），又說「我們也實施通知、命令、警告、許諾等話語施事行為，即進行具有某種（約定的）力量的講話」（Words, 108），「除非所使用的方法是約定的，否則不可能有話語施事行為」（Words, 118），「話語施事行為是約定的，話語施效行為則不是約定的」（Words, 120）。那麼，奧斯丁所謂的「約定」是什麼意思呢？

顯然，當奧斯丁說話語施事行為是一種約定的行為時，他的意思肯定不僅僅指這種行為包含語言的某種使用。誠然，語

言的使用是一種約定的行為，但這種約定只是一般的約定，不是奧斯丁所說的那種「特別的約定」。因為奧斯丁明顯承認話語施效行為也包含語言的使用，但卻堅持它不是約定的，而僅強調話語施事行為是約定的。由此可見，他的「約定」一詞有特別的意義，如果僅指一般的語言約定就沒有強調的必要。那麼，它到底有何特別的意味呢？答案在於奧斯丁認為正是「約定」給予話語行為以話語施事的力量。例如，你說在附近的田野裡有一隻狼，我們很可以說你做了一個斷言，即說了某種作為事實的東西。但是，這僅僅是以最一般的術語回答了你做了什麼話語施事行為這一問題。我們還會進一步提出問題：你是在警告我離開？還是叫我注意一個有趣的現象？這「更進一步的問題」如何獲得回答？什麼使得你的說話行為成為警告行為？這也許就是由於「特別的約定」，正如奧斯丁所言，一個特別的話語施事行為就是依約定而實施的行為。

然而，我認為，奧斯丁的這個回答是錯誤的。他的「約定」概念實際上來自他最初的「施事話語」概念。他最初堅持施事話語／記述話語區分的一個重要的理由就是認為「施事話語」是某個約定程序的一部分，因而是儀式性的、約定的，而記述話語則不是這樣。但是，當奧斯丁後來堅持「做一個話語行為通常……同時也就是做一個話語施事行為」(Words, 98) 時，他已不再堅持儀式性的施事話語和記述話語的區分，而認為說任何東西都可能在實施話語施事行為。然而，奧斯丁此時依然堅持所有的話語施事行為都是約定的行為，即通常的話語之具有某種話語施事力量的原因在於符合一個公認的約定程序。這個觀點令人迷惑不解，而奧斯丁也未提供令人滿意的解釋。他只是簡單地說「在它（指話語施事行為）至少能被施事話語公式彰顯的意義上說」(Words, 103)，話語施事行為是約定

的。由此可見，他的「約定」概念與他的「顯式」施事話語的概念有關。但我們在上節對施事話語和記述話語的區分是否崩潰的討論中已指出，他的具有「Ⅰv-es」形式的顯式施事話語已不是他原先所區分的作為約定程序的一部分的施事話語，這種話語之為施事話語不是由於它隸屬於某個約定的程序。奧斯丁似乎未意識到這個差別，而錯誤地認為具有顯式施事話語形式的話語都是約定的，從而也就錯誤地認為可通過施事話語公式彰顯的所有的話語施事行為都是約定的。實際上，大多數的話語並非由於約定而具有話語施事的力量或成為話語施事行為，而是由於說話者的意圖和聽話者對意圖的理解使然。例如，我對正要下河游泳的孩子說：「河水非常湍急。」我說這句話的意圖是警告孩子不要下河游泳。使我這句話實施警告行為的不是什麼約定，而是我讓孩子意識到湍流危險的意圖以及孩子對我說話意圖的理解。無論孩子是否因此而放棄下河游泳，只要我的話帶有警告的意圖並為孩子所理解，我就適當地實施了警告行為。

三、「三分說」取代「區分說」之深層根源及其哲學意義

1. 施事話語／記述話語區分之重審

在《如何以言行事》的倒數第二講，奧斯丁重新拾起施事話語和記述話語之間的區分和對照是否靠得住這個問題，即施事話語的做些什麼和記述話語的僅僅說些什麼之間，以及施事話語之有「適不適當」和記述話語之有「真假」之間的對照是否可靠？（參看 Words, 131）

奧斯丁在言語行為三分說的框架中重新檢討了這兩個區分，結論依然是，它們是靠不住的。因為他的言語行為三分說已表明，在說些什麼和做些什麼之間不存在對立，也不存在嚴

格的界限可分。去說些什麼總是去做些什麼——必定去做一個發音行為，且在任何正常的情況下又去做完整意義上的話語行為和話語施事行為，還可能去做話語施效行為。這就是說，說話者無論說些什麼都會引起他做些什麼這個問題，而回答這個問題的方式又是多樣而有趣的，既然我們的話語總是在做各種各樣的事情，被視為「做些什麼」的施事話語和被視為「說些什麼」的記述話語之間的區分就是很成問題的。

奧斯丁先從記述話語方面重新考慮「區分」問題。這方面的考慮有兩點值得注意。首先，記述話語不僅說些什麼，也在做些什麼。奧斯丁以陳述作為記述話語的典型範例說明問題。他說道：「去陳述和去警告或宣判完全一樣，都是做一個話語施事行為……『陳述』似乎滿足我們用於識別話語施事行為的所有標準」，它可以「絕對地被置於爭辯、打賭和警告這個層次上」(Words, 133)。例如，我可以說「在說它正在導致失業中，我不是在警告或抗議，我只是把它當作一個事實在陳述」。在這裡，「陳述」和「警告」一樣規定了我說話的話語施事力量。另外，儘管陳述(stating)是「行為」(doing)，但這並不排除它的有「真假」可言[12]，因為如果我陳述它在導致失業，我的陳述是否為真問題當然會產生。其次，記述話語不僅有真假，還容易遭受施事話語所容易遭受的所有的「不適當」，

---

[12] 在這點以及下面的有關陳述的適當性問題上，我認為奧斯丁都未能很好地區分陳述行為和陳述內容。他最初在談論施事話語和記述話語的區分時主張把陳述本身（即陳述內容）和做出陳述的行為區分開（參看 Words, 1, 腳註）。但在這裡他似乎又忘記了這個區分，因為他在把陳述理解為與警告，爭辯等同層次的行為時，又把這種行為看作是有真假的。實際上，「真假」只發生在內容層次（無論是陳述內容，還是警告或抗議的內容），而行為（陳述，警告，命令等）本身是無所謂真假的，儘管它有「適不適當」之分。如「目前的法國國王是禿頭的」之不適當是對做出這個陳述的行為而言的，從內容方面，這個陳述是假的，應用羅素的摹狀詞理論處理。這種混淆使奧斯丁認為陳述有些特別之處，我們後面馬上會談到這一點。

「適不適當」和「真假」之間不存在排他性的對立（參看Words, 135-138）。

然而，由於奧斯丁未能清楚地區分陳述行為和陳述內容，而認為做陳述的行為是有真假（參看注⑫），這種混淆促使他認為如果從施事話語方面看「區分」問題，我們會感到施事話語缺少陳述所具有的真假，因為儘管「施事話語在做些什麼的同時也附帶說些什麼，但我們會感到它們不像陳述那樣本質上是有真假的」(Words, 139)。這樣，「真假」似乎是評價記述話語的特有維度。當然，奧斯丁又指出，對記述話語的特殊性的感覺不應被「放縱」，因為他發現在這方面記述話語和施事話語之間的差別實際上並不那麼大：一方面，對施事話語也有與「真假」相類似的評價；另一方面，對記述話語本質上有真假的說明過於簡單化。從第一方面說，「在估計、判定和宣判這類裁決話語中，有一種明顯的朝向真假的滑動」(Words, 140)，估計有「正誤」之分，判定和宣判有「正確和不正確」之分，而「正確地」、「錯誤地」和「不正確地」等都是對施事話語和事實之間的複雜關係的評價，儘管這類評價似乎並不那麼「客觀」。從另一方面看，對記述話語的「是真是假？」也未必有簡單方式的回答。不少陳述的真假是相對於說話的目的、意圖、語境和知識背景而言的，因而「真假」問題也未必那麼客觀（參看 Words, 141-143）。如對「法國是六角形的」的恰當評價是「粗略的」，對「拉格倫勛爵打贏了阿爾瑪戰役」的恰當評價是「誇張的」，而對「所有的天鵝都是白的」的恰當評價是「有局限的」（參看 Words, 142-143），撇開話語的意圖或目的或背景而堅持它們的「客觀的」真假是無意義的。

當然，應該看到，儘管奧斯丁正確地注意到施事話語同記述話語一樣與事實有複雜的關係，但在這個問題上，他的觀點

奧斯丁：語言現象學與哲學

94

並不徹底。因為，實際上，正如瓦諾克所指出的，在施事話語中，「我們肯定並不真正擁有朝向真假的滑動，而恰恰與陳述一樣包含同樣的真假觀念」。[13]例如，對「我警告（和打賭、陳述、猜測等）天在下雨」這些情形而言，它們所共同的是「我」的以言指事地[14]說天正在下雨。儘管它們具有不同的話語施事力量，但對「我所說的東西」而言，「是真的或假的？」問題在每一情形中都可能被提出——無論在說「天正在下雨」中我在做什麼，「天在下雨嗎？」問題都可被提出。因此，警告、打賭、猜測等情形並不是引進朝真假觀念滑動的某種東西，而恰恰像陳述一樣引進真假觀念本身。實際上，真假問題對任何話語施事行為來說都可產生——無論在說 P 中我做了什麼，「P 是真的或假的？」問題至少可以被提出。當然，P 的真假問題之重要程度取決於在說 P 中所實施的話語施事行為是什麼。如果我陳述 P，那我就得為 P 的真理性負責，如果P 不是真的，我的陳述就是錯的，並因此在信用上受到損害。如果我估計或宣告 P，我當然期望我的估計或宣告是正確的，因此，P 之為真或為假仍然是一個重要的問題。但如果我僅僅猜測 P，P 之為假就不是一個很嚴重的問題，因為我僅僅是猜錯而已。儘管 P 是真或是假問題總會產生，但並不很重要。

總之，「真假」問題發生在話語行為層次，而許多話語施事行為則以某種方式包含真假觀念。奧斯丁實際上對此並沒有明確的意識，而以「抽取」的說法來解釋施事話語／記述話語的區分。他在談及施事話語／記述話語區分最終還剩下什麼時認為，對記述話語而言，我們抽掉言語行為的話語施事方面，

---

[13] 瓦諾克《J. L. 奧斯丁》，倫敦，勞特利奇出版社，1989年，第135頁。
[14] 即 locutionarily，由於話語行為實際上是以言意指事實或事態，為行文方便，這裡譯為「以言指事地」。

集中注意話語行為，並使用與事實相符合這個過於簡單的觀念；對施事話語而言，我們盡量注意說話的話語施事力量，並抽掉與事實相符合的維度（參看 Words, 144-145）。在現實生活中很少有純粹的記述話語或純粹的施事話語。通常的話語兼行話語行為和話語施事行為二者，而記述話語和施事話語是對這兩個功能進行抽象的產物，它們之間的區分是同一話語的兩種不同功能的區分，因此，最初的把施事話語作為特殊種類的話語同另一種話語（記述話語）對立起來的做法是不恰當的，更合理的做法是把言語行為看作一個整體而區分出不同層次的功能。

2.「三分說」取代「區分說」之深層根源

奧斯丁「重審」的結果是施事話語／記述話語的區分是抽象的產物，它們只能是話語的兩種不同功能的區分，而不是兩類不同話語的區分，用奧斯丁的話說，「施事話語和記述話語區分的學說與有關在全部的言語行為中的話語行為和話語施事行為的學說的關係是特別的理論與一般理論的關係」(Words, 147)。奧斯丁得出這個結論的理由當然是：⑴大致說來，適當性可用於評價施事話語和話語施事行為，「真假」則可用於評價記述話語和話語行為；⑵施事話語和記述話語沒有嚴格的界限可分，而話語行為和話語施事行為也是同一言語行為中的兩個不同的抽象，不是截然不同的東西。正由於這兩個原因，我們很可以把施事話語理論看作是有關話語行為和話語施事行為理論中的特別理論。

但問題在於，由於奧斯丁未能很好地區分陳述行為和陳述內容，把作為話語施事行為的陳述行為看作是有真假的，並由此推而廣之，錯誤地認為真理「必須引入話語施事方面」(Words,145)，從而也就錯誤地認為話語行為和話語施事行為這兩個

抽象是不合法的或無論如何是過於簡單化的。這種錯誤的觀點進而又促使他認為同傳統意義的「陳述」是一個抽象一樣，傳統意義的「真假」也是一個抽象，是一個理想。但在奧斯丁看來，「真和假」並不代表任何簡單的東西，而僅僅代表正確或適當之物的一般維度（參看 Words, 144），因此，他不再需要使「真假」和「適當性」相對峙的特別的施事話語理論，而是需要有關話語和事實之間複雜關係的一般理論，在這個理論中，陳述不再是特別的東西，而僅僅是眾多話語施事行為中之一種，而「真假」也不再與適當性相對立，而僅僅是評價話語與世界之間的令人滿意的關係的一個維度。正是出於上述的考慮，奧斯丁說「對一般理論的需求的產生僅僅因為傳統的『陳述』是一種抽象、一種理想，而且它的傳統的真假也是這樣」(Words, 147)。這就是奧斯丁自己的有關用言語行為三分說取代施事話語／記述話語區分說的原因的正式說明。

然而，奧斯丁的這個正式說明實際上是站不住腳的。首先，某人「所言」之為真的同時可能是不得體的、引人誤導的、無意義的、無根據的、不適時的，等等。因此，「真」不是適當性的一個維度，它們是不同層次的評價，「真」是對「所言」（即言之內容）而言的，而適當性則是對言之意圖或言之情境等因素而言的。其次，儘管有時「所言」會不嚴格地符合事實，很難簡單地說它是真的或假的，但這不是普通的情形。通常我們能夠合法地「抽掉」言之情境，而僅僅注意以言指事地說 P，而 P 是真的。再次，如前所言，陳述內容之真肯定不取決於它所實施的話語施事行為，我們不必把「真假」引入話語施事方面。由此可見，在話語行為和話語施事行為的區分中仍然存在「真假」和「適當性」的對峙，而這種區分和對峙是合理的，並不過於簡單化。從這方面看，並不存在用「一

般理論」取代「特別理論」的理由。因此，奧斯丁的正式說明其實是一個與「取代」問題無關的錯誤說明。

現在讓我們討論「取代」的真正原因。本章第四節在討論施事話語／記述話語區分的「崩潰」問題時曾指出區分「崩潰」的原因在於奧斯丁頭腦中對施事話語與其與記述話語的區分沒有前後一致的觀念。現在，從他的「一般理論」的觀點看，我們可以明白，他從「儀式性」施事話語觀念滑向顯式施事話語觀念，又從顯式施事話語觀念滑向隱式施事話語觀念，其原因在於，即使我們能成功地將前二者從其他話語中分離出來，這種分離也並不特別引人注意。[⑤]因為，儘管這兩個觀念能清楚地挑選出特別類型的話語，但還是無法成功地弄清奧斯丁真正感興趣的情形——在說些什麼中說話者做些什麼的普遍情形。奧斯丁真正感興趣的根本不是特別的情形，而是任何說話者在任何場合的說些什麼都在做些什麼的一般情形。就是說，他所真正感興趣的不是「話語的類型」，而是一切話語的某個特徵，即在說話中某事被做出的特徵。因此，奧斯丁最初的區分不是「崩潰」，而是由於興趣的擴展，被另一個很不一樣的問題所取代，即在什麼意義上且以何種方式，一切（正常的）話語都是施事話語。

我認為，上述對「取代」原因的解釋與奧斯丁的語言哲學的一般傾向是相符的。因為奧斯丁並不像其他語言分析哲學家那樣只滿足於研究語言的某些特殊的使用以解除哲學上的難題，他要對語言做較為概括的研究，因此對語言的本質或普遍特徵感興趣。當然，他所重視的語言是實際運用中的語言，即現實中的言語或話語，而言語或話語本身包含說話行為，具有

---

⑤ 瓦諾克《J. L. 奧斯丁》，倫敦，勞特利奇出版社，1989年，第148頁。

「施事」特徵，這樣，他就不滿足於原來所發現的特別類型的施事話語，轉而關心所有話語的「施事」特徵。從總的思路看，奧斯丁把語言納入對言語的考察之中，又把言語當作行為看待，當作「整體的行為」看待，並進而對言語行為進行剖析。這樣，奧斯丁就把對語言的研究變成對人的行為的一種特殊形式的研究。因此，施事話語只是他發現語言施事功能的橋樑，並不特別值得注意，有趣的是語言的普遍特徵，即在説話中，我們必定做了各種各樣的事情。

3. 話語施事力量的分類與眞／假偶像和價值／事實偶像的「摧毀」

奧斯丁認為在用言語行為理論代替施事話語理論之後，我們所需要的不再是顯式施事動詞一覽表，而是話語施事力量的一覽表。他把種種話語施事的力量分成五大類（參看 Words, 150）：⑴裁決式(verdictives)，⑵運用式(exercitives)，⑶承諾式(commissives)，⑷表態式(behabitives)，⑸表明式(expositives)。奧斯丁還依次對這些名稱做簡單的説明，並分別例舉出表示這五類話語施事力量的動詞。

當然，奧斯丁承認，分類是一項漫長的「田野工作」，而他的分類只是「初步」的工作，遠不是令人滿意的。但奧斯丁以十分堅決的口吻説：「無論如何，它們完全足以毀壞兩個偶像……即⑴真／假偶像，⑵價值／事實偶像」(Words,150)。奧斯丁對此未做解釋，因為他不想把他的「一般理論」與哲學問題絞在一起，而要讓讀者自己去領略把它運用到哲學中的「真正樂趣」(Words, 163)。那麼我們該如何解釋奧斯丁的這個含義模糊的評論？

讓我們先看看真／假偶像問題。如果奧斯丁的真／假偶像指的是，對「陳述」或「命題」P 的「是真或是假？」總有一

個明確的非此即彼的回答，那它確實是一個應加以摧毀的「偶像」。因為正如他所強調的，許多事例（如「法國是六角形的」）都表明「所言」可能既非絕對地「適合」事實，也非無可爭辯地是「錯的」。儘管邏輯原則要求每個命題非真即假，但日常談話中的「所言」並不必定這樣。

然而，上述對真／假偶像的解釋似乎不切合奧斯丁的原意，因為摧毀這種偶像與他的話語施事行為一覽表或具有話語施事力量的動詞一覽表並沒有多少關聯，他不應在談這種一覽表時說它足以摧毀真／假偶像。另一種更加可能的解釋是，正如前面所多次強調的，由於奧斯丁未能很好地區分陳述行為和陳述內容，錯誤地認為陳述行為是有真假的，並進而把真理觀念引入話語施事方面。當然正如陳述只是眾多話語施事行為之一種，「真假」也只是評價話語施事行為和事實關係的一個維度，沒有獨特的地位，因此，那種認為真／假在評價話語和事實之間的關係方面有獨特地位的看法應該予以摧毀。但奧斯丁所要摧毀的這個「偶像」是他自己虛構的。實際上，「真假」發生在話語行為層次，不宜引進話語施事方面，而對話語行為層次而言，「是真的或假的？」是一個很可以問的問題，不是應加以摧毀的偶像。

至於「價值／事實偶像」的一種可能形式當然是把「陳述」和「評判」相對立或把「描述」和「評價」相對立。奧斯丁有理由反對這種二分法。因為在奧斯丁那裡，「描述」和「評價」、「描繪」和「評定」都出現在裁決式的話語施事動詞一覽表中（參看 Words, 152），它們同樣可以作為某些種類話語施事行為的名稱。因此，它們之間並不存在明顯的二分對立。

但問題其實並不那麼簡單。因為儘管「描述」、「評

價」、「描繪」、「評定」這些動詞同屬具有話語施事力量的動詞，且同屬於裁決式話語施事行為，但奧斯丁的「裁決式」還是分成兩類：一類是依據價值給予判定，另一類是依據事實給予判定（參看 Words, 150）。這兩類裁決式的區分又重新使價值和事實區分上的麻煩爆發出來。因此，奧斯丁對話語施事力量的分類實際上並未消除事實和價值的區分，用奧斯丁在另外一處的話說，它「仍然像啤酒瓶底的青蛙一樣對我們齜牙咧嘴地笑著」(1956b, 231)。

由上可見：儘管對真／假偶像和價值／事實偶像的擔憂可能是非常合理的，但奧斯丁有關話語施事力量的學說卻無助於這個問題的解決，甚至與這個問題沒有多少關係。

4. 言語行為理論的哲學意義

儘管奧斯丁的有關話語施事力量的學說對解決真／假和價值／事實二分問題發揮不了什麼作用，但它在哲學上不是沒有意義的。首先，它改變或完善了人們對語言本質的認識，傳統哲學家和語言學家大多認為，語言是一個與世界相對照的符號系統，其首要的功用「描畫」世界，傳遞有關事實的信息，提供有真偽可言的命題。奧斯丁的「施事話語」概念對傳統的語言觀提出嚴峻挑戰，因為他發現了一類可與記述話語相對照的「施事話語」，其功用不是描述事實，而是實施某些行為。當然，這時起描述作用的記述話語仍然與施事話語處於並列地位。但當奧斯丁用更為一般的「言語行為理論」代替「施事話語」理論時，記述話語就成了話語施事行為的一個子類，它並不具有傳統哲學所賦予它的那種特殊地位。這樣，所有的話語都起施事功能，所有的言語都在實施各種各樣的行為。語言的本質就在於它是人類的一種特殊的行為。對語言的考察也就被納入人的行為這個廣闊背景中重新加以考察。用奧斯丁的話

說，言語行為學說似乎將會通向「關於行為的一般學說」（Words, 106）。

其次，語言觀的改變又促使對語言和世界之間關係看法的改變。傳統語言哲學家研究語言的目的在於理解實在，解決本體論、認識論和價值論等問題，因而語言與事實、語言與世界的關係成了突出問題。如早期的維根斯坦就認為語言和實在之間具有嚴格的同構關係（共有「邏輯形式」），因此語言得以反映實在。奧斯丁反對這種語言和世界之間的嚴格區分。他對這種把語言和世界截然分離開來的觀點所進行的攻擊是通過他所做的話語行為和話語施事行為之間的區分來進行的。如果我們把重點放在話語行為（以言指事）上，那麼，我們仍然會把語言看作一方，而把事件、事實或實在看作另一方。但是，話語施事行為卻表明這種二分法是錯誤的。因為按照這種新的觀點看，說就是做，言就是行。言語行為是世界之中發生的事件，是我們介入實在之中的一種特殊的「實踐」，因而在言語行為中，語言和世界在一個統一的、可以公開觀察的行為中結合起來。在實際生活中，語言表現為言語，而言語是世界之中的，與世界不可分的一種活動。

另外，奧斯丁在傳統的評價話語的「真假」標準之外，引入了一個新的評價維度——「適當與否」。這就為倫理價值領域的特殊「話語」爭取了地盤。對這類特殊的「話語」不可僵硬地使用真假概念，其意義可用「適當與否」來評價，因而不存在不可言說的「神秘的東西」。由此，奧斯丁的言語行為理論也擴大了語言分析哲學的適用範圍，使其干預倫理語言、文學語言、法律語言等人文社會科學語言的能力大為增強。

第四章

語言探究和知覺問題

在前面三章中，我們主要討論奧斯丁的語言現象學方法及其運用這種方法對語言的本質及其與世界的關係所做的探究。除附帶提及外，我們還未專門涉及傳統哲學問題。從本章開始，我們要討論奧斯丁的語言現象學在傳統哲學中的運用，即他運用語言現象學方法對一些傳統哲學問題所做的特別處理。本章先討論他對知覺問題的探究。

知覺問題是一個古老的哲學問題，古希臘時就已存在並被認真探討過。在近現代哲學中，知覺問題更是成為知識論所探討的核心問題之一。奧斯丁對這個問題的興趣可能始於 30 年代對柏拉圖的研究。[①]此後，他對這個問題一直保持關注。1939 年的〈有先天概念嗎？〉和 1946 年的〈他人的心〉二文對此就有所涉及。當然，他對知覺問題的專門處理主要體現在1947-1959 年所做的有關這個問題的一系列演講中。他的演講先以「哲學中的問題」為題，後改以「感覺和可感物」為題。現在的《感覺和可感物》一書是瓦諾克在奧斯丁逝世後依據其演講筆記和學生聽課筆記整理重建而成的。

---

① 參看奧斯丁的〈柏拉圖的《理想國》中的線喻和洞喻〉一文，此文由厄姆森據奧斯丁的筆記重建而成，收入奧斯丁《哲學論文集》，1979年，第3版，第288-303頁。在此文中，奧斯丁把感覺材料理論看作是赫拉克利特派哲學家（尤其是克拉底魯斯）所持的理論，克拉底魯斯曾是柏拉圖年輕時的老師，由於他的影響，柏拉圖也相信我們並不感覺到像動物、樹等諸如此類的物質事物，而是感覺到諸如影子、回音、映像等這類東西，這些東西其實就是現代哲學家所說的感覺材料。當然，柏拉圖對感覺材料和物質事物之間的關係的看法不很明確。

《感覺和可感物》在形式上是論戰性的探討，但它仍然體現了奧斯丁的語言現象學方法的本質特徵，只是在表達上有所不同而已。他在談到他的方法步驟時曾建議在對語詞的探討獲得成果之後，再拿這種成果與哲學家的結論相比較。然而，在這裡，他在每一階段都先表達傳統哲學的論題，而後通過使它們與實際的語言事實和非語言事實相對照來顯示它們的錯誤。當然，儘管奧斯丁這裡的程序與他所推薦的通常步驟不同，但實質效果是一樣的，因此，此書可以説是奧斯丁運用語言現象學方法檢查傳統哲學論證的一個典型範例。

　　奧斯丁所要批評的是感覺材料理論，尤其是要反駁建基在所謂的「依據錯覺的論證」之上的感覺材料理論，因此，他的檢查批判的重點就落實在「依據錯覺的論證」上，很少顧及感覺材料理論的其他方面的證據。由於形式上的論戰性和論述範圍的有限性等因素使奧斯丁這方面的工作遭受許多批評和責難。下面我們先看看奧斯丁對感覺材料理論所做的批評和駁斥，然後再考慮對奧斯丁論證的一些批評。

一、感覺材料理論回顧以及奧斯丁對它的總體評價

　　按照阿姆斯特朗的概括[2]，在哲學史上關於知覺問題有三種形式的理論：直接實在論、表象論和現象論。它們都可看作是對「當我們感知時我們覺知的直接的或當下的對象是什麼？」這個問題的不同回答。直接實在論認為覺知的直接對象只能是物理的存在物（即物質事物），這種存在物獨立於對它的覺知活動而存在。與此相反，表象論和現象論認為覺知的直接對象是感覺印象或感覺材料，這種對象通常被認為不能獨立

[2]　參看阿姆斯特朗(D. M. Armstrong)《知覺和物理世界》的導言部分，紐約，人文學科出版社，1961年版。

於對它的覺知活動而存在。但是，表象和現象論本身在關於
「物理對象是什麼？」這個問題上亦有分歧。表現論認為物理
對象不能被看作覺知的直接對象，但與這些直接的對象極為不
同且能夠獨立於這些直接對象而存在。現象論則認為物理對象
僅僅是覺知的直接對象的構造物，它們不能獨立於知覺而存在。

　　從對「知覺的直接對象是什麼？」這個主要問題的回答
看，表象論和現象論都可以說是「感覺材料」理論，儘管主張
表象論或現象論的哲學家未必使用過「感覺材料」這個詞。③
這樣看來，儘管「感覺材料」這個詞只是從 20 世紀初開始真
正流行，但「感覺材料理論」卻有相當悠久的哲學生涯，它實
際上是一種最主要的知覺理論，許多大哲學家都曾贊同這個理
論。早在赫拉克利特的「流變的世界」概念中，感覺材料理論
已見萌芽。柏拉圖在《理想國》中所舉的構成可見的影像世界的
東西有陰影和影子等④，這些東西與現代感覺材料論者所舉的
例子（錯覺、聲音、鏡像等）極為相似。因此，柏拉圖實際上
是感覺材料論者。在近現代的認識論分析中，感覺材料以不同
的表述形式頻繁出現，著名的有：洛克和貝克萊的「感覺觀
念」，休謨的「印象」，康德的「表象」，流行於 19 世紀的
「sensation」（感覺）和 20 世紀初 C. D. 布羅德的「Sensa」
（感覺內容）。⑤現代的感覺材料理論實際上就是近代英國經
驗論的「觀念」學說的演化形式。早期的穆爾似乎是直接實在

③ 人們常錯誤地認為羅素或穆爾約在1910最先使用單數的「感覺材料」(sense-datum)一詞。但實際上在此之前，J. 羅伊斯和威廉·詹姆斯分別於1887年和1900年使用過這一概念，可能更早還有別人用過──參看安東尼·弗盧(Antony Flew)主編的《哲學詞典》「sense data」條目，黃頌杰等譯，上海譯文出版社，1992年。

④ 參看柏拉圖《理想國》，商務印書館，1986年，第768頁。

⑤ 參看馬丁·寧(Martin Lean)《感覺──知覺和物質》，倫敦，勞特利奇和基根·保羅出版公司，1953年。

論者。在 1903 年的「駁唯心主義」中,他把感覺(sensation)分為兩個不同的要素:「意識」和它的「對象」,這個「對象」是外在的客體,主要是指物理的對象⑥。但穆爾後來又轉而承認在感覺活動和物質對象之間有中介物或居間的東西,他稱之為「感覺材料」,並在論述感覺材料和物質對象的關係方面傾注了巨大的努力。⑦羅素在《我們關於外間世界的知識》一書則明確區分了感覺和可感對象,認為可感對象不是像桌、椅這樣的物質對象,而是斑塊、硬度、聲音等感覺材料,這些材料是「硬材料」,而物質對象卻僅僅是它們的「邏輯構造」。⑧20-30 年代美國的批判實在論者也大多數為主客體之間有中間環節,這個中間環節就是「直接材料」或「感覺材料」。維也納學派的英國代表艾耶爾則致力於用語言哲學的術語重新表述英國的經驗論的傳統認識論問題,他在 1940 年的《經驗知識的基礎》中詳細論述了引進「感覺材料」這一術語的必要性,並為主張把物質對象語言翻譯為感覺材料語言的現象主義分析辯護,認為把物質對象命題分析為感覺材料命題有助於澄清有關物質事物的斷言的認識基礎。

由上可見,奧斯丁所要批駁的理論是在哲學史上極具影響(奧斯丁清楚地意識到這一點,他所開出的贊成感覺材料理論的大哲學家的名單有:柏拉圖、笛卡兒、貝克萊、休謨、康德、羅素),且在他的時代又相當流行。因此,如果他對這一理論的攻擊有效的話,他就駁斥了傳統哲學中的一個重要理論。當然,奧斯丁並沒有把矛頭對準歷史上的大哲學家,而是

---

⑥ 參看穆爾《哲學研究》,倫敦,基根·保羅公司,1922年,第14-18頁。

⑦ 參看穆爾〈感覺對象的性質和實在性〉和〈感覺材料的地位〉,都載於他的《哲學研究》。

⑧ 參看羅素《我們關於外間世界的知識》,倫敦,Open Court 出版公司,1914年,第76頁。

對準艾耶爾的《經驗知識的基礎》。普賴斯的《知覺》(1932)和瓦諾克的《貝克萊》也在批評對象之列。奧斯丁似乎挺認真地說，他之所以選擇他同時代人的幾本著作來討論是因為它們的「優點」，但他所提到的惟一的「優點」卻是它們「對於支持那些至少像赫拉克利特一樣古老的理論的有利理由提供了最合用的說明」(S & S, 1)。這就是說，它們的「優點」是最適於作為批判的標的，因為它們所表達的感覺材料理論較為完整、連貫，在術語上更為精確。

儘管感覺材料理論在不同的支持者那裡有不同的表述，如在他們當中就有主要區分是兩種「語言」之間的區分和兩類存在物之間的區分這兩個不同的說法，但奧斯丁認為他們在所有的主要「假定」方面是彼此一致的。他把這個「一般的理論」概述如下：「我們從未看到或感知到（或感覺到），或者無論如何從未直接感知或感覺到物質對象（或物質事物），我們感知到的只是感覺材料（或者我們自己的觀念、印象、感覺內容、感覺—知覺、知覺等等）」(S & S, 2)。

奧斯丁對這個理論的總的看法是：「它是典型的經院哲學觀點：首先是被一些特殊的語詞所迷惑，這些語詞的用法被過分地簡單化了，實際上沒有被理論，也沒有得到仔細的研究或正確的描述；其次是為一些（而且幾乎總是同一些）未經深入研究的『事實』所迷惑」。針對這兩個「迷惑」，奧斯丁所要做的就是力圖去表明「(1)普通語詞的使用極為微妙，它們所標示的區分比哲學家認識到的要多得多；(2)心理學家所發現的和為普通人所注意到的知覺事實比人們所估計到的要遠為複雜、多樣。因此，在知覺問題以及其他問題上，關鍵是要拋棄『齊一化』的老習慣，這種習慣是對外表整齊的二分法的相當根深蒂固的崇拜」(S & S, 3)。

在知覺問題上，奧斯丁所反對的二分法是感覺材料和物質事物之間的「假二分法」。⑨他認為這種二分法是艾耶爾和普賴斯等人貿然接受的前提。奧斯丁則對這個前提極為懷疑，他拒絕「我們是感知到物質事物還是感知到感覺材料？」這個提問的方式本身，實際上也就是主張拋棄「我們要麼感知物質事物要麼感知感覺材料」這樣一個傳統的有關知覺問題的思考框架本身。因為他認為這個框架使知覺對象「齊一化」，是一個過分簡單化的、全然引人誤入歧途的思考框架，與泰勒斯的「世界由什麼東西構成？」這個問題的過分簡單化相類似（參看 S & S, 4）。在奧斯丁看來，不僅「感覺材料」和「物質事物」這兩個術語本身是成問題（有關奧斯丁對這兩個術語的異議後文還會談及），錯誤尤在於「兩者的對立本身」(S & S, 4)。因為我們感知到的不是一種東西，而是許多不同種類的東西，如筆不同於彩虹，彩虹不同於後像(after-image)，後像不同於電影銀幕上的圖像……等等。面對如此複雜多樣的事物，追問它們屬於哪一種類或把它們歸約為任何單一種類的東西都是無意義的。我們必須滿足於事物的多樣性。哲學家們或把它們歸約為物質事物，或把它們歸約為感覺材料，這種非此即彼的二分法是哲學上的過分簡單化和公式化的體現。實際上，「感覺材料」和「物質事物」這兩個名詞要是有些用處的話，那也在於它們是多種多樣事物中的一些方面，而把它們對立起來無疑是錯誤的。

正因為奧斯丁已拋棄傳統的思考知覺問題的二分法框架，他在批評感覺材料理論時並未回到實在論立場，他並不接受那

---

⑨ 奧斯丁曾多次批評各種「假二分法」，除這裡的感覺材料和物質事物的二分法外，他還批評「真和假」、「價值和事實」、「共相和殊相」、「分析命題和綜合命題」等二分法。實際上，他從根本上反對「二分法」的思考框架，認為它是哲學上的過於簡單化和公式化的弱點。

種認為「我們確實感知到物質事物（或對象）的理論」(S & S, 3)。他的真正立場就在於他的異質的知覺對象類的觀點，即我們的知覺對象是多種多樣的，它們是各別的、異質的，用抽象的概念把這些不同種類的東西歸納為物質存在物或觀念存在物都是不允許的，也是不必要的。由此可見，奧斯丁的知覺觀並不完全是「否定性的」，他對傳統知覺理論的拒絕是建立在正面觀點的基礎之上的。他的異質的知覺對象類的觀點既是他批駁傳統知覺理論的根據，又能為他以新的方式思考知覺問題提供理論基礎。儘管奧斯丁自謙地承認他對「依據錯覺的論證」的駁斥是「一種把我們留在正是我們開始的地方的操作活動」(S & S, 5)，未能真正推進知覺問題的解決，但實際上他的觀點至少校正了我們思考知覺問題的框架和方向。

二、駁建基在「依據錯覺的論證」之上的感覺材料理論

也許由於感覺材料理論的「源遠流長」及其負面影響之巨，奧斯丁對傳統知覺問題的拒絕主要就表現在他對感覺材料理論的駁斥，他只是順便提到與之相對的實在論的錯誤。他對感覺材料理論的承斥又具體地落實在對「依據錯覺的論證」的批駁上。他認為這個論證包含「大量迷惑人的（主要是語詞上的）錯誤」，有「各種各樣隱藏著的動機」(S & S, 5)，我們對建立在這種論證上的理論當然不能真正確定其真偽。這個「不能真正確定」(S & S, 1)並非奧斯丁的自謙之詞，而是表示他對感覺材料理論的極嚴厲的批評，因為它包含許多語詞上的謬誤和多種隱藏著的動機，其「意義」尚無法弄清，哪裡還談得上真偽，借用邏輯實證論者的話說，無意義的東西還夠不上有真假，根本沒有資格成為真偽的東西。對奧斯丁來說，「意義」不清的東西也是如此。下面我們具體看看他對「依據錯覺的論

證」的批駁。

「依據錯覺的論證」有兩個階段。第一階段是論證在錯覺或反常的情形中，人類並不直接感知物質事物，而是直接感知某種外觀或現象，即哲學家們所謂的「感覺材料」。第二階段論證第一階段的結果應被推廣到一切情形中去，從而得出「人類直接感知到的總是感覺材料而不可能是物質事物」這個結論。第一階段有許多不同的說法。艾耶爾詳述了三種主要的說法。[10]第一種說法是在水中的棍子。一根在正常的條件下看起來是直的棍子，如果有一部分浸入水中，看起來就像是彎的。由於人們假設水中的棍子仍然是直的，所以人們並不是直接看到這棍子的。人們直接看到的是一根彎曲的棍子，我們可以稱之為「感覺材料」。這就是說，人們有時並不直接感知物質對象。第二種說法是海市蜃樓。在某些生理情況下，人們似乎看到了綠洲，但事實上並不存在這個綠洲，人們直接看到的不是物質對象，而是某種非物質的東西，即感覺材料。第三種說法是鏡像。一個人在鏡子裡看到自己，但他不是直接看到他自己的身體，他直接看到的是他的映像，這映像不是物質的，而是感覺材料。論證的第二階段認為上述所討論的對感覺材料的經驗與在正常知覺情形中由物質對象所引起的經驗在種類上是相同的。這樣，說在正常情況中所知覺到的存在物與感覺材料的性質不同，在哲學上是不經濟的；因此，我們可以很方便地說在每一知覺情形中直接知覺到的都是感覺材料。這個推理的主要依據是：如果有不同類別的存在物，就會有不同類別的經驗。[11]

奧斯丁對這個論證的一切都極其厭惡，包括它在用詞上的

---

⑩ 參看艾耶爾(A. J. Ayer)《經驗知識的基礎》，倫敦，麥克米倫公司，1940年，第3-5頁。
⑪ 同上書，第5-11頁。

含糊和混亂以及對知覺事物的錯誤概括。從語言方面看，奧斯丁幾乎對該論證所使用的所有關鍵語詞的用法都提出質疑或異議。首先，他對該論證的結論——「我們直接感知到的總是感覺材料，而不可能是物質事物」——中的每一個專門術語都不滿意：⑴是艾耶爾所使用的「物質事物」和「感覺材料」這兩個專門的術語的意義不清楚。奧斯丁認為，「物質事物」是哲學家的專門術語，不是普通人的用語。普通人會說山川、河流、火焰、彩虹、影子、聲音、繪畫、蒸汽等各種各樣的事物，不會說「物質事物」，因為這個詞不屬於他的「說話方式」。另外，在普通人看來，上述的這些東西都是知覺的對象，但它們是否都是哲學家所說的「物質事物」的實例呢？奧斯丁認為，艾耶爾無法回答這個問題，因為它的「物質事物」從一開始就是作為「感覺材料」的陪襯物而引進的，它沒有獨立的意義，很難說清楚它所涵括的事物的範圍（參看 S＆S，8）。那麼，「感覺材料」的意義是否更為清楚呢？哲學家們把它看作是人們直接知覺到的東西的名稱，但也無法說清它包括些什麼，它是為與「物質事物」進行對比而引進的一個詞。因此，「感覺材料」和「物質事物」是相互寄生的，它們既吃對方，又為對方所吃。用奧斯丁的比喻說它們「以吃對方洗下來的東西為生」(S＆S，4)。⑵是艾耶爾所使用的「直接感知」不恰當，尤其是其中的「直接」一詞令人迷惑不解。奧斯丁認為「感知」是哲學用語，不是普通人的用語，而「直接」一詞也許可用於修飾感知方式中的視覺，而很難用於其他感覺，因此，用「直接」修飾「感知」這樣概括性的術語是不恰當的。奧斯丁特別指出「直接」這個詞是哲學所偏愛的字眼，但它「實際上是語言草叢中一條不很顯眼的蛇」(S＆S，15)。因為人們往往把這個已有專門用法的語詞的使用範圍逐步擴展，直

到「它可能先變成在隱喻上是含糊的，而最終又變成是毫無意義的」(S & S, 15)。說一個人「直接」或「間接」看到對象可能是有意義的，但說間接接觸某物或間接聞到、嚐到、聽到某物，要麼是一種含糊的隱喻，要麼就是毫無意義的。也許感覺材料論者會辯解我們不能以通常的意義去理解「直接」這個詞，但他們又未清楚說明我們應按什麼意義理解這個詞。而如果我們不知道應給這個詞以什麼意義，那我們就很難判斷這個詞出現於其中的命題的真假。

其次，奧斯丁對艾耶爾在闡述「依據錯覺的論證」過程中混用或濫用一些關鍵語詞的做法極為不滿。他對「seems」、「appears」、「looks」這幾個詞的用法進行細緻而又精彩的闡釋（參看 S & S，第四章），認為這幾個詞的用法有微妙的差別，不可隨意交換使用，而艾耶爾在論述過程中對這三個詞隨意混用，因此造成了許多混淆和混亂。奧斯丁對這幾個詞的闡釋當然與知覺問題有極為密切的聯繫，但這種精細的闡釋很難用中文來表達，這裡就不擬加以詳述。奧斯丁還對哲學家經常濫用的「實在的」這個詞的用法進行深入的研究，他的主要結論是，這個詞是一個「缺乏內容」(substantive-hungry)的語詞，其意義取決於它所修飾的名詞，而對同一事物我們可以說它不是實在的 X，但是實在的 Y（參看 S & S, 69 或本書第二章中的有關論述）。這個結論促使奧斯丁認為各種各樣的知覺對象實際上都是實在的，而非實在的或非物質的「感覺材料」的引入是不適當的。

當然，奧斯丁對「依據錯覺的論證」的駁斥不僅僅停留在語詞方面，他更主要地是對它做「實質性的」反駁，他的實質性反駁主要體現在批評艾耶爾等人對知覺事實的概括的過簡和錯誤。首先，奧斯丁認為艾耶爾以「被感覺欺騙」來概括產生

錯覺的多種多樣的原因的做法是過於簡單化了。因為，實際上，有些錯覺來自知覺主體的缺陷，有些來自中介物的缺陷，有些來自對象，有些來自錯誤的推論（參看S＆S, 13）。對錯覺的正確分類應該將所有這些情況都考慮進去，而試圖給所有錯覺以一種單一的說明的做法是不可取的。

其次，在批駁「依據錯覺的論證」的第一階段的論證中，奧斯丁揭示了艾耶爾把「錯覺」和「幻覺」混為一談的錯誤。在奧斯丁看來，「錯覺」(illusion)和「幻覺」(delusion)是兩種在性質上很不相同的東西。錯覺是一種「覺」。在錯覺中我們確實感知到某種東西，只是感知的條件反常而已。產生錯覺不是個人的特質，而是相當公共的事情。在一種標準的條件下，每個人都會看見錯覺景象，如視錯覺。人們實際上不會受它欺騙，只要他們保持警惕的話。但是，幻覺其實與感覺無關，它不是一種「覺」，而是嚴重的信念失常，是一種疾病，如迫害狂和自大狂的幻覺。幻覺中呈現出的圖景是完全不真實的，根本不存在。奧斯丁認為，正是由於艾耶爾錯誤地把失常的感覺（錯覺）和根本不屬感覺範疇的幻覺混為一談，而誤以為在兩種情形中我們都知覺到某種非實在的或非物質的東西，由此引進「感覺材料」這個虛構的存在物作為知覺對象的替代品（參看S＆S, 22-25）。奧斯丁還進一步指出，艾耶爾所舉的例子中有些根本夠不上是「錯覺」，更稱不上是「幻覺」。如鏡像和水中折射這類現象都是日常生活中經常發生的事情，我們對它們相當熟悉，根本不會受之欺騙，不必稱之為「錯覺」——例如，誰又會為在鏡子中看見自己這種事而操心呢？

再次，在對「依據錯覺的論證」的第二階段的論證進行批駁的過程中，奧斯丁闡述了真實經驗和虛妄經驗的可區分性以及知覺對象的可區分性，認為同化真妄經驗以及同化知覺對象

的做法是錯誤的（詳見第一章第一節的有關論述）。

簡言之，我們可以把奧斯丁對「依據錯覺的論證」的兩個階段所做的實質性反駁歸結如下：我們確實會在各種反常的條件下感知各種各樣的事物，但我們沒有理由引進非實在的或非物質的「感覺材料」作為錯覺中的覺知的直接對象，因為我們在各種情況中所知覺到的事物都是實在的。我在鏡子中看到的「我的身體」不是我實在的身體，但仍然是實在的鏡像；海市蜃樓中的綠洲不是真實存在的綠洲，但仍然是實在的海市蜃樓，是公共可觀察的海市蜃樓。由此看來，在錯覺中我們所知覺到的仍然是實在之物，而不是什麼「感覺材料」。另外，「錯覺」等反常情形畢竟並不那麼普遍，把特殊的反常情形擴展到正常的情形更是不合法的，因為從原則上說「真實的經驗」和「虛妄的經驗」是可以區分開的。

三、艾耶爾的「語言問題」辯解及其「看到」有不同意義的論斷

艾耶爾曾辯解說他對「依據錯覺的論證」是有所保留的，這個「保留」就是為避免麻煩應把這個論證看作是有關語言的，而不是有關事實的。在艾耶爾看來，這個論證只是涉及我們是選用「麻煩」且「不方便」的物質對象語言還是選用「方便」而又「精確」的感覺材料語言來描述現象或者事實這一問題。[12]然而，在奧斯丁看來，艾耶爾的辯解是軟弱無力的，因為他接受了「依據錯覺的論證」的主要錯誤。實際上，艾耶爾的「事實」是有關可感的表象或現象的事實，即有關感覺材料的事實，他所承認的「最可靠的事實是存在著感覺材料，這種

[12] 參看艾耶爾《經驗知識的基礎》，倫敦，麥克米倫公司，1940年，第18頁。

存在物才真正存在，是其所是，而其他的存在物僅與我們的說話方式有關，僅僅是為了語詞上的便利」(S & S, 60)。因此，奧斯丁認為，艾耶爾實際上並不把知覺問題看作是語言問題，其真實的動機是要把經驗世界變成僅僅是現象世界、表象世界或感覺世界，也就是要把現實世界觀念化或「虛幻化」，這與貝克萊或康德式的唯心主義如出一轍。

　　既然艾耶爾的正式表述是要把知覺問題看作是語言問題，那他就必須進一步說明他為什麼要選擇感覺材料語言來描述我們的知覺經驗，他所給出的這種進一步的理由是，「知覺」或「看到」有不同的意義和用法。他認為，我們通常「說一個對象被知覺並不包含說它有任何意義上的存在」。[13]這是「知覺」一詞相當正確而且熟悉的用法，如在雙重視覺中說知覺到兩張紙並不意味著實際上有兩張紙存在。但是，「知覺」一詞還有另一個正確而又熟悉的用法，即「說到一個對象被知覺確實包含它存在的含義」[14]，把這種意義用於上述雙重視覺的例子，我們就必須說，我認為我知覺到兩張紙，但實際上我知覺到的僅是一張紙。與此相似，「看到」這個詞也有不同的用法，如一個人可以說他「看到一顆比地球大得多的恆星」，也可以說他「看到不大於六便士的一個銀色小點」。艾耶爾認為這兩種說法並不矛盾，而是在不同意義上用「看到」這個詞，前者的意義是所看到的對象必須存在，但不必具有它所呈現的性質，後者的意義是所看到的對象具有它所呈現的性質，但不必定存在。為回避這些用法上的模糊，哲學家們決定將「看到」或其他知覺詞用於所經驗到的對象必須實際存在並必須具有所呈現的性質這種情況。但他們很快發現不能說經驗對象總是物質事

⑬　參看艾耶爾《經驗知識的基礎》，倫敦，麥克米倫公司，1940年，第21頁。
⑭　同上。

物，因為在虛妄知覺中，對象並不符合實際或不具有所呈現的性質，甚至純屬子烏虛有。因此，物質事物不符合上述的哲學家約定的用法的條件，而只有感覺材料符合條件。而且由於真實知覺和虛妄知覺在性質上無差別，因此把這個術語擴展到正常情形是很方便的。艾耶爾認為，這個推論雖不體現事實的發現，但推薦了一種新的語言用法，它「有理由被接受為語言的規則」，「它並不增加我們關於經驗事實的知識……僅使我們以更清楚和更方便的方式指稱熟悉的事實」。[15]

奧斯丁認為，艾耶爾的「知覺」或「看到」有不同意義的說法是錯誤的。他承認對「X知覺到什麼？」這個問題可以有不同的回答，這些回答可以是相容的。但艾耶爾由此得出「知覺」一詞有不同的意義這個結論卻不是對語言的適當解釋。恰當的解釋應是我們所知覺到的東西「可以以不同的方式來描述、識別、分類、賦予特徵和命名」(S & S, 98)。例如，當有人問我「你在踢什麼？」時，我可以回答：「在踢一塊噴漆的木板」或「在踢瓊斯的前門」，這兩個回答都是正確的，但我有必要說「踢」這個詞有不同的意義嗎？與此相似，在艾耶爾的「看到恆星」例子中，我們既可以說看到一個銀色的斑點也可以說看到一顆巨大的恆星，因為所看到的斑點實際上是一顆很大的恆星，所以這兩種描述方式都是正確的，我們不必為這兩個相容的回答造出兩種「看到」的意義。再如，當你問我通過望遠鏡看到什麼時，我甚至可以給出四個不同的回答：(1)看到一顆白色的斑點；(2)看到一顆恆星；(3)看到犬星；(4)看到望遠鏡第十四鏡片中的影像。這四個回答都可以是完全正確的，但我們能說「看到」一詞有四種不同的意義嗎？實際上，選擇何種方式描述我們所看到的東西取決於各種特殊的情境，但

[15] 艾耶爾《經驗知識的基礎》，第25、26頁。

「看到」這個詞本身只有通常的單一意義。

當然，奧斯丁承認，儘管「知覺」或「看到」這類語詞本身沒有不同的意義，但我們可以以不同的方式看事物，從不同的側面看事物（參看 S & S, 100）。他指出，心理學家們和維根斯坦[16]都已認真地對待「把……看作……」這樣一個表達不同看的方式的式子，而眾多論述知覺問題的哲學家則忽視了這個表達式。這種不同的「看」的方式的最典型例子是一幅畫或一個圖表能被以不同的方式看——如被看作鴨子和被看作兔子之不同，被看作凸形和凹形之不同。另外，一個訓練有素的士兵看複雜的隊形變化和一個對訓練一無所知的人看隊形變化在方式上是不同的；一個畫家看畫的方式與普遍人看畫的方式顯然也有差異；如此等等。但問題是，這種看的方式和看的角度不同並不表明「看到」這個詞有多種意義。由此看來，艾耶爾的「知覺」或「看到」有多種意義的論斷只是語言上的幻想，它不僅不會給語言帶來方便，反而會引起麻煩和混亂。

四、駁艾耶爾的基礎主義的還原論

如前所述，艾耶爾認為哲學家為避免日常語詞的歧義性而約定必須在被知覺到的東西實際存在並實際上具有所呈現的性質這種特殊情形中使用「知覺」一詞，而由於物質事物不符合這種用法的要求，他們就引進「感覺材料」作為這種「知覺」的對象，並主張用感覺材料語言這種新的描述經驗的方式代替日常的描述方式。艾耶爾認為感覺材料語言的優點在於它不可能出錯，它是「不容質疑的或不可矯正的」[17]。因為它是約定的產物，是我們約定的一條語言規則。在他看來，這種指涉感

---

[16] 維根斯坦在《邏輯哲學論》中的 5.5423 談到對一個複合體的不同知覺方式。
[17] 參看艾耶爾《經驗知識的基礎》，倫敦，麥克米倫公司，1940年，第80頁。

覺材料的陳述構成經驗知識的不可矯正的基礎。

奧斯丁認為艾耶爾引進「感覺材料」的目的不是為避免語詞的歧義性，其真實的動機正是為尋找作為知識基礎的不可矯正的陳述。他認為，對不可矯正性的追求是哲學史上最古老的怪物，而艾耶爾只是以時興的語言哲學的術語重新表達了這個古老的渴求，他企圖在一定的程度上把指涉物質對象的陳述還原為指涉感覺材料的陳述，從而為經驗知識找到絕對可靠的構成材料，即描述直接覺知到的感覺材料的陳述。

奧斯丁對艾耶爾的這種基礎主義的還原論進行全面的駁斥。首先，他考察了「不可矯正性」這一概念（參看 S & S, 111-112）。他認為這個概念本身就是誤解的產物，而不可矯正性是絕對達不到的。實際上，沒有也不可能有本身是不可修正或不可取消的語句，因為語句之可不可以修正是相對於情境而言的。我們也許可以在情境完全確定、明確和真實的情況下說一個語句是不可取消的。但是，脫離特定的情境，語句本身並沒有是否明確可言。

其次，奧斯丁考察了證據概念（參看 S & S, 115-117）。他認為艾耶爾的「物質對象陳述需要證據，而感覺材料陳述本身可作為證據」這一說法誤用了「證據」概念。例如，我在實際上未看到豬時說「這裡有一頭豬」就必須有證據，但如我已看到豬時說這句話就不存在找證據問題，因為看到本身已使問題解決了。在奧斯丁看來，通常在情境合適的情況下任何陳述都可為別的陳述提供證據，而不僅僅是感覺材料陳述能提供證據。因此，那種認為「描繪事物是怎樣的陳述必須建基在描繪事物看起來怎樣的陳述之上，而反之則不能」的觀點是不真實的。例如，我可以說「那根柱子是隆起的」，因為它看起來是隆起的。但在不同的情境中我們可以說「那根柱子看起來是隆

起的」，因為我剛剛把它建為是隆起的。

再次，奧斯丁批駁了艾耶爾的物質對象陳述本身不能被最終證實的觀點（參看 S & S, 117-119）。艾耶爾認為，確實性概念不適用於物質對象命題，因為從這類命題可以引申出無窮的感覺材料命題，要一一核實無窮的感覺材料命題是不可能的，因此，證實物質對象命題是一個自相矛盾的過程（即需要完成無窮的證實過程）。然而，在奧斯丁看來，說物質對象命題本身需要證實的觀點就是錯誤的，是由於忽視語境而誤入歧途。例如，「我住在牛津」這句話只有對聽者而言才需要證實，而對說者來說並不存在證實問題。另外，即使我們承認物質對象陳述需要證實，我們也沒有理由說它們不能被最終證實。例如，為證實你所說的「隔壁房間有一支電話」這句話，我可以走進隔壁房間，我看到它，用它給別人打電話，還可以叫別人回撥電話給我，如果這還不是最終證實，那怎樣才算最終證實呢？奧斯丁認為艾耶爾的錯誤在於認為必須把物質對象命題還原為無窮系列的感覺材料命題，這樣，我無論如何勤勉也無法核實無窮系列。但實際上我們根本不必要進行這種還原。

最後，奧斯丁得出結論說，語句本身與特殊情境下的陳述不同，它們不能被分為兩組：一組是不可矯正的，為其他語句提供證據的，可直接證實的；另一組是為證據所支持的，需要證實且不能被最終證實的。因此，不存在按其本性就可作為知識基礎的語句。事實上，在知識中也不能區分「基礎」和「上層結構」，因為對什麼是什麼的證據，什麼是確定的，什麼是可疑的，什麼需要或不需要證據，什麼能或不能被證實這些問題都沒有一般的答案，都視情境而定，如果知識理論就在於為這種一般的答案尋找根據，那就不存在知識理論這回事（參看 S & S, 124）。

五、一些討論

　　從以上幾個方面的論述可以看出，奧斯丁主要反對艾耶爾的兩個基本觀點：一是我們直接知覺到的東西是感覺材料，二是感覺材料命題構成經驗知識的基礎。在反駁這兩個觀點過程中，奧斯丁還從正面闡述了他的異質的知覺對象類觀點，經驗的可區分性觀點，對知覺對象描述的多樣性觀點，知覺方式差異性觀點以及感覺材料命題没有特殊地位的觀點，等等。

　　然而，誠如前文所言，由於形式上的論戰性和論述範圍的有限性等因素，自《感覺和可感物》出版後，奧斯丁的論證就引起許多爭議。R. J. 赫斯特在其 1963 年發表在《哲學季刊》上的〈對《感覺和可感物》的批判性研究〉一文中，對奧斯丁的諸多觀點提出異議。例如，奧斯丁在批評「物質事物」和「感覺材料」二分法時，認為不應把山川、河流、火焰、彩虹、影子、聲音、繪畫、蒸汽等諸如此類的東西都歸為物質事物（參看 S & S, 8）。R. J. 赫斯特則認為，在這個問題上奧斯丁似乎考慮欠周，有些「強詞奪理」。因為奧斯丁所列舉的東西明顯可以說是物質的（物理學意義上的）。人的聲音是空氣的震動，而影子和彩虹也是人們極為熟悉的物理現象，甚至光線和火焰也是物理的或物質的存在物。奧斯丁對這些人們所熟悉的東西的歸類提出質疑是没有根據的。[18] J. 本內特在其於 1966 年在《心》雜誌上所發表的〈『真實的』〉一文中通過對「real」一詞用法進行詳細的闡釋，指出奧斯丁對「real」一詞用法的解釋不清楚、不準確，並且奧斯丁所研究的「read」一詞的用法

[18] 參看赫斯特(R. J. Hirst)的〈對《感覺和可感物》的批判性研究〉一文，轉載於范光棣(K. T. Fann)編的《J. L. 奧斯丁討論集》，倫敦，勞特利奇和基根・保羅出版公司，1969年，第246頁。

與對象和實在區分的傳統探究無關。⑲奧斯丁的老對手艾耶爾則在其 1967 年在《綜合》雜誌上所發表的〈奧斯丁已經駁倒感覺材料了嗎？〉這篇長文中，對奧斯丁的攻擊進行詳細的反駁。他的結論是，奧斯丁並未擊敗感覺材料理論，而且奧斯丁自己的諸多結論也未建立起來。⑳L. W. 福格森撰文〈艾耶爾證實了感覺材料理論嗎？〉對艾耶爾的反批評進行駁斥，維護奧斯丁的立場。艾耶爾也撰文〈答福格森教授〉對福格森的駁斥進行了回應。㉑奧斯丁的學生瓦諾克對奧斯丁去做批駁感覺材料理論這項論戰性工作的意圖感到迷惑不解，認為它缺乏正面的目標，除對某些語詞做精細、有趣的闡釋外，在如何更好地處理知覺問題方面卻沒有提出什麼積極的東西。㉒約翰・巴斯摩爾則對奧斯丁的工作方式及其有效性提出質疑，認為奧斯丁「愛好爭辯」，僅滿足於攻擊那個依據錯覺的經典論證，忽視了感覺材料理論的來自物理學方面的有力證據，即那個依據我們眼中的事物和物理學家所描述的事物之間的差異的論證。㉓L. J. 哥德斯坦甚至指責奧斯丁依據普通英文詞的含義理解哲學中的專門術語是「虐待」哲學術語。㉔

在我看來，儘管這些批評意見可能從特定角度注意到奧斯丁這次工作的某些特徵或局限性，但它們大多誇大了奧斯丁在知覺問題上的否定性方面，忽視了他的批評所依據的正面理論

---

⑲ 看本內特(Jonathan Bennett)〈『real』〉一文，轉載於范光棣編的《J. L. 奧斯丁討論集》，第267-283頁。

⑳ 參看艾耶爾的〈奧斯丁已經駁倒感覺材料了嗎？〉，轉載於同上書，1969年，第284-308頁。

㉑ 福格森(L. W. Forguson)和艾耶爾的這兩篇文章均首次發表於同上書，第309-341頁和第242-348頁。

㉒ 參看瓦諾克《J. L. 奧斯丁》，倫敦，勞特利奇出版社，第二章。

㉓ 參看巴斯摩爾《哲學百年》，倫敦，企鵝圖書公司，1966年，第453頁。

㉔ 參看L. J.哥德斯坦〈論奧斯丁對哲學的理論〉一文，載於《哲學和現象學研究》，1964年，第2期。

基礎，看不到他在知覺對象和知覺方式方面所持的正面觀點，因此，它們要麼是錯誤的，要麼是不相干的，對奧斯丁的論證的有效性不構成嚴重威脅。瓦諾克的「無積極性的東西」這個指責顯然忽視了奧斯丁上述的諸多正面觀點。巴斯摩爾的批評是無的放矢，因為奧斯丁所討論的是建立在「依據錯覺的論證」這一基礎之上的感覺材料理論，他無須討論物理學方面的證據。要求一個哲學家在一本著作中論及所有的知覺問題是不恰當的，因此，批評奧斯丁對許多困難的問題未做出解答是不合理的。哥德斯坦對奧斯丁的指責則是出於誤解，因為事實上奧斯丁並不反對專門術語（他在《如何以言行事》中就引入許多專門術語），也並不從普通用法的意義上理解哲學術語。他所反對的是草率、倉促地引進專門術語，未能賦予它們以專門的意義，從而使它們出現於其中的命題變得不可理解。

當然，有些批評者的意見值得考慮，因為奧斯丁的論證並非無懈可擊，在細節上它也有許多不夠嚴密之處，儘管這些不嚴密並未影響到他的整個論證的有效性。例如，R. J. 赫斯特對奧斯丁在是否把聲音、影子、彩虹、火焰等歸於「物質事物」名下的疑慮的批評確有其合理之處。但問題是，正如 R. 佛斯所指出的，奧斯丁在這裡的意圖是表明物質事物概念缺乏明確的定義，所涵蓋的範圍極為含糊。㉕至於奧斯丁所舉的例子是否適當並不會影響他的主要論證。J. 本內特對「real」一詞的詳細闡釋確實指出了奧斯丁對「real」一詞用法的分析有疏忽之處。但在我看來，奧斯丁的分析對於他論證的目的來說已經足夠。正如前文已經提到的，他想證明的不過是，各種各樣的

㉕ 參看佛斯(R. Firth)〈奧斯丁的依據錯覺的論證〉，原載《哲學評論》（1964年），轉載於范光棣編的《J. L. 奧斯丁討論集》，倫敦，勞特利奇和基根·保羅出版公司，1969年，第260頁。

知覺對象實際上都是實在的，非實在的或非物質的「感覺材料」的引入是不適當的。J. 本內特所指出的「疏忽」並不影響奧斯丁的這個論證。實際上，我們應該主要關注奧斯丁的主要目標，而不必過分糾纏於細節。正如 L. W. 福格森所說的，奧斯丁的最初動機主要不是為了表明感覺材料理論不是知覺問題的令人滿意的解決辦法，而是試圖表明它基本上是徒勞無益的，因為知覺問題本身被誤解了。他的一般的觀點是，傳統哲學爭論（感覺材料理論是其中之一）的整個框架應當被拋棄。㉖

㉖ 參看福格森的〈艾耶爾證實了感覺材料理論嗎？〉一文，載於范光棣編的《J. L. 奧斯丁討論集》，倫敦，勞特利奇和基根・保羅出版公司，1969年，這裡引用的觀點見第310頁。

第五章

語言探究和眞理問題

在奧斯丁的思想中，真理和知識是密切相關的，真的事實陳述是經驗知識的重要條件之一，而對事實的已有的知識又會影響陳述的真理性（參看 Words, 143 ）。關於他的知識概念留待下章論述，本章處理他的真理觀。他的有關真理的觀點主要見於 1950 年的〈真理〉和 1954 年的〈對事實的不公正〉兩篇論文以及《如何以言行事》的第十一講和第十二講。奧斯丁的真理觀前後基本一致，《如何以言行事》中驚人的見解已暗含在1950 年的論文中。當然，他前後論述的側重點是不同的，1950年的〈真理〉一文主張約定符合論或弱化的符合論，其目的是使符合論變得更為靈活或精煉。《如何以言行事》中討論真理的目的首先是為了以是否有真或假為依據把陳述、斷言、描述等記述「世界」狀況的「記述話語」(constative utterance)與「施事話語」(performative utterance)區分開來，而當他發現這種區分的界限並不明確時，他就把真或假看作是對話語和世界之間的複雜關係進行評價的一個維度。

由於奧斯丁把真理僅僅看作是評價話語的一個維度，因此，在他看來，真理不應在哲學中占有那般重要的位置、如果真是這樣，那麼，傳統哲學的以求真為首要目標的努力就大打折扣。當然，不管真理究竟重要與否，對我們而言，首先要做的是弄清奧斯丁的真理觀，因為無論如何對真理的論述是他的主題之一，至少就否定的意義上說，破除真／假偶像是奧斯丁的工作目標之一（參看 Words, 150 ），因而理解他的真理觀對

理解他的整個工作來説極為關鍵，我們有必要對之加以詳述。另外，儘管奧斯丁與斯特勞森有關「是真的」這個短語的使用的爭論對他的真理觀而言並不很重要，但這個爭論畢竟是一個有名的爭論，即便是從哲學史角度看也是值得討論的，本章將會專門述及。

一、「眞」或「假」主要是對陳述使用的

有一點首先必須指出的是，儘管奧斯丁 1950 年的論文以「真理」為標題，但他並不討論真理的本質或真理應是什麼，正如他也不討論實在的本質和知識的本質一樣，他對所謂的本質或共相或先天概念這些東西持否定態度（參看 1939, 32-40）。早在 1940 年的〈一個詞的意義〉一文中，他就指出不同的真理理論之間的分歧主要取決於哲學家把真理解釋為什麼東西，即「把這個詞解釋為一種實體的名稱，一種性質的名稱，或者一種關係的名稱」(1940, 73)。在〈真理〉一文中他再次提到哲學家們力圖弄清真理是一種實體（知識的主體部分），或是一種性質（某種像紅色一樣的東西）或是一種關係（符合）的努力是不足取的（參看 1950, 117）。在奧斯丁看來，哲學家們在真理究竟是什麼這個問題上的爭吵是徒勞無益的，他對彼拉特(Pilate)嘲弄式地問「真理是什麼？」而不作回答的態度表示贊許，因為「真理」本身是一個抽象名詞，是邏輯構造的產物，不是某種實存的東西，它的含義取決於人們把什麼東西看作是真的或人們對什麼東西使用「是真的」這個短語，而究竟應該在不同的意義上把真和假的使用擴展到多廣又是一個「決斷問題」（參看 1950, 131）。這樣，對真理是什麼這一問題就不可能有確定的回答。無論如何，奧斯丁不討論真理是什麼或應是什麼這一問題，他主要討論的是，我們主要説什麼東西是真的

以及我們在什麼情況下說這種東西是真的。在他看來，我們主要是對陳述使用「是真的」這個短語的，而且是在陳述與事實相符合的情況下才使用「是真的」。無論真理究竟應是什麼，奧斯丁自己則限於討論真的陳述。

正因為奧斯丁沒有先驗地規定真理應是什麼，他也就不會排斥別人在其他意義上談真理，不會把所有的真理都看作陳述與實在的符合關係，儘管他本人確實提議最好把「是真的」用於事實陳述（參看 1950, 131）。在〈有先天概念嗎？〉一文中，他就質疑道，「所有的真理都是符合嗎？」(1939, 35)，而在〈真理〉一文中他也只是說「是真的」這個短語主要是對陳述而言的，他未完全排斥「是真的」可用於其他東西。況且，奧斯丁所承認的陳述是對事實的陳述或對事態的描述，而一些在語法上被看作陳述的話語在他看來並不真的是陳述。他認為法律和幾何學中的命題是某種不尋常的東西，是一般的法則，是要靠論證來接受的東西，而不可能是對現時觀察的直接報導，因而這種法則命題不是陳述（參看 1950, 118）。在談及何時一個陳述句不是陳述時，他的答案有：演算公式、施事話語、價值判斷、定義以及小說的一部分等等（參看 1950, 131）。在《感覺和可感物》中他承認「分析的語句」的存在(S & S, 118)，這樣，他也就承認像「等腰三角形的底角相等」、「兄弟是男性的」、「單身漢是未婚的」這樣的話語。奧斯丁認為上述這些命題或話語不是有關事實的陳述，他建議我們最好不要用真假來評價它們。但是在日常言談中，我們確實會說它們是真的。對此奧斯丁認為是一個「決斷問題」，他未做更多的評說。在我看來，既然奧斯丁未對真理是什麼做先驗規定，他就不應排斥真陳述之外的其他意義上的真理的存在。先撇開施事話語和價值判斷等不談，我認為，事實上在奧斯丁的

頭腦中，萊布尼茲意義上的理性真理和事實真理的區分還是存在的，儘管他對是否把理性真理或必然真理歸為真理頗為猶豫。雖然他自己限於談論事實真理或偶然真理，但不應排斥別人在其他意義上使用「真理」一詞，因為他的目的在於更好地理解真理概念，他不應排斥語言中實際出現的其他使用。因此，問題不在於討論真理是什麼，而在於在討論真理之前必須先界定我們究竟在談什麼樣的真理。對奧斯丁而言，他的任務是研究實際情境中的言語行為，他關心的是言詞與現實世界的關係，因而他不在邏輯的意義上談真假，不關心邏輯上的先天的、分析的、必然的真。他關心的是報導有關世界信息的「直接陳述」（1950, 121），即有關現時觀察經驗的事實陳述，他認為只有這種陳述才是「典範的」陳述，而這種陳述的真才是「典範的」真理。而且即便是對事實陳述，他也不專注於它的真或假的方面，而更多地著眼於它與世界之間所保持的複雜關係。在他看來，邏輯理論中所談的命題的真或假是理想化或簡化的情形，這種談論方式作為一種抽象的模式有其方便之處（如〈如何談論〉一文中的 So 模型，參看 1953, 134 ），但現實生活是複雜的，邏輯上的簡化模型對普通言談和現實生活來說是不適用的。

　　無論如何，奧斯丁本人限於談論事實陳述的真或假，而不在任何其他意義上討論真或假。上文已指出，他在〈真理〉一文中明確主張，「是真的」這個短語主要是對陳述使用的，而陳述在他看來應是陳述事實或描述事態（參看 Words, 1 ），不是語法上的陳述句。對於這個主張，奧斯丁未做嚴格的證明，也無須做嚴格證明，因為他的主張不是排他性的，確切地說，他只是讓自己限於談論陳述的真或假，至於別人要在其他意義上談真或假，那就另當別論了。儘管如此，奧斯丁還是給出了

他的主張的一些理由。他認為說其他東西是真的，只是因為這些東西是陳述的變種或引申。如真的敘述、真的報導、真的命題只是真的陳述的變種，說擁有真的信念其實就是相信一個陳述之真，而我們有時說言詞或語句是真的，這只是不嚴格的說法，實際上在具體的語境中指的還是陳述（參看 1950, 118-119）。

在這裡值得注意的是奧斯丁對陳述和語句所做的仔細區分，這種區分在哲學上已被廣泛接受。他說道：「一個陳述是做出的，它的做出是一個歷史事實，是某些詞（一個語句）的說者或書寫者就有關一個歷史的事況、事件等向聽者做出的講話」(1950, 119)。陳述與語句不同，它是某個人在特定的場合運用語詞對某個事況做出描述或報導，它是言語的一個單位。語句則是由語詞組成的，是語言的單位，它們是被使用的。陳述可以說是「我的」，是我做出的，而語句不能說是「我的」，只能說是某種語言的句子，如英語的語句。同一語句可用於做不同的陳述，它也可以由兩個人或在兩個場合用於做相同的陳述，只要話語所指稱的是同一事況或事件。

從奧斯丁有關「陳述」的論述中可以看出，儘管奧斯丁強調了陳述的做出的歷史性，但他實際上還是區分了陳述的做出和陳述本身。陳述的做出(the making of statement)當然是一個歷史的事件，是可以以日期來標示的特殊歷史事件，因為陳述的做出是言語行為，用斯特勞森的話說，是言語事件。但是陳述本身不是歷史事件，它是言語的內容，是某人所陳述的東西(what someone stated)，它指涉世界中的某個歷史事況，是事況在語言中的表達。奧斯丁認為與實在相對應的、有真假的東西就是陳述本身（或陳述的內容），他聲明他並不偏愛「陳述」這個詞，而可以用「斷言」、「你所說的東西」(what you said)、「你的話」(your words)等來代替它。他用「陳述」這個詞只是為表示有真假的東西，而不是指陳述行為（參看 1950，120）。在《如何以言行事》的開首部分，奧斯丁再次提到陳述的做出和陳述本身的區分，他說，「它（指語句）被用於做出陳述，而陳述本身是出自陳述的做出的邏輯構造物」(Words, 1)。由此可見，奧斯丁頭腦中的想法似乎是，語句是語言的成分，不指涉世界，陳述本身是陳述的內容，它指涉世界中的事況，而陳述的做出則是歷史的事件，陳述本身是從陳述的做出中抽取出來的內容，它是事況的語言相關物，與事況之間存在是否符合的關係，是有真假的。事實上，從奧斯丁後期的言語行為理論角度看，陳述固然也是一種話語施事行為(illocutionary act)，但它主要的是一種話語行為(locutionary act)，是有涵義和所指的一種話語，因而是有真或假的。

　　由上可見，至少奧斯丁在談真理問題時對陳述的性質是做了明確規定的，而不像斯特勞森所說的，他關於陳述的說法是「含糊的」[1]。斯特勞森不反對奧斯丁把「是真的」主要用於陳述，但他指責奧斯丁混淆了陳述和陳述的做出，把陳述本身當作歷史的事件。然而以上有關奧斯丁對陳述本身和陳述的做出的區分所做的論述，已經表明斯特勞森的這一指責是毫無道理的。斯特勞森認為，「陳述」這個詞有兩重意義，我的陳述可以指我所說的東西(what I say)，也可以指我說的行為(my saying it)，我說某事肯定是一個事件，而我所說的東西不是一個事件，正是我所說的東西才可真或假。作為言語事件的陳述可以是耳語、大喊、講出、重述等，但陳述的內容是與任何特定的言語事件相分離的，「陳述」不必定指稱某物或某個事件。

──────────

① 斯特勞森(P. F. Strawson)《邏輯─語言論文集》，倫敦，梅休恩有限公司，1971年，第190頁。

從斯特勞森對作為言語事件的陳述行為和可真或假的陳述內容的區分來看，他的看法與奧斯丁的陳述的做出和陳述本身的區分是一致的，因而他對奧斯丁的指責使人迷惑不解。顯然，奧斯丁用以替代陳述的「what you said」或「your words」與斯特勞森的作為陳述內容的「what I say」是一樣的，指的決不是斯特勞森的「耳語」或「大喊」等言語事件，而應是有一定涵義和所指的言語內容。當然，在奧斯丁看來，可真或假的陳述究竟是真的還是假的還要看它做出的時間，看它是否與當時的事況相一致，如「現時的法國國王是個禿子」這個陳述的真或假就取決於它的做出的歷史情境，因此時間等情境因素對判定真或假是至關重要的，這一點是斯特勞森本人也承認的[②]。因此，在有關「陳述」的界定上，斯特勞森與奧斯丁之間沒有實質上的分歧，只是斯特勞森對奧斯丁有誤解。也正因為這樣，奧斯丁在對斯特勞森 1950 年的〈真理〉一文做出回應時，不提陳述問題，而集中在「事實」問題上（參看 1954, 154）。

二、奧斯丁所主張的真理符合論

奧斯丁在真理觀方面以維護符合論而出名，用斯特勞森的話說，他提出精煉形式的符合論，那麼，奧斯丁究竟是在什麼意義上談「符合」呢？

上文已談過，奧斯丁主要是對陳述（提供信息的、事實的、經驗的、偶然的陳述）使用「是真的」這個短語，那麼，進一步的問題必定是：在什麼情況下一個陳述為真？傳統的最有影響力的回答是：在它符合事實的情況下。這是常識真理論，即真理符合論的一個簡要的回答。奧斯丁為這個回答作為

② 參看斯特勞森〈論指稱〉一文，載於他的《邏輯─語言論文集》，倫敦，梅休恩有限公司，1971年，第1-27頁。

標準英語的一部分幾乎不可能是錯的，他承認真理理論是一系列常識，因而常識的真理符合論並非從根本上說是錯誤的，但他仍然認為這個回答至少可能引人誤解（參看 1950, 121）。

在討論符合論的主張所可能引起的麻煩之前，奧斯丁先論述了主張符合論的合理之處以及他談論「符合」的含義。奧斯丁認為，如果要用語言來達到某種溝通，除了必定要有說者「隨意」創作而聽者能注意到的符號簇即「言詞」外，還必定要有言詞之外的某種東西，即運用言詞所要加以溝通的東西，奧斯丁稱之為「世界」。在他看來，正是在實際的陳述本身在任何特定的場合都是有關世界而被做出的這個意義上說，我們的言詞才與世界相對應，而不屬於世界的一部分。因此，陳述總是關涉世界的，而「是真的」這個短語確實描述了言詞與世界之間的某種關係，與另外兩種著名的真理理論（即融貫論和實用論）相比較而言，符合論大致是能夠成立的。另外，從世界方面來說，世界總是顯示出相似性和不相似性，世界中的事況或事態既存在某種相似，又是各別的，而不是完全不可區分或全然不相像，這就使得我們能做出特定的陳述，並能在特定的陳述和特定的事況之間進行對照，因而世界本身為我們做出適當的陳述提供了條件，不會使我們無言以對（參看 1950, 121）。因此，言詞和世界兩個方面都為我們做出適當的陳述提供了必要的條件，那麼，陳述究竟如何與世界相關聯呢？我們又在什麼情況下把這種關聯描述或評價為「真」？奧斯丁認為這種關聯主要靠兩組約定，因此，他的符合論可以說是約定符合論。他的兩組約定是：

> 描述的約定使言詞（＝語句）與在世界中發現的事況、事情、事件等等的類型相關聯。指示的約定使言詞（＝陳述）與在

世界中發現的歷史的事況等相關聯(1950, 122)。

在陳述依指示約定與之相關聯的歷史事態（它所指稱的事態）屬於用以做出陳述的語句依描述約定與之相關聯的類型的情況下，這個陳述被說成是真的（同上）。

奧斯丁的主張與通常的符合論的表述很不相同，頗為令人費解，而諸多解說者的解釋也說不清楚，無法令人滿意。在腳註中奧斯丁指出兩組約定都可以說是「語義學的」(1950, 112, n1)，而在〈如何談論〉一文中他又把類型與涵義(sense)相對應，考慮到奧斯丁對弗雷格的涵義和所指區分的接受以及他在〈如何談論〉一文中對涵義約定和所指約定的區分（參看1953, 135-136），我們有理由斷定第一組約定是語句的涵義約定，即我們把用於做出陳述的語句的涵義與事態的類型相對照。而第二組約定是陳述的所指約定，我們以該陳述實示某個特定的事態。另外需注意的是奧斯丁否定共相存在，因而也否認作為「類」意義上的類型，他認為事物即使非常相似，也不屬於同一類，他把這裡的屬於一個類型解釋為「足夠像那些標準的事態」(1950, 122, n2)。這樣，我們可以簡單地解釋一下奧斯丁的觀點：真正的陳述（不是偽裝的陳述）總是指向世界的，當我們做出一個陳述時，它依某種約定總是指示某個歷史的事態，陳述有一個與之相對照的事態，但這個陳述是否為真還得考慮我們的語言上的約定，我們用於做出陳述的語句的涵義是依約定而「描述」那些標準的事態，只有在陳述所直示的事態足夠像做出陳述的語句所描述的那些標準事態時，即我們在世界中實際找到的事態要足夠像語句所約定的標準事態時，陳述才是真的。因此，一個陳述要為真，不僅要有與之對照的事況，還要滿足語言上的慣例或約定，它的所指要與語句的涵義一致。

如我們可以指著一隻在跑的兔子說「貓在跑」，儘管這個陳述對我自己而言可以說有一隻兔子在跑的事況與之相對應，但這個陳述不是真的，因為它所指示的事況不像「貓在跑」這個語句所約定的標準的事態。

我認為以上的解釋是符合奧斯丁的基本想法的。奧斯丁的「語言現象學」是研究在什麼情況下我們的話語是適當的，真的陳述當然也包括在適當的話語範圍之中。在〈為辯解辯〉一文中，奧斯丁指出在研究何時我們會說什麼時，我們不僅要盯住言詞，還要盯住實在（參看 1956, 182），自然在描述陳述與世界的關係時，我們也要看這兩個方面，看與陳述相對應的事態，還得看言詞（語句）的涵義。

為了進一步研究奧斯丁的真理觀，我認為，正如瓦諾克所言，與他的另一篇論文即〈如何談論：一些簡單的方式〉作些對照考察是有益的。[3]儘管該文的發表比〈真理〉一文遲了三年，而且它的目標不是為闡明真理概念，而是為了促進我們對某些言語行為的理解（參看 1953, 134），但它確實多少不明確地體現了一個獨特的高度簡單化的有關真理是什麼的「圖像」。很可能奧斯丁在撰寫〈真理〉一文時在頭腦中已有這幅「圖像」。

與其他論文不同，奧斯丁在此文中不是為了詳細探究語詞的通常用法，而是想對通常用法做些整理，使它們系統化。與奧斯丁通常的方法相比，此文的方法也有些怪異。他所採取的方法是一種思想實驗：想像一個奇怪的「虛構的」世界以及一個與之相對應的極度簡化的語言，然後考察在這種言語情境模型（他稱之為 So 模型）中，還可以區分出什麼樣的言語行為。

奧斯丁：語言現象學與哲學

③ 參看瓦諾克《J. L. 奧斯丁》，倫敦，勞特利奇出版社，1989年，第47頁。

在 So 中，世界由無數個體的「事項」(terms)組成，每一事項屬於且僅僅屬於一個確定的「類型」，每一類型全然且同等地與其他類型不同，每一事項全然且同等地與其他事項不同。許多事項可能屬於相同的類型，但沒有任何事項不止屬於一個類型。事項和類型僅僅通過檢視而被認識（參看 1953, 135）。奧斯丁承認，他在這裡不研究事項和類型的「形而上的狀況」(1953, 137)，而認為它們是「構造物」，他把事項看作是樣品或標本，而把類型看作是標準或模式。在 So 語言中，用 I- 詞（事項詞）指稱它所表示的個體的事項，而用 T- 詞（類型詞）來表示類型。在 So 中惟一允許的話語形式是「I is a T」。例如「1227 是一個菱形」。因此，So 中的語言由三種且僅由三種相互排他的表達式組成，即 I- 詞、T- 詞和肯定連結詞「is a」。

奧斯丁認為，為了用這種語言談論這種世界，需兩組語義的約定。I 約定或所指約定使我們能在每次說出包含 I- 詞的語句時，確定它所指稱的是哪一事項。T 約定或含義約定使 T- 詞與事項的類型相關聯。這樣在 So 語言中，除了「is」和「a」外，每個詞要麼有一個由所指約定所確定的所指，要麼有由含義約定所確定的含義。

奧斯丁此文的主要目的似乎是要表明，即使在這樣一個極度簡化的世界中使用這種最低限度的語言，言語行為的可能性也比人們所可能預期的更為多樣。在使用 I- 詞時我是在指稱一個個體的事項，在使用 T- 詞時我是在命名一個類型。在發出「1227 是一個菱形」這樣的整個話語時，我可以以四種不同的方式斷定 1227 是一個菱形（參看 1953, 140）。這裡不再詳述奧斯丁對四種不同的斷言行為所做的仔細區分，因為與我們現在討論的主題有關的問題應是：在 So 中使一個斷言為真的是

什麼東西？

　　首先應注意在 So 這樣簡單模型中，仍然可以區分語句和斷言，我可以僅僅是說出或寫下「1227 是一個菱形」這樣的語句，而不斷定 1227 是一個菱形。這時我實際上並不指稱或命名任何事物，而只是造出符合語法規則的語句。當然，如果在講出「1227 是一個菱形」這個語句時，我確實在指稱和命名，在 So 中也不存在我已斷定了什麼或我已做了什麼陳述這樣進一步的問題，因為在 So 中 I- 詞總是惟一地指稱一個事項，T- 詞總是惟一地命名一個類型，因此在 So 中肯定地講出同一語句總是在做同一斷言。那麼，使一個斷言為真是什麼情況呢？奧斯丁認為當 I- 詞所指稱的事項屬於與 T- 詞的涵義相配的類型時，該斷言就是真的（奧斯丁用的是「令人滿意」這個詞）。因此，在 So 中情況很簡單。如只要直接檢視 1227 是否是一個菱形就可確定「1227 是一個菱形」這個斷言的真假。

　　從以上的論述可以看出，儘管〈如何談論〉中的令人滿意的話語是有關極度簡化的語言和世界的，而〈真理〉中的真的陳述是有關「普通語言」和「真實世界」的，但奧斯丁對二者的解釋很相像。首先，在二文中都區分了陳述（或斷言）和語句，認為「真」（或令人滿意）是對陳述（或斷言）使用的，而不是對語句使用的。當然，在自然語言中這種區分更為必要，因為自然語言中的同一語句可用於做不同的陳述，不同的語句也可用於做相同的陳述，並且自然語言的語詞和語句是含糊的，因此自然語言中為真的東西應是語句特定的使用斷定為事實的東西。這些複雜的情況在 So 中不存在。其次，在二文中都談到用語言談世界所需的兩組約定，在 So 中是 I- 約定和T- 約定，在自然語言中則是指示約定和描述約定。當然，這裡也有顯著的差別。在 So 中與類型相關的是 T- 詞，是語句的一

部分，與事項相關的是 I- 詞，也是語句的一部分。但在〈真理〉中，奧斯丁的表述是，與事態類型相關的是語句，而與某個特定事態相關的是陳述。這種差別的一個原因應該是，自然語言的語詞不可能整齊而又相互排斥地分為 I- 詞和 T- 詞。並且實際上也並不真的包括 I- 詞和 T- 詞。在自然語言的主謂句中能出現在謂詞位置上的語詞大多也能出現在主詞位置上。何況，在自然語言中，並非所有的陳述都是主謂句，都能被適當地為不同的部分，因此，指示約定就不能用語句的一部分來運作，而只能用整個語句來運作。另一個原因是現實世界是變化著的，我們的陳述是否為真還要看它做出的時間。如我們假設渡渡鳥於 1713 年滅絕，那麼在 1712 年斷定渡渡鳥滅絕了，這個斷言就是假的，而現在說渡渡鳥滅絕了則是真的。④這樣，我們就只有用整個陳述來指涉事態才能判別陳述的真假，因為只有整個的陳述才有時態或其他時間標示，這種時間標示是語詞所無能為力的。

通過以上的比較，我們可以更好地理解奧斯丁的觀點。在考慮某個陳述是否為真時，我們總是需要知道三種不同的東西，一是我們所要察看的東西（事項或事態）；二是我們所尋求的東西（事項或事態的類型）；三是所察看的東西是否例示了所尋求的東西。在 So 中問題很簡單，只要檢視 I-詞所惟一指稱的個體的事項就解決了它是否例示 T-詞所命名的類型。在自然語言中，由於情況更複雜，我們以陳述指示特定的歷史事態，這是我們所要察看的東西，而以做出陳述的語句的涵義來確定它所「描述」的事態的類型（那些標準的事態），這是我們所尋求的東西。當我們所察看的發生在一定時間和地點的特

④ 參看瓦諾克《J. L. 奧斯丁》，倫敦，勞特利奇出版社，1989年，第54頁。

定事態例示（或足夠像）做出該陳述的語句所「描述的」事態類型（或那些標準的事態）時，該陳述就是真的。借用奧斯丁在〈如何談論〉中的話說，只有在特定陳述所陳述的「樣品」或「標本」與做出該陳述的語句所描述的「標準」或「模型」相適合時，該陳述才是真的。

由上可見，奧斯丁所謂的陳述與事實的「符合」並不是說陳述以單一的直接關係支持某個事實，而是指言詞與世界間複雜的關係。因此，他在不否定符合論的情況下又馬上補充說它仍然是引人誤解的。在他看來，即使是 So 中的令人滿意的話語也是以複雜的、間接的方式與世界發生關係（參看 1953, 138 中的圖表）。當然，在自然語言中，陳述與「事實」的關係更是一種複雜的、間接的、約定的關係，用於做陳述的語句依約定「描述」了某事態的類型（或標準的事態），陳述依約定而指示特定的歷史事態，從自然關係說，這個歷史事態必定像其他事態，但這個事態之應受那個語句的「描述」不是自然的關係，而是包含著約定。因此，所謂的陳述與事實的「符合」主要是一種約定的符合。

奧斯丁在談到「符合」一詞所引起的麻煩時認為這個詞的意義太嚴格或太富色彩。他認為，言詞（＝語句）和事況類型之間的關係絕對是純約定的，我們絕對自由地指定任何符號去「描述」任何事況的類型。用於做真陳述的言詞無須「反映」事況或事件的任何特徵。為了成真，陳述無須複製實在的「複合性」（multiplicity，維根斯坦語）或「結構」或「形式」，正如詞無須是擬聲的或象形的。如果認為陳述確實複製實在，那就會重新陷入用語言的特徵來曲解世界的錯誤（參看 1950, 125）。從這段話的用語看，奧斯丁顯然是在批評維根斯坦《邏輯哲學論》中的圖像論。在這點上，斯特勞森對奧斯丁見解的

理解是正確的。他認為奧斯丁不主張以世界為模型製作語詞或以語詞為模型構想世界。「符合」不是模仿或反映，而是純約定的。

在奧斯丁看來，實際上越是發展不完全的語言，越經常以「單一的」語詞來表示一個非常複雜的事況類型。這種語言的缺點是難以學習而且不能處理非標準的、始料未及的事況，因為對這樣的事況可能沒有可用的語詞，新的事況需要新的語詞。一種更發達的語言（有節奏、詞法、句法、抽象詞語等）的特性並不使它做出的陳述更能夠成真或能夠更真，但它們使它更適用、更好學、更好理解、更精確等等，無疑，通過使語言以約定的方式「反映」在世界中發覺的特徵會推進這些目標。但奧斯丁又認為，即使在一個語言的確非常緊密地「反映」這樣的特徵時，陳述的真仍然是一個約定問題，這一點和最不發達的語言一樣。圖畫、照片等複製品是用自然或機械的方法創造出來的，它們不是真的，而可能是準確的、逼真的。地圖是高度約定的產物，但它所使用的符號與陳述所用的符號不同，也不能稱之為真的。在奧斯丁看來，研究諸多中間情形可以啟發我們理解真理問題。作為真理的「符合」乃是言詞與實在之間約定的符合。

三、奧斯丁對事實的辨明及其與斯特勞森的分歧

在〈真理〉一文中，奧斯丁就指出用「事實」這個詞來表示歷史的事況、事件且籠統地表示世界，這會產生麻煩。因為在「The fact is that S」或「It is a fact that S」這樣的語句和「the fact that」這個表達式中，「事實」通常與「that」連用，所有這些都暗示著說 that S 會是真的。奧斯丁認為這可能使我們誤以為(1)「事實」僅僅是一個可用於代替「真的陳述」的表達

式;⑵每個真的陳述都有一個與它自己嚴格一致的事實。正是
⑴導致了融貫論或形式主義理論中的某些錯誤;而⑵則導致了
符合論中的某些錯誤。因此,我們要麼認為除了真的陳述外不
存在任何東西,沒有任何東西與之相對應;要麼我們使過多的
語言的複本移居在世界中,使世界「人口過剩」,每個肯定的
事實之上壓著許多否定的事實,每個細微的事實之上又添加上
許多一般事實(參看 1950, 123)。

　　奧斯丁認為,儘管「事實」一詞可能引人誤解,但無論如
何,當一個陳述為真時,總是有一個事態使之為真,這個事態
與對它的真的陳述是截然不同的。儘管我們只能用言詞來描述
事態,但在真實地陳述一個事態和事態本身之間存在明確的鴻
溝。他指出,「Fact that」實際上是一個專門用於真的陳述和
相應的事態之間的差別被忽略這樣一種情況中的短語。這種使
用在日常生活中有其方便之處,但在哲學中很少有好處,尤其
是在討論真理中,我們的任務恰恰是把語詞從世界中撬起,使
它們與世界保持一定的距離。使語詞與世界分開是奧斯丁的語
言現象學的原則之一(參看 1956a, 182)。他說道:「說到
『Fact that』是談論既包含語詞又包含世界的事況的一種簡潔
方式」(1950, 124),這種簡潔的方式在討論哲學問題時應盡量
避免,在哲學中應盡可能詳細地描述特殊的事況(參看 1940,
68 中所主張的詳盡描述)。

　　然而,斯特勞森認為,奧斯丁未能把事實、事物和事件區
分開,而把事實同化為事物,並因而把陳述同化為指稱。[5]與
奧斯丁不同,斯特勞森認為陳述可分為指稱部分和描述部分,
指稱部分指稱事物或人(對象),以便進一步描述它;而描述

[5] 參看斯特勞森《邏輯─語言論文集》,倫敦,梅休恩有限公司,1971年,第193
頁。

部分則描述事物或人的類型。陳述既與指稱不同也與描述不同，它同時既在指稱又在描述。在斯特勞森看來，陳述所關涉的東西是人或事物等（它的指稱部分指稱人或事物，而描述部分則適合於或不適合於人或事物），除此之外，顯然陳述本身在世界中沒有其他任何相關的東西。他認為要求陳述本身在世界中有一個相關者在邏輯上是荒唐的，是一種邏輯上的基本類型錯誤。他指責奧斯丁要求在世界中有某種使陳述為真的東西或在陳述為真時有某種與陳述相符合的東西是犯了類型錯誤。他認為，儘管我們確實說陳述符合事實，但這不過是說它是真的另一種說法，是我們對該陳述表示贊同而已，而不表示事實是世界中的某物。陳述是有關事物的，但它們陳述事實，使陳述為真的不是事物，而是事物的狀況（即事實），但事物的狀況（事實）不是世界中的某種東西。斯特勞森並未說清為何事物的狀況（事實）不是世界中的某種東西，他似乎認為，我們在述說事物處於某種狀況，因此事物的狀況（事實）是我們所陳述的東西。用他的例子說，世界中只能找到「貓」這種事物，而貓的狀況即貓患有蟎病不是世界中的東西，而是我們在述說貓患有蟎病，是陳述的內容。由於事物與事實的區分，斯特勞森認為，奧斯丁用「事實」這個詞籠統地代表「事件」、「事物」，忽視了二者全然的類型差別。他認為事物或人等是陳述指稱部分的物質相關物；特性或特徵是陳述描述部分的似是而非的物質相關物；事實則是作為整體的陳述的似是而非的物質相關物。

為論證事實不包括在世界之中，斯特勞森又從日常語言中找證據。他對「Fact that」的解釋與奧斯丁的解釋不同，他認為事實是被知道、被忘記的等等，而知道、忘記等動詞後面可以跟上「the fact that」，因此，事實就是真的陳述所陳述的東

西，不是可見或可聽到的事物或事件，事實與陳述是不可分的，「它們是相互造成的」⑥。他還認為，奧斯丁所更喜歡談的事況或事態也不包括在世界中，它們不過是「一組事實」。總之，他認為，使陳述為真的事實或事況或事態，都是似是而非的存在物，是陳述所陳述的東西，不是陳述的非語言的相關物。

斯特勞森對「事實」的上述看法，似乎與他的「描述的形而上學」有關，在他看來，只有物體或人是我們關於世界的思想結構中的基本殊相，只有它們是時空中的某物，而其他存在物都與我們的談話框架相關。事物或人是談論對象，而「事實」這個詞是在語言框架中使用的。斯特勞森有關事實的見解確有其合理之處，因為事實確與事物或事件不同，它與我們的述說有關，我們需要通過言談道出一個事實，至少，事實是通過陳述而「成形的」，它與未進入我們言談的在世界中發生的東西不同，它是通過辨明而成為事實的。

當然，無論如何，在奧斯丁看來，斯特勞森無疑犯了將言詞和世界混為一談的錯誤。奧斯丁在〈對事實的不公正〉一文中集中反駁了斯特勞森有關事實的見解。他指出，儘管「事實」這個詞對他的真理解釋來說並不重要，他也不喜歡這個詞，但他認為事實並不是斯特勞森所說的似是而非的存在物，斯特勞森對這個詞的說明是錯誤的。

奧斯丁認為，儘管「事實」和「事物」或「事件」之間有重要的差別，但首先，它們又有重要的相似性。事物和人遠不是普通人所承認的所有的真正「在世界中之物」。現象、事件、事況、事態通常也被認為真正在世界之中。我們肯定能說

---

⑥ 參看斯特勞森《邏輯—語言論文集》，倫敦，梅休恩有限公司，1971年，第197頁。

它們都是事實。「第三帝國的毀滅是一個事件又是一個事實——曾經是一個事件又曾經是一個事實」(1954, 156)。斯特勞森所說的「貓的狀況」肯定也是一個事實，是「世界中之某物」。奧斯丁認為斯特勞森的錯誤在於忽略了可以使用和不可以使用「fact」這個詞之間的界限。在他看來，「X is a fact」這個表達式是正確的，而「X is the fact that」則是錯誤的，斯特勞森正是從後一個錯誤的表達式推出事實就是陳述所陳述的東西，是似是而非的存在物，不是「世界中之物」

奧斯丁還認為，與斯特勞森的看法相反，說某物是一個事實至少恰恰包含說它是世界中之某物，而且還把它歸為是在世界中的某種特別的東西。說如此這般的東西是一個事實至少部分地說它是實的，在這方面，事實不同於事件（參考 1954, 159）。

為進一步反駁斯特勞森的觀點，奧斯丁也以辨析語詞的日常用法為手段，甚至以詞源學為依據。他考察了「事實」一詞用法的歷史並得出結論：(1)「事實」原初是作為「在世界中的某物」的名稱；(2)「事實」和「知識」以及「事實」和「真理」之間的聯繫是衍生的，並且是相對較晚的聯繫；(3)「fact that」這個表達式又更晚，只是為了語法上的方便而引進的（參看 1954, 164）。「a fact」意指一個現實的事態，而「the fact that S」則意指，通過說「S」，某個事實被正確地描述，這是一種簡潔地談論語詞和世界結為一體的方式。奧斯丁還指出，不加區分地在「fact」後面加上「that」從句會引起諸多麻煩。斯特勞森正是因此而錯誤地得出事實就是陳述所陳述的東西(What statements state)。奧斯丁認為「What statements state」這個表達式是極其含糊的，它可以指陳述的對象，即與陳述相關的事態，也可以指陳述本身。斯特勞森似乎採取後一個用法。

因為如果它意指的是陳述的對象，就不可能不在世界之中。

以上簡要論述了奧斯丁和斯特勞森在有關事實問題上的爭論。我認為二者的主張都不模糊，但從通常的觀點看，奧斯丁的見解更令人信服。在我看來，他們的觀點都與他們的實在觀有關。斯特勞森的「描述形而上學」把物體看作是在時空中的可直接識別的殊相，而其他殊相都要通過指涉物質對象而間接地為我們所識別，都與言談框架有關，因而性質、特性和事實、事況、事態等都被他看作是似是而非的存在物，不是在作為時空的現實世界中。在奧斯丁看來，事實、現象、事況、事態、特徵等，都是實在的，都在世界之中，它們與事物和人以及事件並沒有本體論上的差異，它們都是語言之外的世界中的存在物（參看第二章所論述的實在觀）。另外，正如 J. 威特利在〈奧斯丁論真理〉一文中所論證的，奧斯丁並不把陳述分為指稱和描述兩部分，他並不需要斯特勞森意義上的指稱部分和描述部分與世界中的某物的「符合」，而只需要世界中存在事物、事件。因此，他們所論辯的「事實」問題實際上與奧斯丁的真理觀本身沒有太大的關聯。[7]

四、奧斯丁對「是真的」的用法所作的辨析及其與斯特勞森的爭論

奧斯丁在〈真理〉一文中批評了真理多餘論和斯特勞森的真理施事論，認為說一個陳述是真的，是對該陳述做進一步斷言，而「是真的」主要是描述性短語。

英國數學家和哲學家蘭姆賽在「事實和命題」中認為說一個命題為真僅意味著斷定該命題本身。例如，「凱撒被謀殺是

⑦ 參看范光棣編的《J. L. 奧斯丁討論集》，倫敦，勞特利奇和基根‧保羅出版公司，1969年，第230頁。

真的」僅僅意味著「凱撒被謀殺」，而「凱撒被謀殺是假的」僅僅意味著凱撒沒有被謀殺。按照他的意見，「真的」沒有獨立的斷定意義，而傳統的作為性質或關係的真理觀念是引人誤入歧途的。當然，他承認，「真的」這個詞能起到強調或增添文采的作用。[8]蘭姆賽的這個觀點被稱為真理的斷定多餘論。艾耶爾也曾持類似的觀點，他認為說一個命題為真僅僅是斷定該命題，而說它為假僅僅是斷定它的反面，因而「是真的」這個短語的邏輯上是多餘的。[9]艾耶爾的這個觀點被稱為無真理論。

　　然而，奧斯丁認為，所謂的多餘論或無真理論肯定是錯誤的，因為說「『P』是真的」，涉及「P」所無法指涉的東西，即它可以指涉「P」，可以進一步對「P」做出斷言，但「P」本身無法自指，無法對自身做出斷言。由此可見，「P 是真的」與「P」是不同的陳述，「是真的」這個短語在邏輯上不是多餘的。當然，「P是真的」所描述的「事實」是某種特別的東西，它不是硬事實，而是「軟事實」（參看 1950, 128）。奧斯丁對多餘論的第一個實質性的反駁是認為它混淆了假和否定。按多餘論的觀點，說「他在家是假的」等於說「他不在家」。然而，正如奧斯丁所指出的，如果「他在家是假的」指的是他躺在樓上死了這種特殊的情況，我們就不能把它等同於「他不在家」，面對這種特殊情況，說他在家或不在家都是不合適的。實際上，在奧斯丁看來，肯定和否定恰恰處於同一層次，它們都同樣直接指涉世界，而不是指涉有關世界的陳述，因而把否定歸為第二層次的肯定（即某個第一層次的肯定是假

---

⑧ 參看蘭姆賽(F. P. Ramsay)《數學基礎》，倫敦，基根·保羅公司，1931年，第143頁。

⑨ 參看艾耶爾《語言、真理與邏輯》，上海譯文出版社，第98頁。

的）是錯誤的。哲學家們急於以假把否定打發掉或反過來急於以否定把假打發掉的態度都是不可取的（參看 1950, 128）。多餘論認為「是假的」在邏輯上是多餘的這個觀點正是由於把假和否定混為一談。在奧斯丁看來，由多餘論無法同等地處理「假」就可以看出它不是令人滿意的真理理論。

奧斯丁對多餘論的另一個實質性的反駁是，與「真的」與「假的」處於同一層次的還有許多形容詞，它們也與陳述和世界之間的關係有關，如我們可以説某個陳述是誇張的、含糊的、坦率的，或説一個描述是粗略的、引人誤解的、不充分的，或説一個敘述過於概括或太簡潔，等等，這些用於描述陳述和世界之間關係的形容詞在邏輯上並不被認為是多餘的，與它們處於同一層次的「真的」或「假的」也不應是多餘的。

在批評真理多餘論的同時，奧斯丁又批評了斯特勞森的真理施事論。斯特勞森在其於 1949 年發表在《分析》雜誌上的〈真理〉一文中，批評了真理的語義學概念，補充和發展了真理多餘論的觀點，提出了真理施事論。他認為，「是真的」這個短語並不被用來談論任何東西，它不是描述性的短語，而是施事短語。説「that S 是真的」，除了「that S」這個斷言外，我們並不做任何進一步的斷言。當然，斯特勞森又聲明他不贊同多餘論，因為他認為説「that S 是真的」除斷定「that S」外還做了更多的事情，即認可或贊同那個已做出或虛構的斷言。因此，説「that S 是真的」是在做一個行為，而不是在做出另一個陳述。[⑩]

在 1950 年發表的〈真理〉一文中，奧斯丁贊同斯特勞森

---

⑩ 參看斯特勞森 1949 年的〈真理〉一文，轉載於瑪格麗特・麥克唐納德(Margret Macdonald)編的《哲學和分析》，紐約，哲學叢書出版公司，1954 年，第 261-277 頁。

對真理的「語義學」解釋所做的巧妙批評，他也認為真理不應和意義混為一談。但他不贊同斯特勞森的真理施事論。奧斯丁承認說一個陳述是真的，確實經常是認可或贊同它，但同時也是對該陳述做進一步的斷言。說一個陳述是真的有施事的「方面」，但它不是嚴格的施事話語，它本身同時也是一個有真假可言的陳述。因為既然言詞和世界之間的「相當令人煩擾然而又令人滿意的關係」確實存在，那麼，「是真的」就應該是我們描述這種關係的一種方式（參看 1950, 133）。

然而，斯特勞森並不接受奧斯丁的批評，他在其於 1950年發表的〈真理〉一文中從「陳述」、「事實」和「約定的符合」三個方面對奧斯丁的觀點提出異議。[⑪]有關「陳述」和「事實」問題的爭論，前面已述及，這裡不再贅述。與這裡的問題有關的是第三方面的符合關係本身。斯特勞森指責奧斯丁混淆了「It's true that P」本身為真的語義條件和「It's true that P」所斷言的東西。[⑫]前者要求陳述 P 以某種約定的方式與世界發生聯繫，我們確實在這種語義條件被滿足時使用「是真的」這個詞，但在運用這個詞時，我們並不陳述這些條件被滿足，「It's true that P」所斷言的不過是 P。用奧斯丁的話說，斯特勞森堅持認為「是真的」不描述言詞與世界間的任何關係，它不「描述」任何東西，這個短語的存在只是清楚地表明了某種使用語言方式的存在。

在我看來，斯特勞森對奧斯丁的指責是沒有根據的。實際上，奧斯丁並未混淆有關陳述的評價的適當條件和陳述的適當條件，他所關心的是陳述的適當條件，而不是有關陳述的評價

---

⑪ 參看斯特勞森《邏輯─語言論文集》，倫敦，梅休恩有限公司，1971年，第190-213頁。
⑫ 同上書，第200頁。

的適當條件。就是說，他所關心的是言詞與世界之間的關係，是做出陳述的適當條件，他的問題仍然是傳統的真理問題，即陳述的通常的適當條件是什麼？正因為這樣，儘管他承認「是真的」這個短語有施事的使用或施事的方面，但他又認為這個方面與他所要處理的真理問題無關。他所要處理的真理問題是有關陳述與世界之間的關係的，因此，他重視的是「是真的」描述功能或描述的方面。在〈真理〉一文中，奧斯丁所舉的例子是「貓在草席上」和「我感覺不舒服」這類例子，而不是「貓在草席上是真的」這類與評價有關的例子，由此可以看出，奧斯丁所關心的是陳述的適當條件而不是有關陳述的評價的適當條件，即他所關心的是陳述和世界所保持的適當關係，而不很關心對陳述的評價問題。由此我們還可以看出，儘管奧斯丁在「是真的」這個短語的用法問題上與斯特勞森發生分歧，但實際上這個短語的用法本身對奧斯丁的真理觀來說並不很重要，因為真理問題實際上不能完全歸結為「是真的」這個短語的用法問題。正如奧斯丁所言，「是真的」這個短語的施事使用就與真理問題無關。實際上，即使我們承認「是真的」這個短語主要是用於表示贊同或認可，而「是假的」是用於表示否定或不認可，但我們憑什麼性質贊同或否定一個陳述這個問題仍然存在。或者，換句話說，值得我們贊同的「陳述」和應該被我們否定的「陳述」之間的區分標準到底是什麼？或者我們憑什麼贊同某些陳述而反對另一些陳述呢？這個問題正是傳統哲學中的真理問題的根源，但蘭姆賽的真理多餘論和斯特勞森的真理施事論都遠未能解決這個根本問題。

　　儘管從表面上看，奧斯丁和斯特勞森的爭執是有關「是真的」這個短語的用法的爭執，但實際上他們在真理觀上的分歧是實質上的，奧斯丁所要處理的是陳述和世界之間的複雜關係

問題，而斯特勞森則回避這個問題。從這方面看，奧斯丁的觀點無疑是更為合理的，因為我們的「陳述」（或斷言）總是對事物的狀況進行陳述（或做出斷定），因此必然存在陳述（或斷言）是否符合事物的實際狀況這個問題。陳述與世界之間的關係問題是我們所無法回避的。而「真」正是對這種關係進行描述或評估的一個維度，它僅僅表明某個陳述與世界中的某個事態相關聯，有某個事實作為它的「支撐」，至於這種關係的其他方面的狀況如何還需要其他形容詞來描述或評估。正因為陳述與世界之間的關係終究不可回避，在經過了一番爭論之後，斯特勞森的觀點有所緩和，改變了原先的強硬立場，他後來不得不承認「如果有人主張說，除非我們知道當某個為真的東西被陳述出來或被用語詞表達出來時得到了哪種類型的語詞與事物的習俗性關係，否則我們並不真正地或充分地知道『是真的』這個短語的意義，這個主張在我看來絕不過分」。[13]斯特勞森的這個說法與奧斯丁的約定符合論已相距不遠。

五、真作為評價的一個維度

上節已提到，奧斯丁在反駁真理多餘論時指出，還有許多其他的形容詞也與言詞和世界間的關係相關，因而可作為陳述的謂詞。如對像「貝爾法斯特在倫敦的北面」、「星系是煎蛋形的」、「貝多芬是一個酒鬼」和「威靈頓打贏了滑鐵盧戰役」等等這樣的陳述，我們也許可以稱之為粗略的或誇張的，但簡單地說它們是真的或假的則是無意義的，因為它們並不完全以成真為目的。確實，在做這些陳述時，我們在一定程度或在某些方面取得了成功，即這些陳述總是多多少少不嚴格地適

<hr>

⑬ 斯特勞森〈關於真理的一個問題〉一文，載於他的《邏輯—語言論文集》，倫敦，梅休恩有限公司，1971年，第232頁。

合於事實，但它們在不同的場合因不同的意圖和目的、以不同的方式適合於事實，而不是簡單地符合事實。對這些陳述，我們不必堅持以簡單的方式來判斷它們的真或假。因此，奧斯丁認為，正如在討論行為中我們不必著迷於「自由」，而是轉向與自由相關的像「偶然地」、「不自願地」、「心不在焉地」這樣的許多副詞一樣，在討論陳述中，我們也不必著迷於「真理」，而要轉而考察與此相關的形容詞，如「含糊的」、「粗略的」、「精確的」等等。這樣，我們就可以從不同的角度或側面來考察言詞與世界的關係，問題也許因此而更易解決。

正是在與其他形容詞的比較中，奧斯丁認識到言詞與世界的關係是極其複雜的，陳述與事實的符合關係只是問題的一個方面，另外還需考慮的有說話者的情境（語境）和說話者的意圖、聽者的興趣以及問題的精確性等因素，因而，奧斯丁承認真理的融貫論和實用論是很有意義的，儘管它們沒有認識到言詞與世界的關係這一關鍵問題（參看 1950, 130, n1 ）。在奧斯丁看來，「真」只是評估（也是描述）言詞與世界關係的維度之一，而且也並非非常重要，他說道：「真是一個僅有的最低限度或是一個虛幻的理想」(1950, 130)。他這句話的意思是，一方面，求真是簡單的，一個陳述越是寬泛就越是真的，而寬泛是容易做到的，因而我們的目標不應是求真，做陳述應另有目的，如，求精確、詳細等。真只需一個最低的界限，只需不成為假的就行了；另一方面，真可以意指陳述與事實的嚴格的相符或絕對相符，而這又是一個虛幻的、無法達到的理想。因而，真要麼是易致的，要麼是虛幻的，從這兩個意義上說，真對我們都不太重要，我們在現實生活追求的不是很易達到的簡單的東西，也不是無法達到的理想，而是另有追求。從這個意義上說，真不是多餘的，而是不重要的、無用的。在日常言談

中，我們可以聽到這樣的話：「他的這句話倒是真的，只是不夠精確」，這裡的「真」指的就是言詞與事實最低界限的適合，但這種不精確也許對我們的生活毫無用處，因而與假相距不遠。我們也可以聽到「那惟一的、永恆的真理」這樣的話，這種真理就是上述第二種意義上的「虛幻的理想」。

由上可見，陳述並不全然以成真為目的，真只是陳述的最低目的或虛幻的目的。不僅如此，奧斯丁還指出，有些所謂的「陳述」根本不以成真為目的。他認為，「每個命題必定是真的或假的」這個邏輯原則是典型的描述性謬誤，它侵蝕了日常語言，使人們誤以為所有的命題都是對當下觀察的報導。在奧斯丁看來，許多原來被當作陳述的話語其實不是對事態的描述，如演算公式、施事話語、價值判斷、定義以及虛構作品中的話語等。這些話語在語法形式上是陳述句，但不是對世界中的事實的報導，因而是「似是而非的陳述」。奧斯丁認為，這類話語的職責不是「符合事實」，它們另有作用，因而無所謂是真的或假的。成真不是它們的任務。因此，奧斯丁的結論是，許多「陳述」並不是真正的陳述，不以成真為目標，而真正的陳述也不全然以「符合事實」（成真）為目標，還有其他任務和目標。

在《如何以言行事》一書和〈施事話語〉一文中，奧斯丁的思想有所發展。一方面，他堅持認為，在現實生活中，與邏輯理論所想像的簡單情況相對，人們並不總是能夠以簡單的方式回答一個記述式話語是真的或假的(Words, 142)。例如把「法國是六角形的」這個陳述與事實（法國）相對照，這是一個粗略的陳述，很難說是真的或假的，對於一個高級軍官來說，這個陳述也許夠充分了，但對地理學家而言卻不是這樣。「拉格倫男爵打贏了阿爾瑪戰役」在教科書中被判斷為是真的，但在歷

史研究的著作中可能不是這樣（參看 Words, 142），因為它是誇張的。因此，話語的意圖和目的以及它的語境是重要的。它們影響了陳述的真或假。因此，「真」和「假」就像「自由」和「不自由」一樣，並不代表任何簡單的東西，而是成為適當的陳述的一個方面。陳述並不是非真即假的，真或假僅僅是評估陳述的一個維度，它們相對於語境和說話者的目的等因素而言，它們不是對立的。

　　另一方面（這也是他對〈真理〉一文的觀點有所發展的方面），奧斯丁認為，儘管施事話語主要功能在於做一個行為，它本質上是無真假的，而要以是否適當、是否實現等評價詞來評判，但是畢竟我們在「施事話語」中也說到某事，因而還得考慮它的內容如何以某種方式與事實相關聯，就是說，「至少我們需要用符合事實這個一般的維度去評估許多施事話語」(1956c, 250)。儘管我們可以不以真或假來評價施事話語，但因為它有與事實相關聯的方面，我們可以以是否充分、是否合理、是否有根據等來評價。而這表明它們與記述式話語的差別並不那麼大，因為我們也可以用是否合理、是否誇張、是否精確等來評價陳述，陳述也不僅僅是真的或假的。真或假僅僅是與言詞和世界間的關係有關的不同評價的一整個維度的通常標籤。如果我們放鬆一下真假觀念，用更寬泛的觀念來評估陳述與事實的關係，那麼，陳述與施事話語就差別不那麼大了。由此看來，話語都有與事實相關聯的一面。奧斯丁認為他的這一觀點摧毀了事實和價值二元分立的偶像。

　　總之，無論是陳述，還是施事話語，它們都以不同的、複雜的方式與事實或世界發生關聯，因而真是對它們進行評估的一個方面，但也僅僅是一個方面，因為話語還與諸多因素相關，可以從不同的方面對它們進行評價。因此，成真只是話語

的一個方面，也許甚至不是主要的方面，它們還有許多不同的任務和目標。因而「真」並非那麼重要，傳統哲學以求真為首要目標也許並不適當。因此，在真理這個標題下，我們並不求擁有某種實體、某種簡單的性質或簡單的符合關係，我們所擁有的是一整個批評的維度。這種批評不僅僅考慮與事實的符合，還得考慮說者、聽者、說話的語境、意圖以及話語本身的精確度等等。與事實的符合或真僅僅是一個方面，它在對話語的評判中並不占有特殊的位置。也許，它在哲學中也不應占有特別重要的地位。言詞與世界的關係是極其複雜的，把它們簡化為符合或不符合關係是哲學家簡單化的產物。在奧斯丁看來，生活、真理和事物是複雜的，哲學家的過於簡單化對現實生活來說是不適當的（參看 1956c, 252）。

第六章

語言探究和知識問題

奧斯丁對知識問題的探討主要體現在 1946 年的〈他人的心〉一文中，該文的某些思想在他的《感覺和可感物》一書的第十章得以繼續和發展。在〈他人的心〉一文中，奧斯丁剖析了知識可能性的條件，闡明了知識的權威性和可錯性，駁斥了感覺知識具有特殊性的觀點。在《感覺和可感物》中，他對那種認為感覺材料陳述構成經驗知識絕對可靠基礎的觀點進行激烈批評，並對那種把經驗知識分為基礎和上層結構的知識論觀點表示極度的不信任。關於《感覺和可感物》中的觀點，第四章已有較詳細的論述，這裡不再贅述。本章主要依據〈他人的心〉一文討論奧斯丁對知識的可能性條件以及知識的性質所做的探究，以闡明其對知識論領域的新貢獻。

一、奧斯丁和知識分析

近代哲學以知識論為主題。知識論實際上有兩個方面：一是解釋知識是什麼，二是回答知識是否以及如何可能。傳統知識論主要探討第二方面問題。現代分析哲學秉承了注重知識的正統。以維也納學派為代表的人工語言學派採取邏輯分析手段釐清科學知識的邏輯結構，探討知識的基礎和證實等問題，實際上是為知識辯護，與知識論中第二方面問題有關。因此長期以來知識的可能性問題或為知識辯護占據了知識論的中心位置，甚或被認為就是知識論的全部領域。

但是，自 20 世紀 40 年代開始，隨著普通語言派哲學的興

起，知識論中的第一方面問題開始得到重視。哲學家們開始以語言分析為方法重新釐定知識論的概念或術語的意義。自然，對知識論中最基本的術語「知識」一詞的界定或分析就成了緊迫之務。在知識分析中，知識概念與信念、真理和辨明等概念之間的聯繫得到揭示。當然，在如何確定「知識」一詞的意義這個問題上，哲學家之間存在著方法上的分歧。①一些人認為語詞的意義就是它所代表的某種對象或事態，認為「知道」(knowing)是一種特殊的精神狀態的名字，因此知識事件——X知道 S 是 P——就是指 X 處於同 S 是 P 相關聯的精神態度。另一些人則通過分析「X 知道 S 是 P」這個表達式的成真條件來確定知識究竟是什麼，由此有人把知識歸結為完全得到證明的真實信念。②前種方法堅持要找出語詞的對象，有使意義實體化的傾向；後種方法在分析充分必要條件過程中碰到許多反例，因而也困難重重。言兩種方法的共同之處是把「知道」看作是描述詞，把知識看作是對知識者精神狀態的描述。

與上述的兩種方法不同，奧斯丁在其於 1946 發表的〈他人的心〉這一長文中，由「你怎樣知道？」這個問題入手，廣泛探討了對知識的種種質疑或挑戰，最終認為「我知道」不是純描述性短語，不僅僅用於對知識者的主觀狀態的描述，而更主要地是施事短語，用於表達知識者「我」的根據或保證。因而他把知識——更確切地說是知識事件，因為奧斯丁所談的是對特殊經驗事實的知道，而不談由這種特殊的知道事件抽象出普通的知識——歸結為知識者「我」在過去經驗和當下觀察的基礎上對被知者「S 是 P」所發布的權威性斷定或保證。因而

① 參看格里菲斯(A. Phillips Griffiths)編的《知識和信念》一書的導言，牛津，牛津大學出版社，1967年。
② 參看基思·里勒(Keith Lehrer)《知識》的第一部分，牛津，牛津大學出版社，1974年。

知識斷言不僅僅是描述知識者的精神狀態，而更主要地是知識者所採取的有冒險性的行為。奧斯丁對知識的解釋新穎且獨特，贏得了許多人的讚許③，但也因其表述上的不明確而招致不少誤解和批評。本章希望通過下面的論述使奧斯丁的知識概念得以逐步明確起來，並試圖對它的意義做些闡發。

二、「知道」與「相信」在語言中起作用的方式不同暗示了知識的特殊性質

奧斯丁的〈他人的心〉一文的目的是處理「他人的心」問題。所謂「他人的心」問題就是這樣的難題：人們如何知道在別人頭腦裡的東西，他在想什麼，他的感覺如何，例如他是否發怒了。奧斯丁並不從這個明顯有些成問題的提問方式開始，而是先考察「你怎樣知道？」這個更為一般的知識可能性問題。儘管奧斯丁承認可以這樣加以質疑的表達式有許多種類，但從他的論述和所舉的事例可以看出，他在此文中實際上考慮的是「關於特殊的現時經驗事實的陳述」(1946, 77)。因此，他所關心的首先是特殊的事實知識。首先，他所要分析的是事實知識的概念。事實知識是對某物是如此的知識(knowledge that something is so)，而不是對人或地方或如何做一件事的認識。他認為在「知道」這個詞後面跟上人或地方等直接對象的用法是引人誤導的(1946, 96)。並且他所關心的是「know that」，而不是「know how」，不是賴爾意義上的知道如何做事。其次，奧斯丁實際上考究的是特殊知識，或至少說他考察的出發點是特殊知識，不是普遍知識。他並未考慮從特殊的知識事件中抽象出普遍知識，這大概因為在他看來特殊知識更為根本，是普

③ 參看巴斯摩爾(John Passmore)《哲學百年》，倫敦，企鵝圖書公司，1966年，第454頁。

遍知識的基礎，理解了特殊的經驗知識，普遍知識問題就易於解決了。無論如何，他注重的是日常知識的可能性問題以及對這種知識的性質分析。有必要先加以說明的是，這裡以及下文中常借用傳統知識論術語來談論奧斯丁的觀點，但本章的意圖不是要把奧斯丁拉回到傳統知識論框架中來理解，用傳統觀點來解釋奧斯丁，而只是企圖做某種很有意思的對照，從而啟發我們更好地理解現代語言哲學與傳統哲學之間的聯繫。

由「你怎樣知道？」這一質問奧斯丁引出對「知道」和「相信」二個詞的比較。奧斯丁認為，對於「花園裡有一隻金翅雀」這樣一個斷言，我們可知道它，也可以僅僅是相信它。當我們說知道它時，我們就必須面對「你怎樣知道？」這種挑戰，必須說明知道的根據。而當我們僅僅說我們相信它時，我們所面對的責難是「你為什麼相信？」，你必須說明相信的理由(1946, 78)。

由這兩種質疑方式的差異奧斯丁發現知識與信念、意見等主觀精神狀態不同。首先，我們似乎從不問「你為什麼知道？」或「你怎樣相信？」。其次，「你怎樣知道？」暗示你也許根本不知道，而「你為什麼相信？」暗示也許你不應該相信。除非在非常的語境下，一般不存在你不應該知道或你並不相信這樣的暗示（1946, 78 腳註 1）。再次，如果質問者對上述兩個問題的回答不滿意，他會以兩種極為不同的方式繼續作反駁。一種情形是：「那麼，你並不知道任何這樣的事情，」或「你並未證實它，實際上你根本不知道」；另一種情形是：「那是很蹩腳的證據，你不應該僅僅根據它就相信」(1946, 78)。

奧斯丁認為，由這種差別顯見，信念的「存在」並不被懷疑，而知識的「存在」卻受到懷疑。如果說「我相信」以及與

之相似的「我認為」、「我設想」、「我肯定」等是對主觀的精神或認知的狀態或態度的描述,那麼「我知道」就不是那樣,或至少不僅僅是那樣,它在談話中以不同的方式起作用(1946, 79)。也許「知道」不代表或至少不僅僅代表主觀的認知行為,而是另有其他用途,因而知識主張與描述主觀狀態的信念斷言不同。奧斯丁認識到二者的差異,但他並未否認它們之間有共同之處,也未否認知識主張同時也是對知識者的一種描述。他以「或至少不僅僅是」一語含糊帶過,可見他對此頗費躊躇。

三、知識可能性條件之一:過去的經驗和現時的觀察機會

奧斯丁在區分知識與信念之後,並未馬上接著回答知識主張究竟是什麼,而是先擱下這個問題,迂回去考究對「你怎樣知道?」的種種可能回答。這個問題與傳統的知識起源或知識如何可能問題有些相似,但問題的形式和性質已大為改變。

奧斯丁舉例說,對「你怎樣知道在花園地裡頭有一隻麻鳽(bittern)?」有多種可能的回答(1946, 79)。我可能回答「我在沼澤地中長大的」,以此表示我熟悉麻鳽,有能力知道。或聲稱有運用這種能力的有利現時條件:「我聽到牠」。或求助於權威:「花園管理人告訴我」。或提到通常識別麻鳽的依據:「由(by)牠宏亮的聲音」。或說出我識別牠的根據:「根據(from)牠宏亮的聲音。」

奧斯丁認為上述的回答涉及知識者的經驗和機會,也涉及知識者的識別力和敏銳性。它們可用於應付四個方面的質疑:(1)我怎樣得以能了解麻鳽?(2)我怎樣得以斷定此時此地有一隻麻鳽?(3)我怎樣能辨別麻鳽?(4)我怎樣能識別此時此地之物是

一隻麻鴉？

奧斯丁認為問題(1)和(3)與我們過去的經驗，與我們學會辨別或識別的機會和活動有關，並且都與我們已獲得的語言用法的正確與否密切相關。「我們對事物認識的確切程度取決於這些先前的經驗」(1946, 80)。知識的優越性歸功於過去的經驗。因此，過去經驗成了知識的基礎條件。相比較而言，奧斯丁認為問題(2)和(4)與當前事實情境有關。我們可能確定地知道、權威地知道，根據無懈可擊的來源知道，等等。

奧斯丁特別指出，引證權威構成知道的一個特別而又重要的理由。當我們援引一個能夠知道的權威人物的陳述時，我們就「二手地」知道。④因此，權威是知識的一個來源。儘管人類的證言並不十分可靠，但相信別人、接受證言仍然是談話的基本前提，除非我們有具體的理由不相信他們。權威並不表示絕對無誤，但只要在當時的說話情境中沒有具體的理由懷疑，接受它們就是恰當的。因為人類的話語總是要傳達信息的，我們對它們所需要的是謹慎而不是拒絕。

奧斯丁還專門討論了與當前情境有關的如何辨別或確認問題。如我會以「根據牠的行為」、「由牠的斑紋」，或更詳細地以「由牠紅色的頭」、「根據牠吃薊草」等答案來闡明識別金翅雀的情境特徵。當然由於誤稱、或識別能力和歸類能力不精確、或證據不充分，你在不懷疑我所提出的當下事實的情況下仍然可以提出各種質疑(1946, 83)。但奧斯丁認為，質疑者必須在頭腦中想到某種多多少少明確的不足之處才可以提出懷疑，否則所提出的質疑就是愚蠢的、無目的的、令人不快的。另外，奧斯丁還特別說明了「根據牠紅色的頭」和「因為牠有

④ 奧斯丁認為「二手地」(at second hand)與「間接地」不同，參看1964, 82腳註1。

紅色的頭」區別。他認為，儘管我們常常能幾乎直覺地確定地識別事物，但由於我們描述工具的缺陷——語言歸類詞太少而且粗略，我們往往無法詳細說出識別的根據，而常求助於以「根據」(from)和「由」(by)開頭的詞組的含糊性，以此暗示尚有某種無法說出的特別的識別根據。他認為以「because」開頭的回答不具有這種保留性的含糊，反而具有危險的確定性。

由奧斯丁對「你怎樣知道？」種種答案的詳細研究中可以看出，奧斯丁基本上是站在經驗主義立場來考慮知識的可能性問題，但他並不像以前的經驗論者那樣簡單地以「感覺經驗」來打發掉這個問題，而是詳細說明知識來源方面的不同情形，區分了過去經驗與當下的觀察經驗、知識者的直接經驗和「二手」經驗、可描述經驗和無法詳加描述的直覺經驗等複雜情況。對經驗的精細研究當然與奧斯丁精細的語言探究方法相關。

四、知識可能性條件之二：對事實的實在性辨明

奧斯丁在考慮了知識的經驗基礎之後，隨即考慮知識的真實性和可信度問題。這個問題與事實的實在性和知識者對事實的確信度有關。從對知道的詰難方式看，質疑者對知識者所依據的事實的實在性和知識者的主觀確信度提出了懷疑(1946, 86)：如「你知道牠是真實的金翅雀嗎？」、「那頭部真的是紅色的嗎？」、「但你確信它正是金翅雀的那種紅色嗎？」等等。奧斯丁指出，哲學家們尤其經常表現出這種對「實在性」和「確定性」的擔憂。

奧斯丁先討論對「實在性」的憂慮。他認為，對事實的「實在性」的質疑必須出於某種正當的具體理由。只有在要麼「我」當前的經歷，要麼當前正在考慮的事項可能反常、不真

實的情況下才可提出質疑。如，或者「我」可能在做夢、在譫妄中、在酒醉中，或者所考慮的那個事項可能是剝製成標本的、仿製的、人造的，等等。

當然，奧斯丁認為上述情況下的懷疑全都可以通過適當的方法予以消除。我們自然擁有區分夢和醒的公認方法，否則怎麼知道該如何運用和比較這兩個語詞呢？我們也有判定一個事物是標本還是鮮活的公認方法，如此等等。對「實在性」的懷疑必定有特定的根據，有特定的暗示方式，語境通常就使所暗示的東西變清楚：金翅雀可能是標本，但不暗示它是幻景，綠洲可能是幻景，但不暗示它可能是標本。如果語境還不能使之清楚，我們就有權利責問你到底懷疑什麼，你到底暗示什麼東西出了毛病了，你必須說明懷疑的具體理由和發問背景。

在這裡，奧斯丁特別揭露了形而上學家的策略(1946, 87)。形而上學家在不說明究竟什麼東西可能出錯的情況下就抽象地問「它是真實的桌子嗎？」這樣古怪的問題，以致我迷惑不解，不知如何去證實它是真實的桌子，因為桌子明顯是無法偽造的。以這種方式使用「real」一詞，使我們假設它具有單獨的意義，從而弄出了「實在世界」或「物質對象」等深奧而又令人困惑的東西來。如果我們不具體說明發問的背景而追問「這是真實的世界嗎？」、「這是真實的生活嗎？」這類似是而非的問題，我們就會為此徒費精神而茫然無解。形而上學家正是這樣一般地懷疑事實世界，從而虛構了「更為真實的實在世界」，或者由懷疑事實的實在性而懷疑所有知識的可能性。因此，形而上學的錯誤有誤用語詞方面的原因，我們應對「真實的」一詞保持警惕。奧斯丁在《感覺和可感物》中對這個詞的用法做了精彩的分析（參看 S & S, 68-77）。

當然奧斯丁注意到，儘管在通常情況下我們能弄清事實的

實在性，但我們還是得考慮兩種進一步的情況。首先，我們決不總是知道事物是否真實。我們有時未必有機會去對它做足夠全面的驗證。不過，奧斯丁認為，由我們有時不知道或不能發現，不能推斷出我們決不能知道。其次，「肯定事物是真實的」並不能防備奇蹟或性質的反常。對此奧斯丁認為「肯定」是相對於當前情境而言，不是在做預言，未來的反常並不證明我當時的斷定是錯的，而只能修正我們關於真實事物的觀念。由此可見，在奧斯丁看來，事物的實在性觀念並不是絕對的、一成不變的，而是相對於具體情境，相對於人的目的、意圖等因素而言的。我們日常生活所依據的這種具體的實在性知識是可以達到的。

五、知識可能性條件之三：對事實陳述的確信度

奧斯丁在回應了對事實的實在性質疑之後，接著討論對證據的確定性的擔憂。這裡，奧斯丁主要通過批評威斯頓(John Wisdom)的「對自己感覺的認識有特殊性」的觀點，論證任何種類的陳述與感覺陳述一樣都有一定的可信度。

奧斯丁指出，儘管認為對自己的感覺的認識具有特別的可信度的觀點一直是許多哲學的基礎，但它是錯誤的，「也許它就是哲學家把他自己從我們所棲居的伊甸園中驅逐出來的原罪」(1946, 90)。在奧斯丁看來，實際上人們不可能總是確信自己的感覺。像「這裡是現在在我看來是紅色的某物」這樣的感覺陳述就有一種模糊性。在一種情況下，我相當肯定此刻它在我看來是紅色的，無論在別人看來如何或它的實際情況如何。在另一種情況下，我可能根本就不自信，我不是擔憂它在別人看來如何或它的實際顏色是什麼，而恰恰是我自己無法確定自己的感覺：我不很擅長辨別顏色，我總是弄錯它們，不能完全

描述它們。比如我不能很肯定地把品紅色與淡紫色或紫紅色區分開，不知道是否說它是品紅色。對感覺的描述就是說它像我們曾經驗過的某種感覺：任何描述詞都是歸類的，包含著識別和感覺記憶，而我們只有在使用這類語詞時才知道或者相信什麼。但是記憶和識別通常是不確定且不可靠的，因此對感覺的陳述也不是完全確定而又可靠的。

奧斯丁還區分了對感覺猶豫的兩種不同情況。一是我對現時的感覺未曾有過足夠的經驗，它是相當獨特的，我簡直不知道它是什麼，被它弄糊塗了。在這種情形下，我唯有仔細索求過去的經驗以努力去識別現時的感覺。二是我現時的感覺缺乏清晰性，因而我要更充分地「品嘗」當下的經驗，「凝視」它，生動地感知它，通過更敏銳的識別來「治癒」這種不清晰。

儘管我們並不總是確信自己的感覺，對感覺的陳述不都是可靠的，但奧斯丁又指出，確實有許多我能確信的「感覺陳述」。在通常情況下，普通人幾乎總是確信何時一物看起來是紅色的，或何時他們在疼痛。通常一位專家（染工或服裝設計師）將相當肯定何時某物在他看來是淺黃色的或黑褐色的，而普通人就不那麼肯定。而且，如果我們求助於足夠粗略的感覺描述，那我們幾乎總是能相當肯定。可見，對感覺陳述的確定性與感覺對象的性質、與感覺者的經驗、與感覺陳述本身的精粗程度都有關係。

奧斯丁批評了有些人對感覺陳述和非感覺陳述做可信度上的區分。他承認非感覺陳述確實包著預言信念，但並不因此是不確定的，即便是出現異常的奇蹟也並不表明以前對真實事物的確信是錯誤的(1946, 95)。在這方面，感覺陳述沒有優越之處。因此，感覺陳述並沒有什麼特殊性，同其他事實陳述一

樣，它不具有完全的確定性。實際上，任何事實陳述都不絕對可靠，但對它們相當的確信度是可能的。

奧斯丁還進一步揭示了感覺陳述具有特殊性觀點在語言上的根源。他認為，「忽視識別問題的傾向可能是由在『知道』一詞後使用直接對象的傾向滋養起來的」(1946, 96)，儘管在知道後可以用直接的對象，但這種表達方式是相當特別的，不是通常的用法。通常的用法是「知道」後跟上從句。知道某人的感覺實際上等於知道他在看什麼、嗅什麼等等。而知道某人的感受等於知道他在感受什麼。我確實無法感受到他人的感受，但我可以知道「他在感受什麼？」這個問題的答案，正如我可以知道「我在感受什麼？」這個問題的答案一樣。因為認識都是在過去經驗基礎上的識別，在認識他人的感受和認識我自己的感受之間，甚至和認識其他種類事實之間，沒有什麼原則上的差別。無批判地在「知道」後使用直接對象導致人們認為感覺的內容能按其本性得到描述，而我們總能說出我們所感知到的東西。但實際上，感覺的內容是無聲的，只有以前的經驗才能使我們識別它們。

六、知識者的權威斷定表明了知識的特殊性

以上論述表明奧斯丁在回應對知識的種種挑戰中探討了知識的經驗條件、事實條件和信念條件。但是，對「我知道」這個表達式的使用者來說還需考慮另一層挑戰：「如果我知道，我就不能出錯」(1946, 97)。

奧斯丁承認，我們實際上總是容易犯錯誤的，人的理智和感覺天生是容易出錯的、虛妄的。否認理智的這種易錯性的知識理論只能是徒勞的。但奧斯丁認為人類的這種易錯性不是否定知識可能性的理由，而意識到我是易犯錯誤的人類中的一員

不是拒絕説「我知道」的理由。只有在我意識到有某種具體的理由懷疑我在這個事例中可能出錯時，我才拒絕説「我知道」。我不能説「我知道它是這樣，但我可能出錯」，正如我不能説「我許諾我明天來，但我可能失約」。因為如果我有具體的理由懷疑我會出錯或失約，我就不應説我知道，或我不該許諾。因此，假如「如果我知道我不能出錯」這個挑戰指的是，在説「我知道」時我不能有具體的理由懷疑，那麼這個挑戰是有意義。但如果説它意指的是如果説「我知道」，我將絕對無誤，那麼這種挑戰則是無意義的。因為，説「我知道」只表明在目前情形中，我沒有具體的理由提出質疑，同説「我許諾」相似，我做出權威的保證，如果意識到可能出錯，我就不應做出這種保證。但是這種保證對將來是無效的，而將來事情變壞也不證明我現在不知道。

為説明「我知道」這個表達式中所包含的權威力量，奧斯丁詳細比較「我知道」和「我許諾」之間的相似性。當我説「我許諾」時，我進行了一個新的冒險：我不僅宣布了我的意圖，而且用這個慣用語向別人保證，以一種新的方式拿名譽打賭。與此相似，當我説「我知道」時，我也是在進行一個新的冒險：「我向別人保證，我向別人傳達我斷定『S 是 P』的根據」(1946, 99)。我在目前無可質疑的情況下，保證「S 是 P」這個陳述是真的。奧斯丁還特別指出，説「我知道」並不是説我已完成了一個特別引人注目的、在確信度上高於完全確信的認識壯舉，其特殊性恰在於含有知識者「我」的權威的保證力量。因此知識不是在認識程度上高於信念，而在於它滲入知識者的權威和責任。

正因為知識承擔了社會責任，人們對它的責難與對確信的責難不同。確信是對我自己而言的，接受或拒絕它是你自己的

責任。知道並不是對我自己而言，你有權利接受它，從而「二手地」知道，說「我知道」的權利是可以傳遞的，正如其他權威是可傳遞的一樣。如果我輕易地說「我知道」，我就要為使你陷入麻煩而負責。因此，說「我知道」是有條件的，我不僅要確信它，還需要證明它在我的認識範圍之中。但奧斯丁又認為未來情形的變化不是我所能知道的，說「我知道」的條件是相對於過去和現在而言的，我們不能因為這種預見無能而放棄說「我知道」。關於未來所需要的僅僅是相信。

奧斯丁承認，在事情出了差錯時，人們對當初所說的「我知道」和「我許諾」的攻擊方式不同，一種情形是「你被證明為是錯的，所以你不曾知道」；另一種情形是「你未履行諾言，儘管你確實許諾過」。這兩種攻擊方式的差別使人們可以對知道和許諾之間的相似性提出異議。但是，奧斯丁認為，即使在這裡差別也不像可能顯現的那麼大。在某種意義上人們可以稱不真誠的許諾為「未曾許諾」。而在某些被證明出錯的情形下，人們不說「你不曾知道」，而傾向於說「你沒有權利說你知道」。因此，奧斯丁得出，在知道和許諾出差錯時，二者的實質要素沒有多少差別，我們可以做如下對照：(1)你確實說你知道；你確實說你許諾(2)你弄錯了；你未履行。

奧斯丁還把「我知道」與「我發誓」、「我保證」、「我命令」、「我警告」等其他明顯儀式詞做比較，認為「我知道」與這類短語在一些重要方面相近。因此，它不僅僅是一個描述短語。他認為，把「我知道」看作是描述詞組是哲學中常見的「描述謬誤」的一例。實際上，語言不是純描述的，明顯的儀式詞組的說出就不是在描述我正在做的行為，而是在做這種行為。當然，這裡必須指出，奧斯丁雖反對把「我知道」看作是描述詞組，但並未否定它也有描述功能的一面。他的態度

似乎並不很明確，因而導致了各種不同的解釋或誤解，對此後面還會論述到。無論如何，奧斯丁把知識主張看作是對事實陳述的保證或權威性斷定，這種見解確實在一定程度上說明了知識形成的實際過程。從詞源上看，「knowledge」一詞來自希臘詞「gignostein」，其含義是判定、決定或公斷。可見，知識確與人的決定有關。實際上，知識主張的形成總是得經過決定或判斷，即排除疑慮冒險斷定一個事實陳述為真。因此，斷定或保證總是帶有風險，而且斷定者的目的在於使他的權威客觀化或公開化，因而必須承擔判定的責任。被判斷的事實陳述有真假，而斷定作為受時間和地點限制的活動，必須有理由、根據或標準，它是有對錯的，而對錯與真假是不同的。⑤

七、關於他人的心的知識是可能的

「人心難測」意味著知別人的心包含特殊的困難。奧斯丁承認這種困難的特殊性，但他認為對「你怎樣知道？」問題的多方探究至少為解決認識別人的心問題清掃了基地，使這個問題有較好的前景。

首先，認識別人的心更依賴於過去的經驗和熟悉程度。我們確實會說「我知道另一個人發怒了」，並能在知道他發怒和相信他發怒之間做區分。但我們決不認為我們總是了解所有的人，總是知道他們是否發怒。在許多情況下我們無法確定別人的感受或情感。如我們無法確定許多怪人的情感，除非與他們長久相識、來往密切。一個我從未見過，不知其個性和品味的陌生人的情感也難以捉摸，似乎是私秘的。

其次，為知道別人的感受，我必須也有過該類感受的經

⑤ 參看金岳霖《知識論》，北京，商務印書館，1983年，第862頁。

驗，還需想像別人的感受。要識別別人的憤怒，我自己必須曾經憤怒過。如果我從未感受過野心，那我在說他的動機是野心時就肯定會感到特別猶豫。

奧斯丁批評威斯頓在身體徵兆和感受之間的區分，認為由身體徵兆推出精神事實的做法是錯誤的(1946, 105)。他認為威斯頓把憤怒的徵兆和表現混為一談，實際上憤怒的徵兆與憤怒的表現相對應，而不是與內在的憤怒感受相對應。根據徵兆我們通常相信某人發怒了，只有在他發洩出憤怒時我們才說知道。

奧斯丁認為，發怒不僅包含徵兆、感受，還包括它的自然的表現方式和發生的自然場合，「being angry」是對整個事件模型的描述，包括場合、徵兆、感受和表現，也許還有其他因素(1946, 109)。正是對一般模型的確信使我們在僅僅觀察到模型的一部分時就說知道，因為模型的各部分是密切相關的，在對這個模型的認識中，作為感受主體的那個人並沒有處於優勢地位，他不時會接受局外人對有關他自己情感的描述所做的修正。因為，實際上他同旁人一樣，他必須通過注意模型的因素和別人的話語學會正確地運用「我發怒」這個表達式。「純粹的」感受即使有，也肯定很難確定，甚至比嗜味更難。情感詞總是含糊的，它覆蓋了相當廣闊而又不明確的種種情形，它所覆蓋的每一模型都相當複雜，很易使必要的特徵為我們所忽視，從而導致在異常情況下我們對應確切地說什麼感到猶豫不決。

除了這些一般性困難之外，奧斯丁認為認識別人的心還有更深一層的極為特別的困難。有三種值得憂慮的情形：(1)別人可以通過壓抑或偽裝情感來欺騙我們；(2)我們是否會誤以為別人像我們一樣地感受，像我們一樣享有情感；(3)是否某個人的

行為是故意的，或是不自覺的、漫不經心的。這種種疑慮可能會引起對熟人的行為也加以懷疑，從而產生不時影響每個人的孤獨感(1946, 112)。

奧斯丁認為，儘管這種困難確實特殊，但處理它們的方法相似於前面在金翅雀例子中所用的方法。有許多公認的處理可疑的欺騙或誤解或疏忽的方法。欺騙等情形的存在並不表明我永遠不知道別人的情感，只是提醒我們小心警惕而已。在複雜而又迷惑人的情感領域，我們不會輕易說我們知道。另外，與不會書寫、不會說話的金翅雀等物質對象不同，人會聲明他的感受。通常我們會接受這種聲明，從而「二手地」知道。相信別人、相信權威和證言是我們交往行為的組成部分，是我們經驗不可缺少的部分。對此不需要什麼辯護(1946, 115)。在別人的心問題上奧斯丁的結論是，我們確實不能內省別人的情感，但我們確實有時知道別人的情感。知道別人的心不是內省別人的心(1946, 115-116)。

八、評價：權威和知識

以上論述從各個方面較為完整地展示了奧斯丁在〈他人的心〉中所表達的知識概念。奧斯丁從對知識主張的種種質疑的探究中，詳細剖析了成功的知識主張中所包含的經驗因素、事實因素、主觀信念因素、權威因素。他對知識所做的詳細的、富有獨創的分析理應受到高度重視，在知識概念分析的理論中應占有地位。但從對奧斯丁的〈他人的心〉的各種評論材料看，評論者大多只注意奧斯丁對儀式詞組的論述，而把此文當作是奧斯丁提出言語行為理論的前奏，對其他方面的論述則注意不夠。

奧斯丁的牛津同事斯圖爾特·漢普舍爾(Stuart Hampshire)

認為奧斯丁把「施事話語」(performative)因素引入知識主張中，「這肯定是一個重大發現，至今在對知識的說明中沒有人能忽視這個發現。⑥斯坦尼‧卡維爾(Stanley Cavell)認為「奧斯丁在追問表達知識和表達信念的差別中所顯示出來的是一種新的意義的人類知識或人類責任以及對人類局限評價」。⑦安東尼‧弗盧(Antony Flew)則指出，奧斯丁對「知道」一詞的各種正確用法的研究是研究知識概念的重要方法，因為哲學本身就是一種概念探究，對語詞日常用法的關注是非常必要的。⑧

　　這些正面評價正確看到奧斯丁知識概念中的新因素。奧斯丁首次提出知識主張中的權威性，把知識與知識者的保證力量和社會約定力量聯繫起來，把知識看作人類事務之一，認為知識滿足人的需要，同時也要求人的責任。因此，傳統知識論追求非人性理想的確定性傾向是錯誤的。我們所要求的是人性限度內的確定的知識。自古希臘以來，西方哲學家往往把知識與信念、意見的區別看作是認知確信度上的差別，認為前者高於後者，前者是人類理智的產物，其對象是永恆不變的共相，後者是感覺的產物，其對象是變動不居的個體事物，知識總是閃爍著理智的光環，與昏暗的信念或意見在可靠程度上不可同日而語，知識狀態與信念狀態在確信度上截然有別。但是，如果奧斯丁的看法正確的話，這種傳統知識觀就變得極為可疑。按奧斯丁的意見，知識並非在認知狀態上高於信念，而是由於它含有權威保證力量而負有不同社會責任，知識因其可傳遞的權威力，能在我們實際事務中發揮作用。儘管它本身不是絕對無

---

⑥ 參看漢普舍爾〈J. L. 奧斯丁〉一文，轉載於羅蒂編的《語言的轉向》，芝加哥，芝加哥大學出版社，1967年，第239頁。
⑦ 參看卡維爾〈奧斯丁在批評中〉，轉載於同上書，第254頁。
⑧ 參看弗盧編的《邏輯和語言》(II)導言，倫敦，巴西爾‧布萊克威爾出版公司，1961年。

誤的，但只要目前還沒有跡象表明它可能是錯的，我們就可以用它。由此可見，奧斯丁從人類行為這個更大的背景中理解人的知識，他力圖擺脫傳統知識論的僵硬死板、簡單化和人為性，他的知識概念更具靈活性。

當然，對奧斯丁的知識概念有諸多批評。艾耶爾認為，奧斯丁把「我知道」當作施事式陳述至少部分是錯誤的，因為儘管它有提供保證的力量，但同時也做了有關說話者的或真或假的陳述。⑨瓦諾克認為奧斯丁把「我知道」歸為儀式詞組是錯誤的，其原因是奧斯丁當時尚未發現所有話語都有施事的一面。⑩哈里森(J. Harrison)在比較了「知道」和「許諾」的不同之處後認為無論是嘗試性地還是部分地把「我知道」歸為儀式詞都是錯誤的。⑪托馬斯·希爾(Thomas Hill)也認為奧斯丁對「我知道」的描述功能注意過少。⑫

應該說，這些批評者有其正確的一面，他們正確看到「我知道」還有描述功能的一面。確實，知識主張含有知識者的保證力量，但是，做權威保證不是隨意的，其中暗含著知識者的經驗和確信，因而知識主張隱含著對知識者經驗和確信的描述。

當然，批評者對奧斯丁也有誤解的一面。實際上，奧斯丁並沒有把知識斷言僅僅看作是表達我的權威。前面也提到，他在比較了「我知道」和「我相信」之後，認為「我知道」「不是或不僅僅是」對我的認知狀態的描述，他的「或不僅僅是」一語表明他未否定「我知道」的描述的一面，他比較了「我知

⑨ 參看艾耶爾《二十世紀哲學》，紐約，蘭登書屋，1982年，第237頁。
⑩ 參看瓦諾克《J. L. 奧斯丁》，倫敦，勞特利奇出版社，1989年，第37-38頁。
⑪ 參看哈里森〈知道和許諾〉一文，載於格里菲斯編的《知識和信念》，牛津，牛津大學出版社，1967年。
⑫ 參看希爾《現代知識論》，紐約，羅拉德出版公司，1961年，第573頁。

道」和「我許諾」之間的相似性，但並未把「我知道」和「我許諾」等明顯儀式詞等同起來，而且他對「描述謬誤」這一提法未做解釋，也許他所反對的是把「我知道」當作純描述詞的「描述謬誤」，無論如何，他未否認「我知道」有描述功能，里勒就正確注意到，如果由奧斯丁反對把「我知道」歸為描述詞組這點而得出奧斯丁完全排斥「我知道」的描述功能這一結論，這就明顯與他在文中所說的其他觀點相衝突。[13]因為，奧斯丁承認當我說「S是P」時，「至少包含著我相信它」(1946, 99)，因此，在我說「我知道S是P時」就隱含著我相信S是P，因此，知識主張儘管與信念陳述不同，但還是以信念為前提的，它依然有描述我的狀態的一面，事實上，奧斯丁的整個論述表明，他極為重視知識者的經驗，重視作為知識內容的事實陳述的真實性以及知識者的確信度，知識者的保證或權威性斷定只是知識斷言的一個方面，不是它的全部。

當然，後來奧斯丁認識到所有話語都兼有施事和描述兩方面功能，話語的施事使用和描述使用是相容的。他在《如何以言行事》中對是否把「知道」歸為明顯表達話語施事力量(illocutionary force)語詞而猶豫不決（參看 Words, 161 ）。由於他在前期尚未認識到話語的施事和描述功能的相容性，因而在行文中含糊猶豫，這種曖昧態度很易引起誤解，上述的批評就含有誤解成分，但如果我們不過分糾纏於隻言片語而通觀奧斯丁的整個論述，就可看出奧斯丁並非不重視知識斷言的描述功能，描述性已隱含在它的前提之中，這樣，誤解就可被排除。

不過，奧斯丁的知識分析還是有缺陷的，儘管如前所述，奧斯丁的分析在一定程度上說明了知識的實際形成過程，但奧

---

[13] 參看基思・里勒(Keith Lehrer)《知識》，牛津，牛津大學出版社，1974年，第53頁。

斯丁所分析的還只是特殊的知識斷言，借用金岳霖先生的話說，他說明的只是「知識中的事」，還未討論「知識中的理」[14]，他未討論對知識主張的證實和證明，未討論特殊知識主張之間的關聯，因而普遍知識實際上未進入他的眼界。

[14] 參看金岳霖《知識論》，北京，商務印書館，1983年，第91頁。

第七章

語言探究和倫理問題

　　早期的奧斯丁曾以對亞里士多德的倫理學做精細的研究而著名，1939 年之前所寫的〈 亞里士多德《倫理學》中的 *Agathon* 和 *Eudaimonia* 〉一文就是這種精細研究的成果。① 1952 年當選為牛津大學懷特講座道德哲學教授之後，奧斯丁似乎又恢復了對倫理問題的興趣，1956 年的〈 為辯解辯 〉和〈 如果和能夠 〉兩篇論文都與倫理問題有關。儘管奧斯丁並未形成系統的倫理觀或道德理論，但他通過對「善」、「自由」、「責任」、「行為」等與倫理問題有關的語詞的意義或用法做細緻的研究而提出一些有趣的新見解，尤其對我們理解「消極的自由」概念有很大的啟發性。

一、亞里士多德的「Agathon」和「Eudaimonia」二詞意義的辨析

　　奧斯丁的〈 亞里士多德《倫理學》中的 *Agathon* 和 *Eudaimonia* 〉一文的起因，是為反駁普利查德(H. A. Prichard)的〈 亞里士多德《倫理學》中的 *Agathon* 的意義 〉②一文對 *Agathon*（ 善 ）和 *Eudaimonia*（ 幸福 ）的意義所做的分析。普利查德的論文力圖表明亞里士多德的「善」的意義是「有助於我們的幸

① 該文奧斯丁生前未發表，1967 年首次由摩拉夫席克(J. M. E. Moravcsik)收入《亞里士多德：批判論文集》中，1970 年又由厄姆森和瓦諾克收入奧斯丁的《哲學論文集》第二版。
② 該文載於《哲學》，第 10 期（ 1935 年 ），第 27-39 頁，後重印於普利查德的《道德義務》，牛津，克拉寧東出版社，1949 年。

福」，而他的「幸福」實際上意指的是一種快樂的感受或狀態，由此普利查德斷言，亞氏承認一切的審慎行為都是為了使我們自己獲得快樂的感受，因而他可以被看作是一個心理上的享樂主義者。奧斯丁不同意普利查德對亞里士多德這兩個詞的意義所做的分析。關於「幸福」一詞，奧斯丁通過對原典做仔細研究得出的結論是「幸福」不可能意指快樂，因為快樂僅僅是一種感受，而不是特定種類的生活，不表示某種成就，而「幸福」則至少包含著成功（參看奧斯丁《哲學論文集》，1979年版，第18頁）。因此，普利查德把「幸福」等同於「快樂」無疑是錯誤的。

關於「善」，普利查德的意見是它必定表示一種共同的特性，而亞里士多德否認善的事物擁有共同的特性「僅僅是一種自相矛盾，由於他無法在這些事物中發現他的理論所要求他發現的這種共同特性，他被驅向這種自相矛盾」。③然而，奧斯丁認為普利查德的這種推理的方式是荒唐的。在他看來，亞里士多德的一個主要見解肯定是認為並不存在善的事物所賴以為基礎的「共同的特性」。奧斯丁還進一步認為，儘管亞里士多德在駁斥那些認為「善」這個詞總是代表一個單一的相同屬性這個觀點中，並未從正面告訴我們「善」的各種各樣的意義是什麼——因為他通常拒絕討論「善」的意義——但他卻爭辯說「善」沒有任何單一的意義（參看同上書第 22 頁）。既然「善」並沒有任何單一的意義，那麼普利查德僅僅把「善」分析為「有助於我們的幸福」這種單一的意義就無疑是不恰當的。

當然，奧斯丁這篇早期的論文主要是論戰性的，除了得出

③ 普利查德〈亞里士多德《倫理學》中的「善」的意義〉，見《哲學》，第10期（1935年），第33頁。

「幸福」不同於「快樂」和「善」有不同的意義這兩個否定性的結論外，奧斯丁對倫理問題並沒有任何正面的看法。相反，奧斯丁在該文中對「分析」、「意義」、「意義的一部分」等說法並未提出異議，也未感到不安，這表明他此時的思想尚處於一般的分析哲學的流行概念支配之下，還未形成自己獨特的思想。「分析」這個概念在 30 年代非常流行，而奧斯丁此時所接受的是穆爾的分析概念。他認為，亞里士多德在問「幸福」是什麼這個問題時，不是在追問「幸福」這個詞的意思，也不是在尋求對「幸福」的解釋，而是要求對它的意義做分析。他認為尋求對「幸福」的意義做分析並不是荒唐的，而「意義的一部分」這個表達式也為他所接受和使用（參看同上書第 13 頁）。由此可見，此時的奧斯丁並不認為「分析」這個概念有問題。他明顯地把表達式的意義看作是需要被分析的東西，而「分析」也僅僅與意義有關。他無保留地使用「分析或定義」這個詞組，並且認為對「幸福」的意義做分析「將會導致一個清楚而又完全的定義」（參看同上書第 14 頁）。對「意義」這個概念，他也並沒有感到不滿意，而是在不加討論的情況下隨意加以使用。尤其是在討論「善」的意義時，他對特定的表達式是否具有單一的意義或不同的意義或意義部分地相同或部分地不同這樣的問題，並不感到不安。但他在成熟期的作品中明顯對意義這個概念極為懷疑，且盡量避免使用這個概念。關於奧斯丁對實體化的「意義」的批判和對分析概念的拒絕，第一章已有較詳細的論述，這裡不再贅述。這裡值得注意的是，奧斯丁對「善」和「幸福」的意義的分析儘管已表現出重視日常語言事實的傾向，並對傳統的描述的或指稱的意義觀提出異議——如他不贊同穆爾的「善」指稱非自然屬性這個觀點，但從總體上看，他尚未擺脫傳統的分析哲學的基本概念

或思考框架。因此，他的這篇早期論文在他的思想中具有過渡的性質。

二、奧斯丁對辯解詞族的研究和他的行為哲學

按照福格森(L. W. Forguson)的看法，奧斯丁的後期作品（從 1955 年到他 1960 年逝世），幾乎都包含對行為概念的不同方面的研究，而他在這些作品中所提出的一系列觀點對行為哲學做出了重大貢獻。④這裡將主要以奧斯丁 1956 年發表的〈為辯解辯〉和他死後發表的〈澄墨的三種方式〉⑤兩篇論文為依據討論他對「行為」概念的研究。在這兩篇文章中，奧斯丁對行為的探討最為直接且最為廣泛。

在〈為辯解辯〉中，奧斯丁以「辯解」為論題，討論「行為」及相關的一些問題。在談到他以「辯解」為論題的理由時，奧斯丁認為辯解大量地充斥於人的活動中，對它們的研究將有助於理解我們的行為方式，從而為道德哲學做出特別貢獻。因為在倫理學或道德哲學中，我們研究善事與惡事、正確的事與錯誤的事，這些事在很大程度上必定與行為或行為的進行有關，因此，對行為的概念的理解是倫理學的前提，或者說，行為理論或行為哲學是倫理學的基礎。然而，奧斯丁認為，傳統哲學對行為概念的討論是不能令人滿意的。因為哲學家們一直沒有很直接地關注行為概念本身，而通常只是在討論其他問題（如倫理學問題）時順便談到行為。傳統哲學關於行為性質的一些原則實際上只是一些相當不嚴格的、不明確的假

---

④ 福格森〈奧斯丁的行為哲學〉，重印於范光棣編的《J. L. 奧斯丁討論集》，倫敦，勞特利奇和基根·保羅出版公司，1969年，第127頁。

⑤ 奧斯丁於1958年12月在芝加哥召開的美國政治哲學和法哲學學會宣讀過該論文的草稿，福格森把它編輯發表在1966年的《哲學評論》上，後重印於《哲學論文集》。

定，而哲學家們的這些缺乏依據的結論似乎根源於他們自己對某些表達式（如「做一個行為」）的特殊使用，這種使用與日常言談中的使用極為不同。

奧斯丁說道：「哲學上所使用的『做一個行為』(doing an action)是一個非常抽象的表達式，它是用在帶有人稱主語的任何（或幾乎任何？）動詞的位置上的替代物，正如『事物』是用來代表任何（或我們想到的幾乎任何）實體名詞的替代物，而『性質』則是形容詞的替代物一樣」(1956a, 178)。在這裡，奧斯丁並非在指責哲學家對這些表達式的使用，因為這些表達式不僅在哲學文本中而且在日常言談中都有極為合法的使用。要是這些便利的「替代性」表達式不存在，談話確實將會極不方便，並肯定會令人厭煩。但是，我們必須記住，它們僅僅是方便的表達式，除了作為替身，它們沒有任何特別的意義。例如，我們不應該為言談中所充斥的「事物」(thing)和「性質」(quality)這樣的表達式所誤導，以為它們是「實在」的基本特徵的「名字」。然而，哲學家確實追問「事物是什麼？」和「除了作為其性質的總和，事物還是什麼？」這樣的問題，並以一種過分簡單化的本體論形式加以回答，把「實在」劃分為「實體」和「屬性」兩種彼此相互排斥的範疇。

奧斯丁認為，正如哲學家通常傾向於過分糾纏形而上學中的「事物」和「性質」這樣的表達式的意義，人們不再把「做一個行為」這樣的表達式看作某些動詞的極為有用的替代品，而傾向於是把它看作是「自我解釋的、基礎層次的描述，一種通過簡單的觀察就能使包容於其下的每一事物的本質特徵適當揭示出來的描述」(1956a, 178-179)。這就是說，「做一個行為」被看作是原生的表達式，不允許進一步的分析，它闡明了行為的「性質」，而對行為的所有其他描述都可以以某種方式

被還原為這個表達式。這導致了一種過分簡單化的人類行為觀:「我們很容易把我們的行為看作是超越時間的,並把生活想像成一個整體,想像成是現在做A行為,下一刻做B行為,然後又做C行為,並如此繼續下去,恰如在別處,我們把世界想像成包含這一實體或物質事物、那一實體或物質事物以及其他的實體或物質事物,而每一實體或物質事物都各具有它的特性」(1956a, 179)。在奧斯丁看來,把「做一個行為」看作是描繪一切行為性質的基礎語詞這種思考方式,很容易使我們把一切「行為」看作是相同的,從而使各種具有不同特性的「行為」齊一化、抽象化,它們的不同之處或區分很易因此而被忽視。奧斯丁挖苦道,按照這種行為觀,「平息一場爭吵和劃一根火柴是一樣的,贏得一場戰場和打一個噴嚏是一樣的,更加糟糕的是,我們把它們全都同化為最明顯、最容易的情形——如投寄信件或動動手指,正如我們把一切『事物』都同化為馬或床一樣」(1956a, 179)。

奧斯丁根本不相信這種過於簡單化的、齊一化的行為觀。他指出,這種行為觀的困難在於,我們弄不清哪些動詞以及它們在哪些場合的使用可以為「做一個行為」所取代。顯然,在有些情形中,我們不能用「做一個行為」這樣的表達式去取代帶有人稱主語的動詞。例如,「我摔下樓去」(I fell down the stairs)中的動詞就不能用「做一個行為」去取代。在日常言談中,我們很容易辨別那些不能取代的情形,但我們是否理解不能取代的原因呢?而能夠被取代的情形有什麼共同之處?不能被取代的情形又缺少些什麼?更困難的是,存在許多邊緣情形。在這些情形中,判定特定場合所使用的動詞是否是「行為動詞」並不是簡單的事。例如,相信什麼是做一個行為嗎?決定做些什麼呢?或打噴嚏、吸一口氣是做一個行為嗎?這些邊

緣情形的存在表明，為了從語法上相似的其他動詞中挑選出行為動詞，需要引進許多其他的考慮，僅僅考慮帶有人稱主語的動詞是否出現肯定是不夠的。人們期望能夠給「做一個行為」提供一個一般的說明，以便我們在邊緣情形中能夠據之做出判定。正如哲學家們在形而上學中傾向於把「物質事物」同化為桌子和椅子這樣的簡單模型，他們在行為的討論中也傾向把做一個行為最終分析為簡單的身體動作。但奧斯丁指出，即使是那些「最簡單的」行為其實也並不那麼簡單，它們確實不僅僅是做一些身體的動作，然而對於究竟還有些什麼東西包含在裡面、什麼東西不包含在裡面，以及對在一個行為中我們所使用的複雜的內在機制的詳細內容是什麼，我們還不很清楚（參看1956a, 179 ）。

　　奧斯丁認為，對「行為語言」的研究是將有助於理解上述的有關行為的基本問題，因為按照他的語言現象學觀點，研究我們的實際言詞有助於理解我們用言詞所談論的實在，而研究我們用於談論人類行為的許多言詞自然有助於對行為的理解。無論我們最終將達到什麼樣的行為解釋，我們都必須考慮關於行為我們實際說了什麼。關於奧斯丁對「語言現象學」的辯護在第一章中已有較詳細的論述，這裡不再重複。與這裡討論的問題有關的是，奧斯丁堅持，研究我們所說的東西將以兩種主要的方式有助於揭示行為事實。首先，最初的直覺促使我們懷疑，語境、場合和情境對確定人們做什麼行為極為重要。被選出作為行為的東西總是處於語境中的事件。因此，一種有效的處理方法應該是研究場合或情境，看看人們對這些事件的如何被描述是否能夠達成一致意見。如果我們對於它們應說什麼達成了一致意見，這就給我們提供了我們接著可以加以解釋的「實驗資料」。遵循這種方法，我們甚至可以超出「日常語

言」，利用對行為具有強烈興趣的專業領域的資料。奧斯丁建議我們利用法律和心理學的資料，因為這兩個領域對特別的案例有豐富的描述，與人類行為的研究密切相關。第二種方式是對行為語言本身進行詳細的研究。我們有必要注意行為語詞不同的語法種類及其使用規則。奧斯丁認為還要重視這些表達式的詞源，目的是從其歷史中學到某種教訓，闡明其目前的使用。奧斯丁相信，借助這種手段，我們可以描畫出語詞的種類或「族群」，因此也就描畫出行為的族群。

儘管在行為語言所使用的詞彙中，動詞構成最大的語法種類，但單純研究動詞本身可能收穫不多，而奧斯丁也並不很關注它們。然而，他對用於限制或修飾「行為動詞」的表達式極為感興趣。奧斯丁對限制表達式或修飾表達式的興趣源自於他的這個信念：通過研究所謂的異常情形，我們能夠最大限度地理解在正常情形的「做一個行為」中包含什麼。因為通常只有在行為出了點什麼差錯時，我們才開始注意它正常進行的條件。例如，我們只有在時鐘開始發生故障時，才關心它如何運作。用奧斯丁的話說，「異常的情形將會使正常的情形更加清楚，有助於我們穿透掩蓋正常的成功行為機制的容易和明顯的遮蔽面紗」(1956a, 180)。而在奧斯丁看來，修飾表達式只用在異常情況的，「在沒有偏離常軌的情況下就無需修飾詞」被他看作是研究辯解所得來的首要教訓(1956a, 189)，因此，注意修飾表達式對理解行為的重要性是理所當然的。

當我們開始研究與行為動詞相關的修飾表達式時，我們很快可以看出，它們傾向於形成「族群」。奧斯丁對兩個族群尤為感興趣，一個是在對行為進行辯解中用來修飾動詞的語詞，如「錯誤地」(by mistake)、「意外地」(by accident)、「漫不經心地」(inadvertently)和「無意地」(unintentionally)，等等；另

一個是在不接受辯解或確定責任時用來修飾動詞的語詞，如「有意地」(intentionally)、「有目的地」(on purpose)和「蓄意地」(deliberately)，等等。這兩個詞族彼此互補，前者用於對令人不快的行為進行辯解，從而使行為者擺脫困境，後者則用於對令人不快的行為進行譴責，從而使行為者仍處於困境中，甚至可能使問題變得更糟，它們對理解人類的行為來說都很重要。

通過對限制或修飾「異常行為」的表達式做細緻的比較和區分，奧斯丁認為他已揭開遮掩行為機制的面紗，他曾幾次提到行為的「內部機制」的複雜性，認為它可以被分為若干「部門」，每部門有其適當的功能，又有其特有的失靈方式。誠然，考察行為的內部機制必須從行為者的身體動作開始，但一個行為又確實不單純是身體的動作。那麼，除身體的動作外，做一個行為還包含什麼因素呢？奧斯丁認為，首先，我們必須考慮「約定」問題。至少對一大類行為而言，約定是某些行為應被視為某種行為、而不被視為另一種行為、或根本不被視為行為的決定因素。約定是社會現象，是社會組織的模式，因此，「做一個行為」既是由身體動作構成的，也是由社會體制構成的。比賽、揮手告別、向人打招呼、買東西等許多日常的社會活動都因社會約定而成為社會的行為，即只有在社會體制中，它們才由身體動作而變成某種社會行為。例如，揮手告別和以一定方式運動手臂，在身體動作上也許是相同的，但它們之間有很大的概念上的差異，而這種差異只能用約定來說明。

在對人類行為的辨認和描述上，意圖扮演同等重要的作用。儘管如前所述，奧斯丁認為在正常的情況下不必對行為動詞使用修飾詞，因而說「他有意地做它」是不適當的，但這種「不適當」不是因為在正常的情況中我們的行為不是有意做出

的，而恰恰是因為意圖和我們正常的行為密切相關，在正常的情況中不必使用這個修飾詞。事實上，大多數的行為動詞都把所要實現的意圖作為它的「意義」的一部分，而再加上「有意地」這個修飾詞是多餘的。在〈潑墨的三種方式〉一文中奧斯丁明確主張，當我們轉向注意行為的「有計劃性」方面時，「我們使用與意圖相關聯的語詞」（參看奧斯丁《哲學論文集》，1979年版，第783頁）。意圖對描述和評定我們的行為來說很重要。我們把某個人的行為的某一階段看作是一個單獨行為的部分依據就是意圖，這就是說，我們對所涉及的意圖的觀點會影響我們選什麼語詞來描述行為。例如，我們可以拿 X、Y、Z 當作三個分開的行為，由三個分開的名稱來描述；或者，如果我們認為有一個單獨的意圖，而且沒有特別的考慮要求我們做更精細的區分，則我們可以把 X、Y、Z 看作一個行為，由一個名稱來描述。如我們可以說「他拿起他的鉛筆，選一把鉛筆刀，用鉛筆刀削鉛筆，等等」，或者簡單地說：「他削鉛筆」。當然，奧斯丁對「做一個行為」複雜的內部機制的其他方面也做了深入的研究，這裡不再一一詳述。總的來說，奧斯丁對行為「內部機制」的研究獲得了許多重要的結果。儘管他的許多研究還是嘗試性的，還不夠細緻，還需要做更多「田野工作」，但無疑，他已經為行為哲學做出重要的貢獻。

現在，我們可以把奧斯丁的行為觀概括如下：傳統哲學有關人類行為的考察過於簡單化，而我們所需要的是全新的開端，一種新的「現代的行為解釋」（1956a, 177），這種解釋建基在對一切可以獲得的資料的徹底研究之上，並將導致細心的分類，最終將獲得行為的界定；不過，在對行為的研究中，我們必須發掘事實，必須小心地從事實出發，必須警惕過早的分類和匆忙的概括，奧斯丁承認他自己對行為的研究還停留在最初

的探索階段，遠未達到最後的概括和理論化階段。當然，在我們看來，儘管奧斯丁並未提出或持有任何一般的行為理論，即他並未對人類行為的「性質」形成系統的、全面的觀點，但他對行為概念的考察大大增進了我們對行為的理解，他的觀點對行為哲學來說具有巨大的原創性和重要性。哲學家對行為概念的考察很早就已開始，但只有在奧斯丁的〈為辯解辯〉發表之後，哲學家們，尤其是在講英語的哲學家中，對行為概念的考察才大量增加，使行為哲學已成為哲學中的顯學。由於行為概念處於倫理學、法哲學、心的哲學以及有關自由意志的爭論等問題域的交叉地帶，因此對這些領域的探討有極大的重要性。在不首先澄清什麼是行為和什麼不是行為的情況下，人們幾乎無法有意義地談論這些領域的核心問題。

考慮到本章的主題，這裡尤為值得特別討論的是，奧斯丁認為，他對行為語言（尤其是對辯解詞）研究的另一個重要貢獻是，使許多傳統的倫理問題被消解或取消。其中，首先被消解的是自由問題。傳統哲學家在問「我們能自由地行為嗎？」時，往往認為我們應去找出行為中某種成分或某種特徵，認為只有在某個行為具有這種成分或特性時才有理由說該行為是自由的行為。這就是說，「自由」被看成是需要加以澄清的「肯定性的」詞，被當作是指稱行為的某種特性的語詞。然而，奧斯丁認為，傳統哲學的這種看法是錯誤的，因為在他看來，自由並不是一個肯定性的術語，而說我們自由地行動不過是說我們並非不自由地行動，並不是在威脅下行動、錯誤地行動、或粗心大意地行動等等（參看 1956a, 180）。因此，在通常的情況下，說某個人做了某件事，都可以說他「自由地」做了這件事，除非有特別的理由（如威脅）表明他「不自由地」做了這件事。我們無需特別的理由去確定一個行為的自由，正如為確

定一張桌子的真實性，除了確定它是一張桌子外，我們無需尋找特別的特徵去「積極地」確定它是一張真實的桌子。用奧斯丁的話説，像「真實的」一樣，「自由」僅用於排除被看作是它的對立面的某種暗示，又像「真理」不是斷言的特徵的名稱一樣，「自由」也不是行為的特徵的名稱，而僅僅是評價行為的一個維度的名稱（參看 1956a,180）。正因為「自由」不是「肯定性」的概念，我們可以從它的對立面而得到理解，即在研究每個行為可能不「自由」一切方式中，在研究簡單地説「X做了A」行不通的情形中，我們可以希望去解決自由問題。為理解自由問題，奧斯丁還引進了與之相對的「負有責任」這個概念，認為它和「自由」都是關鍵性語詞，儘管它們的關係尚不完全清楚，但我們可以希望通過對辯解詞的考察使二者之間的關係得到清楚的説明。

由此我們可以看出，奧斯丁對「自由」概念的理解與英國古典自由主義的「消極的自由」概念是一致的，他為這種「消極的自由」概念提供了語言哲學上的新論證，尤其有助於我們對這個概念的理解。在 30 年代，奧斯丁和伊塞亞·柏林是哲學討論的合作者，他在「自由」概念上的看法也許曾受過伊賽亞·柏林的影響。柏林區分了「消極的自由」和「積極的自由」，認為前者是以霍布斯式的或經驗主義的術語來定義的「自由」，意指的是「無強制」或「不干涉」，這種自由是有限制的自由，是法律之下的自由；而後者則是盧梭意義上的自由，意指的是「自我控制」或「自我實現」，柏林認為這種積極外擴的自由最終會走向反面，走向專制⑥。奧斯丁認為「自由」這個詞沒有「肯定的」意義，而只是「否定性」意義，這

⑥ 參看伊賽亞·柏林(Isaiah Berlin)《自由的兩個概念》，牛津，克拉寧東出版社，1958年。

個看法與柏林的觀點有異曲同工之處。目前中國的學術界對柏林的「消極的自由」概念有很大的興趣，也許認真考慮奧斯丁關於「自由」用法的觀點會有所啟發。

三、對「ifs」和「cans」的研究和自由意志問題

在探討某人行為的善或惡、正當或不正當時，或者說在探討某人的行為是應受稱讚還是應受責備時，我們總是會提出進一步的問題：他當時能夠以不同的方式進行嗎？他當時能夠做與他實際上所做的事情不同的事情嗎？對這種問題的肯定性回答通常被看作是道德評價的前提，因為如果行為者沒有自由行事的能力，或者說，如果一切行為都是被決定的而沒有自由意志活動的餘地，那麼道德評價或道德責任之歸屬就是成問題的。持決定論觀點的哲學家似乎就面臨這種道德困境。

穆爾在其 1912 年的《倫理學》的第六章中區分了我們原本能夠做而實際上未曾做的行為和我們原本不能夠做而未曾做的行為，由此得出至少在某種意義上我們有時能夠做我們實際上不曾做的事情。穆爾舉例說明這種區分，如「今早我原本能夠在二十分鐘內走一英里，但我肯定不能夠在五分鐘內跑兩英里」（I could have walked a mile in 20 minutes this morning but I certainly could not have run two miles in five minutes）。這句話所說的兩種狀況都是有關我身體能力的，在二十分鐘內走一英里是我的身體所能勝任的，是我原本有能力做的事情。而在五分鐘內跑兩英里則是我的身體所不能勝任的，是我原本沒有能力做的事情。這兩種情形的區分表明至少有時說一個人原本能做他當時實際上未做的某件事是正確的。

然而，決定論者對穆爾的意見並不滿意。他們認為儘管在二十分鐘內走一英里是「我」今早的身體所能勝任的，但

「我」還是實際上不可能做它，因為如果今早實際上存在的一切情境都為我們所把握，那麼我們就會看到事件的實際過程是被因果地決定的——鑑於那些確切的情境以及已知（或未知）的自然律，除了實際上確實發生的事件外，沒有任何其他東西能夠發生，替代性的方案實際上不可能實現。

穆爾試圖與決定論達成妥協。他認為在上述的例子中的「could have」（原本能夠）際上的意思是「could have if I had chosen」（原本能夠如果我曾選擇）或「should have if I had chosen」（原本會如果我曾選擇）。穆爾堅持如果這個分析是正確的話，那麼我們的信念——我們通常原本能夠做我們實際上不曾做的事情——與決定論就不存在衝突，因為決定論者承認如果情境發生變化（不同於實際出現的情境），那麼所發生的事情隨之發生變化，這樣，如果我當時選擇去做那與實際發生的事情不同的事情，我當時就會做與我實際上所做的事情不同的事情，因為我的不同選擇會構成我隨後行為的原因條件的變化，從而使隨後的行為本身發生變化。穆爾的論證的實質是把「X 自由地行為」等同於「X could have acted otherwise if he had chosen」或「X should have acted otherwise if he had chosen」，認為自由行為主要在於其條件是選擇，由選擇所決定，因而自由與決定是相容的，他的論證的關鍵之處是把「If he had chosen」看作是陳述一個原因條件。簡而言之，穆爾認為他在上述的二十分鐘走一英里的例子中所使用的「could have」僅僅意味著「could or should have if I had chosen」，而這實現了我們追求自由意志的渴望。

奧斯丁 1956 年的〈如果和能夠〉一文的討論就是以穆爾對「could have」的意義所做的分析為出發點，他聲稱自己暫時還不想捲入與決定論的爭論之中，而是首先要同穆爾爭辯，

力圖表明穆爾同決定論所達成的妥協或者說穆爾對自由意志所做的論證是無效的。奧斯丁把穆爾的意見歸結為以下幾點（參看 1956b, 207-208 ）：

(1)「could have」（原本能夠）的意思僅僅是「could have if I had chosen」（原本能夠，如果我曾選擇）。

(2)對「could have if I had chosen」，我們可以拿「should have if I had chosen」（原本會，如果我選擇）去代替它。

(3)在這些表達式中，if 從句陳述一些因果條件，依據這些條件可以推出我原本能夠或原本會做與我實際所做的事情不同的事情。

對這三點，奧斯丁提出三個質疑（參看 1956b, 208 ）：

(1)「could have if I had chosen」和「should have if I had chosen」的意思通常或總是相同的嗎？

(2)在這兩個表達式中，那個「if」（如果）是因果條件的「if」嗎？

(3)在以「can have」或「could have」為主動詞的語句裡，我們都需要或都有資格去增添一個 if 從句嗎？尤其是「if I had chosen」這樣的從句？

奧斯丁對這三個問題的回答都是否定的。關於第一個問題，他認為，任何人都會承認，「could」和「should」或「would」通常是很不一樣的。如「I could have walked a mile in twenty minutes if I had chosen」和「I should have walked a mile in twenty minutes if I had chosen」二者的意思就很不一樣，前者涉及到我的機會或我的能力，後者則是有些怪異的英語表達式，它似乎是一個有關我個性力量的斷言（參看 1956b, 208-209 ）。

對於第二個問題，奧斯丁認為，「I could have if I had

chosen」和「I should have if had chosen」都不是實質條件句（p
蘊含 q）或因果條件句（p 是 q 的原因），因為對它們都不能
進行邏輯上所謂的「質位逆換」(contraposition)，即它們並不
蘊涵它們的「質位逆換句」(contrapositive)，而對實質條件句，
我們是可以進行「質位逆換」的。這就是說，按照邏輯規則，
從實質的條件句「如果 p 則 q」(p→q)，我們可以得到如果非 q
則非 p(-q→-p)，即後者是前者的「質位逆換句」，如果用邏輯
公式來表示這個推理就是 p→q∧-q→-p。對實質條件句而言，
這個推理形式是正確的推理形式。但是，奧斯丁看到，我們不
能由「I could if I had chosen」或「I should have if I had chosen」
推出「If I could not have, then I had not chosen to」或「If I should
not have then I had not chosen to」，由此就可判斷它們不可能是
實質（因果）條件句，用奧斯丁的話說，無論它們中的「if」
是什麼意思，但它們明顯不是因果條件句的「if」（參看 1956b,
210）。

為進一步說明「I could have if I had chosen」不是因果條件
句，奧斯丁還提出另一種檢驗：即我們不能單獨地由「如果 p
則 q」(p→q)這種形式的因果條件句推出「無論是否 p 都 q」
（即(pV-p)→q）或更簡單地就是「q」，如我們不能單獨地由
「如果他步行則他會遲到」就推出「無論他是否步行他都會遲
到」或「他會遲到」，因為因果句的後件依賴於前件，我們不
能撇開前件而推出後件。由此我們可以看到，「I could have if
I had chosen」通不過這個檢驗，因為由它我們可以推出「I
could have whether I had chosen or not」或簡單地說「I could
have」（無條件限制地），因為我的做事能力（這裡的 could
是 can 的過去式，表示的是能夠做某事）肯定不以我的選擇為
條件。當然，這條檢驗標準是否定性的標準，不能單獨使用，

奧斯丁就注意到「I sould have if I had chosen」似乎就可以通過這條標準的檢驗，但考慮到上述的「質位逆換」標準，我們還是不能把它看作是實質條件句（參看 1956b, 211）。

奧斯丁還指出，不表示實質條件的"if"並不那麼罕見。如「在櫥櫃裡有餅乾，如果你想吃」(There are biscuits on the sideboard if you want them)中的「if」就不是因果條件句的「if」，它確實意味著「在櫥櫃裡有餅乾」（不論你事實上是否想吃），而肯定不意味著「如果沒有餅乾，那麼你就不想吃」。事實上，「if」除了表示條件外，還廣泛地被用於表示懷疑和猶豫，其確切的意思要從語境中得到理解。上面的例子表示的就是，「我不知道你是否想吃餅乾，但恐怕你想吃，我就指明在櫥櫃裡有一些」。奧斯丁認為，過去的語法學家、詞彙編纂學家和哲學家都過分注意表示條件的「if」，而現在我們應開始注意表示懷疑和猶豫的「if」（參看 1956b, 211-212）。

對於上面所說的第三個問題，奧斯丁的回答是，如果把「could have」解釋為過去虛擬語氣式或條件式的，那它就需要一個條件從句跟它在一起，但「could have」同樣可能是動詞「can」的過去直陳式，在這種情況下就未必需要一個條件從句來使之完整，因為這裡的「could」表示的是「was able to」（有能力去做某事），而對做事能力的斷言未必需要條件限制。因此，奧斯丁說：「一旦我們認識到『could have』可以是過去直陳式的語句，那種一定要給它增添「if」從句的企圖就消失了」(1956b, 215)。

在〈如果和能夠〉一文中，奧斯丁還對他的牛津同事諾威爾-史密斯(P. H. Nowell-Smith)把「could have」（能夠）的意思看作可以用「would have if」來表示的觀點進行了批駁，他概

括出「能夠」(can could)具有「包括一切」(all-in)、「機會」和「能力」三個意思，就是說它有這三個可能的意思，至於它在具體的使用場合或語境中要用哪個意思則是由場合或語境決定的，因此可以說「能夠」一詞有三個場合意義或語境意義（參看 1956b, 229）。考慮到本章的主題，這裡對奧斯丁在有關「能夠」的意思方面所做的詳細分析不加以詳述。與我們所討論的問題有關的是，從奧斯丁對穆爾和諾威爾-史密斯的觀點所做的批評可以看出，他反對把我們的「自由」行事能力看作是以行為者的「選擇」為條件，就是說，自由並不在於其條件是選擇。聯繫到上面我們所討論過的「消極」意義的自由我們可以看出，奧斯丁實際上主張我們能夠做各種各樣的事情，我們的行為通常都是自由的，只要不受外力的脅迫等反常因素的影響，就不存在「不自由」問題。因此，「自由的行為」意指的不是出自選擇的行為，而是指不受干涉的行為，自由行事的能力不是由選擇所決定的能力，它另有其他條件，當然，這些其他條件並不影響行為的自由。

從以上三個方面的論述可以看出，奧斯丁並未直接處理倫理問題，而是通過對某些語詞的使用做詳細的探究，旁敲側擊地處理了有關的倫理問題。儘管奧斯丁因此很少得出正面的結論，但他對「行為」、「自由」、「善」等語詞的意義所做的探討，無疑對解決相關的倫理問題有極大的啟發意義。

奧斯丁哲學的影響及其研究價值

　　奧斯丁生前對英美哲學界的影響甚鉅，被看作是二次大戰後的十五年內分析哲學的領導人物，是盛極當時的牛津普通語言派哲學最有影響力的哲學家。他不但在英國、而且在北美乃至整個英語世界的哲學家中都享有重要的位置。和維根斯坦一樣，他也是對後來的歐陸哲學界產生影響的極少數的分析哲學家之一。哈貝馬斯、德里達、利科對奧斯丁的言語行為理論都有過論述。哈貝馬斯自己就承認，奧斯丁的言語行為論對他的普通語用學的發展產生了很大的影響。[①]德里達於 1971 年寫的〈信號事件語境〉(Signature Event Context)一文涉及奧斯丁，在美國文學理論界和哲學界引起反響，並與塞爾發生爭議。據說，這場爭論是法德哲學傳統和美英哲學傳統的典型遭遇。[②]

　　關於奧斯丁的影響，其他哲學家已有公論。他的門生瓦諾克 50 年代末就說道：「在最近十年內完成其主要著作的哲學家中間，沒有一個人比 J. L. 奧斯丁教授更有影響或更有獨創性」。[③]《二十世紀哲學：分析的傳統》一書的編者威茨(Morris

---

① 參看〔德〕得特勒夫·霍爾斯特《哈貝馬斯傳》，章國鋒譯，東方出版中心，2000年，第72頁。
② 參看斯坦尼·卡維爾(Stanley Cavell)《哲學之旅：維根斯坦、愛默生、奧斯丁、德里達》，布萊克威爾出版公司，1995年，第44頁。
③ 瓦諾克《1900年以來的英國哲學》，牛津，牛津大學出版社，1958年，第147頁。

Weitz)認為奧斯丁「對盎格魯-撒克遜哲學的影響很大,可以與維根斯坦的影響相比。」④《諸家論J. L. 奧斯丁》一書的編者范光棣(K.T.Fann)在該書的前言中也認為從二次大戰結束到他1960年的早逝,奧斯丁在牛津所享有的理智權威與維根斯坦在劍橋所享有的權威相似,他無可爭議地應列為分析哲學家的一位偉大而又富有獨創性的哲學天才。⑤奧斯丁的牛津同事漢普舍爾在一篇紀念文章中以欽佩的口吻評論道:「奧斯丁在他的時代擁有很快為他的同事們所認可的權威,這種權威不僅建立在無與倫比的理智力量上,而且也建立在目標驚人的真誠和堅定上」。⑥即使是奧斯丁生前持久的爭論對手艾耶爾也不得不承認奧斯丁的影響之鉅,他在《二十世紀哲學》中寫道:「有一種流傳很廣的信念認為,在第二次世界大戰以後的歲月裡,英國哲學舞台為所謂的語言分析哲學(linguistic philosophy)所占據。人們認為它是邏輯實證主義的一個分支,而且那些非專業的評論家們還不分青紅皂白地把這個術語運用到維根斯坦及其劍橋的學生、吉爾伯特·賴爾及其牛津的追隨者以及我本人的各不相同的工作上。然而,為清楚起見,我認為這個術語應該保留給50年代在約翰·蘭肖·奧斯丁領導下的以牛津為中心盛行起來的對哲學的一種特殊的探究。」⑦艾耶爾的這個說法間接地印證了奧斯丁及其所領導的哲學圈子在戰後英國哲學界的影響,儘管他為了替自己開脫而把「語言分析哲學」這個容易引人誤解的用語不恰當地加在奧斯丁頭上(參看本書第一章

---

④ 威茨編《二十世紀哲學:分析的傳統》,紐約,自由出版社,第327頁。

⑤ 范光棣《諸家論J. L. 奧斯丁》,倫敦,勞特利奇和基根·保羅出版公司,1969年。

⑥ 漢普舍爾〈J. L. 奧斯丁〉一文,轉載於羅蒂編的《語言的轉向》,芝加哥,芝加哥大學出版社,1967年,第239頁。

⑦ 艾耶爾《二十世紀哲學》,紐約,蘭登書屋,1982年,第234頁。

第二節所做的辯明）。

　　奧斯丁在戰後英美哲學界擁有這般重要地位的原因肯定不
是由於作品的數量。他終其一生只發表過七篇論文，未完成任
何著作，《感覺和可感物》和《如何以言行事》這兩本書都是死
後由學生整理出版的。奧斯丁的名聲部分來自他的講演和交
談，他作為「牛津哲學」公認的領袖這一權威地位就是通過他
的講演和他所組織的哲學討論會自然而然地形成的。從 1933
年至 1935 年，奧斯丁和伊賽亞・柏林作為牛津全靈學院獎學
金的獲得者享受著幾乎每日的哲學討論的樂趣。⑧1936 年他們
合作開課討論 C. I. 劉易斯的《心靈和世界秩序》，奧斯丁在這
個課程上展示了令人敬畏的個性和作為一個獨立思想家所具備
的才能。1936-1937 年，他們合作建立了與賴爾主持的「早茶
會」(The Wee Teas)不同的哲學討論小組，使新一代的牛津哲學
圈得以產生，在討論小組中，奧斯丁和艾耶爾逐步成為兩種不
相容觀點的倡導者，而很少在什麼事情上達成一致。二次大戰
後，柏林的興趣轉向社會和政治思想史，而奧斯丁則在 1950
年間開始組織當時相當著名而現在聽來幾乎有些傳奇色彩的
「周六晨會」(Saturday Morning Meetings)，使他自己成為50年
代牛津影響最大的哲學家。參加討論會的有馬爾庫斯・迪克
(Marcus Dick)、格賴斯、漢普舍爾、黑爾、哈特、諾威爾-史密
斯、保羅、皮爾斯、斯特勞森、厄姆森、瓦諾克和伍茲利(A.
D. Woozley)。「周六晨會」極大地影響了參與者並通過他們影
響了牛津以及其他地方的哲學課程，它所聚集起來的哲學討論
群體使牛津成為世界著名的哲學中心，而奧斯丁本人則因在討

⑧ 關於奧斯丁和伊賽亞・柏林的交往可參看伊賽亞・柏林的紀念文章，本書附
　錄IV摘譯了該文。

論會中所享有的理智權威而聲名遠播。⑨此外，奧斯丁關於知覺問題、言和行問題、辯解問題所做的講演在學生中產生直接的影響，而他對美國的哈佛、柏克萊、普林斯頓和瑞典的哥德堡所做的訪問和演講使他在國外贏得了追隨者，擴大了他的影響。

當然，奧斯丁的影響主要還是由於他作品的品質，由於他所從事的工作之新穎和獨創性。他的〈他人的心〉、〈為辯解辯〉和〈如果和能夠〉三篇文章是常被引用的分析哲學的經典論文，而他的《哲學論文集》、《感覺和可感物》和《如何以言行事》這三本書都已成為分析哲學的經典著作。《感覺和可感物》對感覺材料理論所做的猛烈而又令人信服的攻擊使在其後的多年裡西方哲學界輕易不敢談論感覺材料。《如何以言行事》所引進的「施事話語」概念和言語行為理論是對語言哲學的原創性的、永久性的貢獻。「施事話語」概念還滲入到有關真理問題的討論、法律哲學和倫理語言的研究之中。⑩而言語行為理論則經過塞爾、格賴斯等人的修正和發展成為語言哲學的兩個最重要的意義理論之一（另一個是以戴維森為代表的真值意義理論）。奧斯丁死後，其影響並不像某些人所說的那樣「很快逐步消失了」⑪，實際上，他的言語行為理論作為牛津哲學的最重要遺產在西方哲學界和語言學界引起了長達十幾年之久的熱烈討論，有關出版物數量不菲，它對哲學、語言學（尤其是語

---

⑨ 以上情況可參看哈克(D. M. S. Hacker)的《維根斯坦在二十世紀分析哲學中的地位》，牛津，布萊克威爾出版公司，1996年，第94-95、151頁。

⑩ 例如，斯特勞森的「真理施事論」就是在奧斯丁的施事話語概念啟發下形成的，儘管他們在真理觀上有分歧並進行了一場有名的爭論（參看第五章第四節）。哈特(H. L. A. Hart)曾與奧斯丁合作研究法律的基本概念，他曾經把奧斯丁的言語行為理論運用於法哲學，考察了責任、懲罰等問題，他的代表作《法律的概念》也深受奧斯丁的風格影響。

⑪ 參看 T. Honderich (ed), *The Oxford Companion to Philosophy*, "Linguistic Philosophy" 詞條，牛津，牛津大學出版社，1995年，第489頁。

用學）和文學研究有著經久不衰的影響，還激發了社會語言學、語言交際理論等新興學科的發展。

　　當然，對於我們來說，研究奧斯丁哲學的意義不僅在於從他的語言哲學和他對傳統哲學問題的處理中得到教益和啟發，更重要的還在於要借鑑他的哲學方法。他的「語言現象學」方法獨樹一幟，而他在運用這種方法時精細嚴格的工作態度幾乎沒有人比得上。他的工作方式對於釐清一些哲學基本概念是大有裨益的，而我們在進行有效的哲學研究中是不能不首先了解我們所使用的基本概念的。我認為，借鑑奧斯丁的方法，學習他的精細、嚴格的工作態度對於理清中國哲學的一些基本概念應該是一條可行之途，正如《英國分析哲學》一書的編者在該書導言中所說的，奧斯丁的某些作品幾乎不可翻譯，但他的工作可以用其他民族的語言進行。⑫概念的清理對中國哲學之重建和發展來說是必要的一個步驟，在這方面，我們應借鑑西方哲學家有效的方法而有所作為。

----

⑫　參看 B. Williams and A. Montefiore 編的《英國分析哲學》，倫敦，勞特利奇和基根·保羅出版公司，1966年，第11-12頁。

附錄 I

奧斯丁傳略[①]

　　約翰・蘭肖・奧斯丁於 1911 年 3 月 26 日生於英格蘭的蘭開斯特(Lancaster)。其父 G. L. 奧斯丁是一位建築師。一次大戰期間在軍隊服役，復員後不再從事建築業，而是帶著有五個孩子的家庭移居蘇格蘭。他在聖・安德魯斯謀得了聖・倫納德學校的秘書職位。奧斯丁一家一直住在那裡，直到從 1933 年起他差不多長住牛津。

　　1924 年奧斯丁拿古典獎學金到英格蘭西部的施魯斯伯利(Shrewsburg)學校。用他後來的話說，他在這個學校很快建立起「生活方式」(modus vivendi)。這個用語暗示那時這學校不是一個特別溫暖親切的地方。而那個古老的學校以及那段求學的時光確實也沒有給他留下多少值得回憶的東西。但在 1955 年他曾認真考慮把他的兩個兒子送到施魯斯伯利學習（儘管他最終沒有這樣做）。實際上，他在該校的那段時光非常成功。他適度喜歡運動，曾任五人組球隊的隊長。當然，在同齡人當中，他主要以其理智上的天才而贏得尊重。據當時在施魯斯伯利學校任教後來在牛津大學王后學院任研究員的柯爾曼先生(D. S. Colman)的說法，奧斯丁在校後期已經成為一位既精確又敏銳的學者，尤其是在希臘文古典方面，他遠遠超出了通常的水平。如果他那時在性格和氣質不那麼古怪的話——他甚至看起

---

① 本文摘譯自 G. J. Warnock, "John Langshaw Austin: A Biographical Sketch"一文，該文原載於《英國科學院院刊》(1963)，後收入范光棣編的《J. L. 奧斯丁討論集》，倫敦，勞特利奇和基根・保羅出版公司，1969 年。

來像一個相當典型的薩洛普人(Salopian)——人們可以預見到他會獲得真正的學術上的顯赫。作為一個球隊隊長，他的權威是不被懷疑的，對此他毫不猶豫加以運用，同時也做到嚴格意義上的公正。低年級的同學發現他有些冷漠，但決不是無動於衷的。無論如何，他們「以他為榮」（據 Paul Dehn 的說法）。1929 年，奧斯丁適時地證明他的同學們的自豪和他自己的重大承諾是有理由的，他獲選得到古典學獎學金到牛津大學的巴里奧爾學院(Balliol)去念大學。

作為牛津的大學生，他在學術上的成功再次是可以預見的，這就是說，在那時的大學生活中，他並不試圖使自己在其他方面出人頭地。他參加一些運動，很喜歡和巴里奧爾學院的選手一起玩。但是，他的抱負和卓越在理智方面。1931 年，他獲得希臘散文的蓋斯福德(Gaisford)獎，在古典學學士學位初試中被評為第一級。就在這時，他開始閱讀古希臘經典著作，首次認真熟悉哲學。像許多其他的英國哲學家一樣，他是在作為古典學學者和語言學家已大功告成之後才進入哲學的。他的訓練自然吸引他去研究亞里士多德，而無疑亞里士多德研究對他後來的工作有異常重要的影響。更一般地說，他對語言精確的強烈關注，以及他對語言現象本身持久的強烈興趣，無疑都深得他的古典學教育之賜。奧斯丁知道他自己所受的訓練對他的重要意義，但他絕不因此認為這是他應受的最好訓練。他自己可能更喜歡做一名科學家，而且他確實希望具有更多的科學知識。儘管他的教育完全是傳統的模子鑄成的，但他自己的教育觀一點也不傳統。他的嚴格思想習慣使他對他賴以獲得這種習慣的教育方法的價值提出質疑，他有時認為他浪費了太多的時間。

在巴里奧爾學院的導師中，給奧斯丁留下最深印象的是最

古怪的人——斯通(C. G. Stone)，即《宇宙社會契約論》的作者。他對斯通的愛戴和欽佩是真誠而又持久的。但在這種人格的愛慕裡卻找不到任何哲學影響的痕跡。事實上，大學時代的奧斯丁似乎從周遭的氣氛中吸取了對流行的唯心論正統的某種尊重，無論如何，他對周遭的氣氛並不立即不加思考地加以拒絕。但其時及之後，在哲學上對他影響最大的老師是那時的懷特道德哲學講座的教授普利查德(H. A. Prichard)，儘管實際上他常常是不同意普利查德的。這裡無疑有某種氣質上的關聯。在閱讀普利查德的著作中，人們會感到他在論題上很茫然，他對論題的性質沒有清楚的概念；他既能夠堅持某種值得注意的成見，同時又大膽地信奉某些最異常、最不可能的學說。另一方面，像穆爾一樣，他沒有矯飾，絕不隱瞞掩蓋在流暢的文字外表之下的困難。在他的演講和課堂中，情形與他的著作進行的方式一樣。他很實際，如果說他對哲學問題的性質沒有一般概念的話，那麼，無論如何，對奧斯丁本人也完全可以這麼說。[2]至少有兩次，奧斯丁以書信的方式與普利查德辯論：一次是 1937 年論辯亞里士多德《倫理學》中的 *Agathon* 和 *Eudaimonia* 這兩個詞的意義，另一次是恰好十年後的有關分析「promising」的論辯。這後一個問題是普利查德長期以來所特別關注的。他的關注也許是奧斯丁長期而又耐心地討論「施事話語」(performative utterance)的起因，奧斯丁自稱他在這方面的探討始於 1939 年（參看 Words 前言）。

　　1933 年，奧斯丁獲得牛津大學古典學最後學位考試的第一級，幾個月後，通過考試他被選為牛津大學全靈學院的研究員。

---

[2] 儘管奧斯丁對一個問題如何逐漸被稱為「哲學問題」確有一般的看法，但在這個觀點中關鍵的問題是，哲學問題不能也不應該被設想為屬於任何單一的、定義明確的種類，它們的性質不應被預先判斷。

在二次大戰前的這些歲月裡，奧斯丁的哲學興趣和活動在某些方面與戰後極為不同。他大學時代的論文——其中有幾篇作為手稿保存了下來，這些極為整齊而又優美的手稿是他煞費苦心的見證——似乎大多關心的不是哲學論證的當代狀況，而是對其歷史做詳盡的學究式的研究。這是奧斯丁在一些年裡所遵循的路數。他很完整地寫出有關亞里士多德的《尼各馬可倫理學》某些卷次的極為詳盡而又很有見地的講稿，並且必定幾乎逐字逐句加以宣講。他研究萊布尼茲哲學達數年之久，寫出極為整齊而又豐富的筆記，並曾向哲學學會宣讀過一篇有關亞里士多德的論文。他不時與康德哲學和柏拉圖哲學做論爭，尤其是與柏拉圖的《泰阿泰德篇》論爭。戰後他也講授過柏拉圖和亞里士多德，但我認為那是以一種不同的方式講：在戰後的講演中，學究式的探討被置於背景中，其主要目的不是為了傳授有關原典的詳細知識，而是直接究其哲學論證，以期從中獲得啟迪。儘管他仍然引證哲學史，並把「經典」著作的學習當作教育訓練而加以重視，但戰後他不再繼續他在 30 年代所做的那種學究工作。他編輯了約瑟夫(H. W. B. Joseph)的關於萊布尼茲的講演稿（1949 年），翻譯了弗雷格的《算術基礎》（1950年），這些工作屬於相當不同的範疇。1939 年，他首次發表論文，儘管這篇論文並不直接處理哲學史問題，但仍然包含二十個左右的歷史引證。這種引證在他後來的著述中是很少見的。

正是在 30 年代期間，邏輯實證主義傲慢的唐突無禮首次使英國的哲學舞台活躍起來。奧斯丁對邏輯實證主義是如何理解的呢？他同情邏輯實證論的一般意圖。在這方面他追隨穆爾和普里查德，他不喜歡，也不相信那種容易和形而上學野心相伴隨的浮誇、自負和模糊，因此，他讚許維也納學派及其追隨者的討論會及其求實的氣氛。但他同樣不相信實證論對準科學

(quasi-scientific)的專門術語的熱中。儘管他相信哲學問題在原則上可以得到明確的解決，但他本能地（同時也有充分的理由）反對以這種驚人的快速做出這種所謂的解決。畢竟，在奧斯丁看來，邏輯實證論本身恰好是另一種野心勃勃的哲學理論，儘管它的意圖是切實可行的，但與它自負地想要加以消除的理論相比，它所表現出的神秘和曖昧並不更少。它與它意想中的受害者一樣具有太多的缺點。

　　此時，他對一般哲學問題的性質並沒有任何他自己的原則，實際上，正如前面所說過的，他自始至終也未有過。那時，他對於哲學方法也沒有任何一般觀念，也許他後來有。他的一般信念──這幾乎不能等同於學說──是有關哲學問題的陳述和所謂的解決的特徵是不清楚的，這部分當然是由於人性的脆弱，但更主要的是由於解決的野心太大太急。像穆爾一樣，他相信，如果哲學要取得進步的話，許多問題要提出，許多事實要調查，許多論證要一步一步展開並要得到嚴格的批評：問題應加以區分並嚴格地一次討論一個，並且要不遺餘力地完全弄清所提出的問題是什麼，確切弄清對它應提出什麼答案。在 30 年代的討論中，這種固執的抵制匆忙的效果被描繪為是「非常消極的」。但它明顯地不是無吸引力的，畢竟，它是不可忽視的。奧斯丁很早就以清清楚楚的自然權威的語調談到這一點。

　　1935 年，奧斯丁離開全靈學院的研究職位到馬格達靈學院任研究員和導師。儘管作為一個導師他是極其有效、極其熟練的，但我拿不準說他喜歡教學是否正確。但他認為教學是哲學家事業的一個極為重要的組成部分，實際上，是他存在本身之證明的一大部分。他認為，重要的不在於一般人是否擁有正確的哲學觀點，而在於儘可能多的人獲得清楚的、有條理的思維

習慣，以免除輕率的混亂和理智的欺騙。儘管奧斯丁的教學有意非常嚴厲，但他對學生們本人總是非常地友善而又體諒，據我所知，有些學生難於相信奧斯丁有時在他的同事中所引起的不安（驚慌）。他總是以溫和的手段對待弱者。

奧斯丁於 1941 年與珍·古茲(Jean Coutts)結婚。他們有四個孩子，二男二女。在他的餘生中，他在家庭生活中找到了他在別處所無法找到的滿足和幸福。無疑，這種對家庭生活的熱愛在很大程度上解釋了他那時在其他場合所給人留下的超然的、甚至是冷漠的印象。有時，他很自然地彬彬有禮，如果場合需要的話，他能快樂地娛樂。但通常俱樂部和學院的歡愉對他來說沒有什麼意思，他不需要或不想要許多熟人的注意。

這時奧斯丁已經在英國陸軍。1940 年夏天，在奧爾德肖特(Aldershot)和馬特羅克(Matlock)進行一段時間初步訓練之後，他受命到情報團，駐紮在倫敦的國防部。他的第一項重要工作是有關德國戰爭規程的，這項工作正好需要一種細密的準確，這對他當然非常合適。但在 1942 年，他接管了民防部隊總部的一個小隊的指揮工作，去做進攻西歐的初步情報工作。在這個領域，他成為無與倫比的權威。他的小隊原先頗為隨意，而在他接管後很快有方法、有相標地運作起來。儘管他的標準很嚴格，但他所領導下的成員卻滿懷信心地被激活起來，取得了真正的進步。那時和他一起服役的畢替(A. J. Beattie)教授記載道：「他的上級很快知道，他在所有的情報部門中都是一個傑出的權威，因而他們很快就依賴於他的建議，而這在任何總部中通常被認為是不合適的」。

次年，奧斯丁的大隊大大擴編，並以戰區情報小隊名義調到 21 集團軍。在這個較大的群體中，奧斯丁先是任少校，後來在盟軍統帥部成立時任中校。由於他知識的浩瀚、專門技能

的高超，以及由於他的判斷的高度價值，因此，實際上，他繼續掌管所有的工作。在盟軍進攻歐洲日前，關於法國北部的海防、基地地區、供給、隊形、它們之後的運輸系統、以及在該戰區德國防禦力量和民政的每一方面，他都收集了大量的資訊。他每周（後來是每天）都必須發布有關德軍部署變化的報告，還編輯了供進攻部隊用的一種指導手冊，標題為「Invade Mecum」。有人認為，對盟軍進攻西歐日情報的準確性，他比任何其他人都更有貢獻。在那段時間，奧斯丁經常被召去提建議，幫助了解德國的 V 型武器問題。這些問題在他的專業範圍之外，在形式上是空軍部的職責。但他能夠有助於發射場的確認和它們意想中的使用問題的解決。

1944 年夏，他和他的小分隊起先調到諾曼底的格蘭威爾，而後到了凡爾賽。這時他不再處理逐日發展的事務，而只處理事前幾個月就要運作的戰略情報。他以慣常的細緻做這項工作，但在戰爭的最後階段，他似乎覺得這項工作逐漸無趣。在戰爭剛剛結束時，他參加主要戰俘的審問，而且對此很入神。但他後來告訴畢替教授說，「如果他被捲入另一場戰爭」，他想做軍需工作。無疑，戰爭的無限錯綜複雜的計算吸引他去征服一個新領域，去掌握一個新的迷宮。

1945 年，他以中校軍銜和大英帝國軍官身份離開軍隊。他因盟軍進攻西歐日前的工作而得到法國軍工十字章和美國的功勛勳章。無疑，他提供了最高價值的服務。

他回到大學時的領域依然是哲學。那時大學的情況很特別。在戰爭進行時大學的人口當然是逐漸減少的。戰後似乎在頃刻間擁擠和泛濫起來。大學部同時擁進幾代學生，他們比通常大學生的年齡要高十歲以上，多數人曾服兵役。他們比通常的大學生更成熟，更有獨立的判斷力，絕大部分人都知道在戰

後的歲月裡工作是他們所需要的。政治上盛行左翼、樂觀和進步，對所要做的事情通常都有一種自信的感覺。大學中的師長也帶著一些新的神色。像奧斯丁一樣，許多人是從傑出的戰爭服役中歸來的。同時，在過去的六年中，空缺的職位很少得到遞補，因此，便有突然急速的新任命。在哲學上，舊的保守勢力尚未完全消失，但像賴爾、艾耶爾這些戰前的「激進分子」收穫頗豐，很明顯可以被看作是「贏方」。此外，魏斯曼、柏林、保羅、漢普舍爾、哈特、厄姆森以及許多其他人都在花名冊上。無疑，這種似是而非的敵對狀態回想起來有些荒唐，甚至是不必要的，哲學上黑白分明的尖銳對比是天真的，樂觀是沒有根據的。但是，對正在進行的新事物和新開端的感覺使哲學舞台活躍起來。

這種意義上的哲學活力不完全是戰爭中所封閉的能量的單純釋放，這種活力很大部分來自哲學本身的狀況。賴爾接替科林伍德(R. G. Collingwood)擔任維恩弗里特(Waynflete)講座教授。他已經開始有系統地、大規模地把新的哲學風格運用於傳統哲學問題，這種工作的成果就是《心的概念》。同時，長久幽閉於劍橋大學的維根斯坦後期著作也開始為更廣泛的哲學界所知曉。這個時候哲學有真正令人鼓舞的新氣息。

在這個生機勃勃的景象中，奧斯丁是主要的權威之一，他的在場對哲學的生機有實質性的貢獻。1946 年夏他參加「他人的心」討論會，發表了〈他人的心〉這一專文，這篇文章也許仍然是他所有的論文中最常被引用的，而且也是第一篇具有他自己特色的論文。自此以後，他的任何一篇論文的發表都是一個「特別的時刻」，而他的觀點是他的任何一個同事所最急於得知的觀點。但奧斯丁本人則很少有熱情，他的批評力量太尖銳而不允許任何輕易的樂觀。1947 年，在系列講座中他開始批

判知覺的感覺材料理論,這個系列講座以「感覺和可感物」為標題而聞名。他在任何時候都未加入對維根斯坦的普遍尊敬中。在哲學上環繞著維根斯坦著作的私人氣氛強烈地使他厭惡。當然,維根斯坦對究極性觀念,對確定的、全然清楚地得到表述的解答觀念所做的刻意的原則上的拒絕也是重要的,因為奧斯丁也認為只有這才是值得認真追求的東西。有時有人暗示說維根斯坦影響了奧斯丁的觀點,但實際上這肯定不是真的。

自戰前以來,奧斯丁對哲學的一般見解沒有改變,以後也沒有改變。他認為,在哲學的名義下代代相傳到我們這個時代的東西是先前更大的糾纏迷惑的殘渣。一直以來,原先由沒有被區分的難題所組成的氣團在某些種類問題和方法逐漸清楚以後,諸行星以獨立學科的形式脱離了——它們是數學、物理學、形式邏輯、心理學,等等。③如果這樣,那麼,在哲學領域和在哲學名義下所剩下的東西至少極不可能由任何單一種類的問題構成,因而通常也不可能有任何單一的方法能成為促進哲學進步之鑰匙。因此,這些問題應簡單地不帶任何偏見地被探究,儘可能清楚地加以闡述,以任何可能看似相關和有效的方法來探討。做這種工作所需要的德性是誠實,而且首要的是勤勉和耐心。典型的致命的哲學過失是不準確和過分簡單化,尤其是虛假「解答」的大量繁殖。

這是奧斯丁長久以來相信的,而且是他始終確切相信的。從戰前以來,關於哲學方法,奧斯丁已經形成兩個新觀點。第

③ 1958年在法國羅阿芒會議上,一個法國的提問者給奧斯丁提了一個形象的問題:「哲學是一個海島,還是一個岬角?」奧斯丁回答道:「如果我們要去尋找這種形象,我認為我應該説它更像太陽的表面——一個相當有吸引力的謎團」。參看他的〈施事話語—記述話語〉一文以及隨後的討論,載於C. E. Caton (ed): *Philosophy and Language*, University of Illinois Press, 1963.

一個而且也是最著名的一個觀點是，為了清楚和共同理解起見，哲學家不僅應使用日常語言，還應對它做徹底而又詳盡的研究。這個觀點激起了強烈的熱情，但又極大地被誤解。這個觀點其實極為簡單，後面還會涉及，這裡無法詳加討論。

另一個觀點是，哲學能夠而且應當是一項合作的探求。這個觀點相對較少得到討論，這主要由於它從未得到認真的對待，人們猜測它直接來源於奧斯丁的戰爭經驗。也許，人們可能會認為哲學一直是這樣的。無論如何，在牛津，許多哲學家確實常常聚在一起討論哲學。但奧斯丁的意思遠甚於此。在戰爭中，他曾面對巨大而又複雜的問題，這些問題初看起來似乎是不能解決的。然而，它們還是被解決了，它們為數以十計甚至數以百計的訓練有素的研究者耐心細緻的勞動以及他們探究和調查研究的持久的系統的協作所解決。哲學問題相當大而且複雜，為什麼不應以相似的方式著手加以解決？很清楚，奧斯丁在哲學上喜歡有組織的小分隊，一個受過訓練的研究小組，就像數年前他所領導的戰區情報小分隊那樣。

無疑，奧斯丁把他自己看作是這樣一個小隊的指揮。但是，在牛津，教學的要求異常重，又沒有權威的結構，要形成並維持這樣小隊的存在實際上是很困難的。但是，想當然地認為這種實際的困難不可克服是不合理的保守。另外，無疑，授權任何一個個人去指揮別人的工作會對學術的自由產生嚴重的危害。但是，這種權力常常能夠正當地授予，而且並不總是被誤用。顯然，對奧斯丁思想惟一有效的反對是這樣一種主張，即哲學不是那樣一種學科。可能有人會說，哲學是一種藝術，而不是一種科學。就是說在哲學上並不存在非常明確的、客觀的、非個人的問題，對這些問題許多工作者可以有益地做出他們非個人的、部分的、累積的貢獻。事情可能是這樣的，但我

們都知道它是這樣的嗎？奧斯丁的觀念並未得到嘗試，也不被發現是不合格的。人們因發現它的困難而不加以嘗試。許多把他的思想看作是怪論的人們自己也相信哲學問題是可以客觀地加以解決的，但不願意認真考慮他的觀點的含義。

這裡有必要談一下奧斯丁的「周六晨會」(Saturday Morning Meetings)——在一段時期中的每周聚會，即不時在各個學院召開的通常是持續二至三小時的討論會。在戰後最初的那些年月裡，這些討論會只是奧斯丁頭腦中的那種協作的一個輔助方案，或僅僅是最切近的可實際操作的近似方案。當然，它們首先是相當嚴格地有組織的。正式受邀請的參加者限於比奧斯丁年輕而且擔任全職導師的那些人，非正式受邀請的參加者限於同情所談論的問題的那些人。探究的領域——例如，在一段時期內討論規則概念——被系統地分為幾個方面，每個方面被分派給參加探討的那些人當中的某個人。探究的結果被相當正式地報告，並用文字記錄下來。在個性化強烈且平時相當忙的同事中，這樣一個方案能夠啟動很大程度上是由於奧斯丁獨一無二的個人權威。對目的、方法和工作的感受肯定是活躍的，但額外的勞動也許太大了。因此，不很久，嚴格性的某種程度的放鬆就不足為奇。儘管討論會繼續進行，但變得越來越不正規，參加者越來越雜，其目的也更少得到嚴格的規定。

一個時期討論的主題經常是對某個極為流行的半專門術語進行批判性的考察，例如賴爾的「傾向」(disposition)這個詞，或「符號」(symbol)、「類」(class)等術語。一個時期認真處理數理邏輯。有時討論一本原著，如弗雷格的《算術基礎》、亞里士多德的《倫理學》、維根斯坦的《哲學研究》，而在奧斯丁逝世前一段時期則討論喬姆斯基的《句法結構》。很明顯，奧斯丁的思想極端豐富而且富有力量，實際上，討論會的有效性就有

賴於此。但奧斯丁總是還有另外一個一般的目的——使主題從常規中擺脫出來。沒有人比奧斯丁更能從普遍接受的觀點中解放出來。但他正確地把流行學說例行的重複和對時髦術語的無批判的使用看作哲學進步的主要障礙。

奧斯丁的實踐才能在戰爭服役中得到證明，他的這種才能也很快在大學的行政得以使用。1949-1950 年他任學監，推動考試章程的修改工作，還以學監身份參加了許多委員會。他的工作特色被描述為「對細節極注意」。當時學院的秘書曾說：「一旦我們讓一個提案通過奧斯丁之手，我們可以十分確信它是天衣無縫的。」從 1953 年起他當了兩年的哲學分系主任，又是院委員會中活躍的一員，後來又成為七人組委員會和學院總委員會中的成員。在這種通常枯燥無味的工作中，他的標準異常高。他始終知道事情的進程，並對它形成見解。他參加會議從不僅僅是「沒有理性的投票者」。這當然意味著艱苦的工作，儘管很清楚，他能夠把握事實並以異常的速度衡量論辯。

但他最艱苦的實務是當大學出版社的代表，為大學出版社的巨大業務負最終的責任。出版社的秘書在談到他在這方面的才能時簡單地說「他是我所知道的最好的代表」。從 1952 年（在這一年他同時又成為懷特講座的道德哲學教授）起，他對出版教科書和兒童用書方面特別有興趣。也許更受歡迎的是在語言和語言學領域，尤其是出版了《新英語詞典》的增補本。在哲學方面，他推動了出版社的亞里士多德新叢書的翻譯。除此之外，他還經常光顧印刷車間，而且贏得尊重。他還光顧過出版社的倫敦事務所和紐約事務所。從 1957 年起他擔任代表處的財政委員會主席。在這方面，他的實際判斷、頭腦的清晰和對細節的敏銳都明顯地是有價值的。

在這裡，試圖去概括奧斯丁對哲學的貢獻是無益的，即使

這是可能的話。由於早逝，現在所出版的作品不是他最終賦予的形式，去猜測他可能怎樣處理它是無用的。但已經完成的東西構成最高品質作品的一部分，具有持久的意義。作品本身就足以說明問題。當然，部分地為了抵制流行的誤解傾向，這裡做一兩個一般的評論也許是合適的。

首先，有一個問題必須加以強調。在有關奧斯丁著作的諸多討論中，有一種看法認為，奧斯丁主要想要傳達有關哲學性質的一般看法，傳達有關哲學策略和方法的一般原則，而他關於這個或那個問題的特殊看法幾乎是不重要的。但實際上這個觀點全然是個誤解。奧斯丁自己的觀點是，除了特殊問題，根本沒有任何東西值得認真探討。哲學的一般原則、重大的方法問題——他曾稱之為「高談闊論」(The Cackle)——儘管在某種程度上足夠有趣，但並不真正值得注意。關於哲學，他自己所要追問的問題不是「這裡隱含著什麼樣的有關哲學性質的理論？」或「這裡所運用的是什麼方法原則？」，而僅僅是「這推進了有關問題的討論嗎？」，這也是他希望他的讀者去問的問題。他有時確實討論一般的策略和操作方法，這種操作方法曾經是獨特的、原創的，且非常有趣。但他僅僅在它們似乎很好地為他服務的範圍內才重視它們。適當的問題不是那些一般的策略是否惟一普遍地有效，而是那些討論是否因此得以推進。當然，對奧斯丁的極為個人的工作方法的討論，或對他有關哲學的一般觀點的討論，不僅滿足了哲學對一般性的渴望，而且實際上比對他有關特殊主題的觀點的討論中獲得更多的回報。事情也許是這樣，但我們至少應該記住，奧斯丁自己並不認為這樣，而堅持他的方法並不野心勃勃，而只是推進他所選擇處理的特殊問題之解決的一種方法。

其次，談一談老掉牙的主題——「普通語言」，因為這似

乎是奧斯丁的立場易被誤解的地方。尤其是有兩個觀點經常被錯誤地歸因於他：一是認為哲學問題通常全然由於語言的混淆和誤用而產生或完全表現在語言的混淆和誤用；二是「普通語言」是神聖不可侵犯的，它免於遭受批評且不容補充和修正。奧斯丁肯定不堅持這兩點。他並不相信對哲學問題如何產生這一問題有任何惟一的答案，或對它們是什麼種類的問題有任何惟一的答案。正如我們前面所提過的，哲學典型地是一個混合的問題，其中的某些內容存在於那裡恰恰是因為它們的性質還是模糊不清的。另外，關於普通語言——作為一種工具是由說話者面對大量一直在變化著的種種實際的偶然性無意識地進化而來的——他確實很自然地認識到在某種程度上它是混淆的、不一致的，甚至對某些目的來說完全是不合適的。

因此，那是他並不堅持的有關語言的兩個原則，而且事實上很清楚他在著作中曾多次加以拒絕。當然，他強烈且持久地對語言有興趣。這是由於兩個完全不同的原因。

首先，在任何領域中，至少哲學家的一個主要任務是區別：至少在清楚的理解中一個重要的因素是意識到區分且有能力做出區分。我們在開始學習任何東西時，都要學會標示許多區分。在學習講母語時，我們既要學會標示大體的差別，而且在學習何時用和何時不用它的詞和短語時，還要學會標示某些非常精細的細微差別。但是自然語言不可能應該如其所是，不應該無任何特別理由地進化為它現在所是的樣子。當然，儘管存在普通言談沒有機會加以標示的無限多的區分（也許某些區分對某些目的來說是極為重要的），但在普通言談確實標示語詞區分的地方，很可能確實有區分值得標示，表達式的差別相應於事實的某些差別。我們無須教條地斷定事情總是這樣，或在事情是這樣時，事實必然是有趣的。我們無須宣稱我們母語

特別的優點。但是，無論如何，在我們的語言中，我們擁有巨大的區分庫，而認真地對待這個庫存——研究它包含什麼——作為一個方法規則，似乎僅僅是一個健全的見識。如果我們想要知道某兩個事實是否應被區分，我們至少首先應考慮我們是否以同樣的方式談論它們，因為如果我們不這樣做，那麼，它們也許可以被區分開，而那種區分可能具有不可忽視的重要性。奧斯丁僅僅宣稱在哲學上這是一個開始的好辦法。如果得到正確理解的話，這個適度的主張不會引起嚴重的爭議。

　　但是，語言在哲學上的重要性不僅僅是作為區分的指示物，它本身經常成為探究的主題。在這裡，奧斯丁的論證是，有關語言的哲學討論或有關語言特定部門的哲學討論是不令人滿意的、業餘的，因為它們通常以過於零碎的、暫時的、勉強的方式進行。對語言來說，除了語詞和短語的「意義」外，還有許多其他方面的東西。在流行的但過於隨便的「使用」(use)或「用法」(uses)概念中還包含什麼更多的東西又是不清楚的。奧斯丁認為對語言的哲學探討需要一個更為堅固的理論基礎。因此，由最初對許諾的興趣和施事話語觀念他被引導去研究真正的一般理論，即他所謂的言語行為理論。這個理論研究的是在說話中做了哪些事情，它們是如何被做出的，以及它們如何可能正常實施或出差錯。這當然是他 1955 年的威廉·詹姆斯講座的方案，直到去世時他還在做這項工作。他知道，這個方案把他帶到哲學和語言學之間的尚未明確界定的新領域。如果他能多活些時，可能這是他最願意繼續工作的領域，甚至可能跨越這個領域。

　　奧斯丁於 1960 年去世，他的去世留下了一個可怕的裂縫，這個裂縫因未被很好地預見到而越發強烈地為人們所感覺。除了他的家裡人，沒有人能夠宣稱很了解他。在對他有些了解的

那些人當中，對他的尊重和欽佩總是同時伴隨著愛戴。除了在非個人事務中，他是一個害羞的人，惟恐自我展現。他不能不負責任地、漠不關心地、輕浮地對待人們，華而不實的親切必定使他反感。因此，在一些人看來，他似乎是一個冷漠、甚至冷酷的人物。他明顯的正直和突發的理智可能非常嚇人，而且他肯定不具有這樣令人舒服的要求，即生活的表面應總是平滑而又容易的。無論是在哲學上還是在生活上，他都不能容忍回避和矯飾。他是一個令人敬畏的人，但他並不冷漠。

首先應當記住，儘管他通常是令人敬畏的，但在他那裡並不存在生硬和乏味，不存於迂腐的嚴厲。在交談中他能夠迸發出思辨的火花，而且他總是完全不浮誇。他的演講和討論總是持續地有趣的，有時甚至極富趣味。他的說話方式並不枯燥、緩慢，而是相當清楚，充分體現了他的機敏風格。有時，它是一種有效的爭辯工具，因為他能夠僅僅通過大聲讀出來就把哲學命題還原為毫無希望的謬理。他不相信哲學是娛樂的一種形式，但他相信哲學實踐的令人愜意總是更好的。他以特殊的方式接受提供給他的嘲笑目標。在他看來，從嚴肅到做作和欺騙只有很短的一步，而他則有意把他的自然機智看作是反對虛假的武器。在他手裡，哲學似乎馬上變得更加嚴肅，更加有趣。

奧斯丁以 1955 年春季學期的威廉·詹姆斯講座演講者身份訪問哈佛大學，於 1958 年秋季訪問加利福尼亞大學。在這兩個地方，他對聽過課的人產生巨大影響。在伯克萊，甚至在他到那兒的學期以前，他已被強烈請求去擔任永久教席。儘管這個邀請很吸引他，但他並沒有接受。他對美國的整個景象很著迷，美國的幅員、資源、無盡的可能和開拓的未來都使他著迷。正如漢普舍爾教授所說的，他的氣質和性格是徹底的改革者。有許多新的事物他想以新的方式做，並且尋求別人合作來

做。顯然，他覺得在美國做這些事情比在牛津來得容易，因為，在牛津，學術運作制度可能被無政府狀態冷酷地弄僵化。在某些方面他個人在美國更自在。他覺得在美國氣氛不複雜，友誼坦誠，有更大的清晰和自由，自己較不用提防。然而，他是英國式的，因此，不足為奇，他發現他要決定離開英國是不可能的。

1960 年 2 月，奧斯丁因癌症病逝。他的逝世在牛津的哲學上的損失是他的權威性。他的能力是卓越的，他的哲學工作是重要而且有趣的，尤其重要的是他在那裡提供了一個重心。他的逝世使牛津喪失了一位最能幹的哲學工作者，使哲學主題喪失了其本身的某種生命。

附錄 II

周六晨會

　　在 50 年代期間，奧斯丁在牛津大學，定期在周六早上，邀請一些喜歡的同事和學生做非常自由的哲學討論，這就是當年牛津有名的「周六晨會」(Saturday Morning Meetings)。他的學生瓦諾克曾特別寫了一篇講述晨會的文章。①爲便於讀者了解當年晨會情形，現摘譯如下（下文中的「我」指的是瓦諾克）。

　　在 50 年代期間，幾乎在每個學期之前或在第一周的某個時候，我和其他人會從奧斯丁那裡接到一張有關該學期「周六晨會」的小卡片。我認得，這張卡片通常通知的是我們集會的地點和時間；我們所要討論的問題，如果不是繼續前一學期所討論的問題，那就在第一次集會時討論決定。規定的時間是早上十點三十分。奧斯丁和少數其他人通常會準時到場，但受邀請的人可以在任何時間出現，或根本不出現，不會引起別人批評。雖然集會在人們的進午餐時間即下午一點左右準時結束，但參加者沒有停留到結束的義務。在任何周六集會，都有相當經常的來來往往。除了參加集會的人必須得到奧斯丁的邀請這個事實外，這個集會是一種鬆散自由的談論。沒有人必須來或必須停留在那裡，沒有人宣讀論文，也沒有人答辯。偏離約定的題目是常有的，而如果有什麼相當明顯的「向主席說話」的

---

① 瓦諾克〈周六晨會〉，載於伊賽亞・柏林等著的《諸家論 J. L. 奧斯丁》，牛津，牛津大學出版社，1973 年。譯文參考了台灣大學劉福增教授的《奧斯丁》，台北，東大圖書公司，1992 年。

傾向，那也是依自然而不是依約定出現的結果。

那時的牛津哲學家沒有他們自己的房間。像其他的哲學社團一樣，我們在不同的學院集會。我記得最牢的房間是巴里奧爾學院(Balliol)的前四方院裡的維多利亞共同休息室，近乎簡陋的舒適、結實，是黑爾(R. M. Hare)找給我們用的。比較沒那麼常去的，是在三一學院隔壁的一間類似但更小更舊的房間，是諾威爾-史密斯(Nowell-Smith)安排的。至少有一個學期，也在巴里奧爾學院裡一間清冷而又隱蔽的講演廳裡，裡面的桌子很小。偶爾，由格賴斯安排，我們使用一間在聖約翰學院裡精緻的現代房間，有一個大的中央桌子和高級的椅子，看起來像成功而又有節制地進取的商業公司的會議室。無論如何，這是奧斯丁喜歡的房間。他聲稱，扶手椅子和一個非正式的舞台布景是哲學衰弱的標誌，而他則更喜歡圍繞一張桌子和更直立的姿態。

我們的這些集會有兩個方面與我參加的其他集會極為不同，也許這兩個方面都不易表達。一個是奧斯丁自己的地位問題。我不能想到有任何可比的個人權威是如此不費力地運行。這並不是說集會的過程有什麼形式上的約束；相反，它們是非常不固定和自由，根本沒有形式上的規程。它們也不嚴肅，相反，它們不斷給人樂趣和享受。奧斯丁除了享受哲學論證的樂趣外，也喜歡開玩笑和幽默（我認為，他的〈偽裝〉一文是最為典型的例子）。他一點也不像維根斯坦。據馬爾康姆回憶，維根斯坦不喜歡別人對他自己認為好笑的東西發笑。即使這樣，這些討論絕不僅僅是隨意的，甚至實際上也不是鬆散的。奧斯丁的同輩和年輕的同事不但對他理智天賦的異常新鮮和力量感到尊敬，而且不可能不尊敬他這個人。他的出現總有點像校長出現那樣。不論講話多麼不受拘束和氣氛多麼不拘形式，

他仍然是校長。有時，奧斯丁自己必須提早離開，當他背後的門關起來時，即使討論繼續不斷，人們在椅子上會有猛然鬆散的明顯感覺，講話更衝動，笑得更隨便。因為他們現在脫離了強大的磁場。

另一個方面是這些集會很獨特，沒有哲學論辯中常見的好鬥、好爭的情形。當然，我們有許多分歧，但分歧不是公理，我們並不必須分歧，並不必須刻意從別人所說的東西中找出我們不同意的東西。沒有人試圖去贏得辯論，沒有人有意去維護某一立場，因此，上午過去後，沒有人是論辯的犧牲者。這有幾個理由。最明顯的是，沒有人宣讀論文，亦沒有人答辯。因此，在開始時沒有人刻意持有預備的敵對立場。奧斯丁有，而且無疑他知道他有批評者。這些批評者不喜歡他所做的東西以及他做這些東西的方式。那些人沒有被邀請，而且即使被邀請也不會來。有一次，奧斯丁被要求陳述他的哲學上的正確性的「標準」時，他的回答是，如果你能夠使一群「有些吵鬧的同事」在論辯後都接受些什麼，那就是「一點標準」。

那麼，在這些持續的周六晨會中，實際上在做些什麼呢？由於奧斯丁一般被視為對所謂的哲學方法論具有非常明確和特殊的觀點，因此我們應該強調，我們通常所做的東西根本不特別。我們並不總是嚴格應用〈為辯解辯〉一文所使用的程序教訓。這常常因為我們是在解釋一部實際的文本，而且通常也不是什麼非常深奧的東西。我的印象是，我們最常討論亞里士多德《尼各馬科倫理學》裡的段落。1953 年以後，維根斯坦的《哲學研究》幾乎也一樣常出現。至少有一次，可能更早，我們花了一個學期討論弗雷格的《算術基礎》，1950 年，奧斯丁把該書譯為英文。我們也討論梅洛-龐蒂。而後，在 1959 年，我在這裡首次聽到喬姆斯基的名字。我們花了這一年的秋季在他

的《句法結構》上。在這些場合，我們的目標一點也不特殊，我們所要做的是絕對弄清我們面前的原文在講什麼，以及檢討我們是否被它所說的東西說服。奧斯丁對追求這個目標並沒有什麼秘方。但也許有一個情況這裡應該提及。在這種場合，奧斯丁喜歡討論的單位是語句，而不是段落或章節，更不是整本書。大致說來，他似乎傾向於認為，書寫好了，或無論如何出版了，它們就是語句的序列，應該逐句閱讀，在閱讀下一句之前，應徹底解決每一句的意思。

但當然，有許多場合我們的討論確實轉入奧斯丁的特殊性質，儘管也許不是按人們所期待的方式進行。就我的記憶所及，有三種不同的特殊情況，其中第三，也許還有第二種有些令人驚奇。但我們還是先談第一種吧。

正如人們所期待的，的確在有些場合，我們實際上列舉了英文的字詞，並嘗試或多或少精確地區分它們的意義，從納入到它們日常使用中的區分學點什麼。有一次從當作專門術語的「disposition」一詞的使用開始。在 1950 年左右，這個詞在哲學上被看作是表示效能(virtue)的一個詞，是賴爾在《心的概念》一書中提出的。奧斯丁相信，哲學家的專門術語或以專門方式使用的日常語詞，有時易於（當然不是必定會）把應該保留或至少應注意的區分模糊掉。奧斯丁想知道「disposition」真正是指什麼。這就使我們把「disposition」一詞，和「trait」（特性）、「propensity」（傾向）、「characte ristic」（特徵）、「habit」（習性）、「inclination」（傾向）、「tendency」（傾向）等等相比較和對照。[2]奧斯丁叫我們注意當作某種職業制服字眼的「habit」的使用，如「Monks wear

② 這裡英文詞的中譯僅供讀者參考。

habits」（僧侶穿法衣），以及植物學家講的「『habit』 of plants」（植物的習性）。我記得，奧斯丁要求我們詳細想像一個房客在房間裡將可能在做什麼：(a)如果人們抱怨他的「骯髒的習性」；(b)如果人們抱怨他的「骯髒的方式」。我們同樣考慮奧斯丁的句子：「他對寒冷的『敏感性』使他不適合參加國際地球物理年會」。另一個有些相似的討論產生於哲學家在討論意義中對「use」一詞的使用，也許實際上產生於有關用具的語詞的比較。這種討論以兩種方式進行。一種方式是，我們試圖考慮在「如何使用」這或那的一般標題下，人們將期待被告知的是什麼種類的事情。另一種方式是，我們比較和對照這樣的名詞：「tool」、「instrument」、「implement」、「utensil」、「appliance」、「equipment」、「apparatus」、「gear」、「kit」，甚至包括「device」和「gimmick」。在這裡，我記得奧斯丁要求我們對剪刀進行分類。我記得，我們認為壁櫥剪刀是器皿(utensil)，而花園的剪切機可能是器皿（或工具？），但做衣服用的那種剪子就是某種成問題的東西（縫紉「材料」可能應包括剪子，但那完全不是問題的答案）。

我必須承認，我總是覺得做這樣的討論是極其令人享受的，正合乎我的口味。我並不相信它對戰後世界問題的解決可能有什麼貢獻，我也不相信它對任何哲學問題的解決一定或必然有貢獻。但它能使人得到巨大的享受，它也並不容易，而且它還能訓練機智。那些認為他們知道這種探討方式不可能有教益的人簡直就從不嘗試這樣做，或許不擅長這樣做。當格賴斯和我以這種方式考察某些部分的知覺詞時，他曾經說，「語言是多麼聰明呀！」我們發現它給我們提供了某種明顯精巧的區分和同化。附帶地說，那不是在周六晨會上。遺憾的是，我們在周六晨會上從未討論過知覺問題。我記得斯特勞森說過，他

希望我們討論過，因為那是奧斯丁最擅長做的事情。但很可能，他並不特別想討論他在這個時期經常講演的主題。

第二種情形是極為不同的，它無疑是高度奧斯丁特色的，最好以我們一度極為關注的美學為例證說明。在這裡，正像我們所期待的，奧斯丁決定要我們遠離藝術、美和意蘊形式的普遍性。我們所要發現的是，在美學評價中，人們實際上說了什麼樣的東西，以及為什麼這樣說。我們查閱工業設計的說明手冊，有關像茶壺、罐這樣的家庭使用的低微對象包含大量可選擇的自信的美學見解。但是奇怪的是，雖然奧斯丁對所使用的特殊用語不是沒有興趣，但是他似乎在找一種所有我們所謂的藝術樣品都可以適合的標準形式，這種形式會提及某種物理的和某種進一步的「審美」性質，以及這種性質如何以某種方式從這標準形式得來。在那時，這種對某種統一公式的興趣，使我有點迷惑。也許奧斯丁在這裡有一個理論在背後。我們應該記住，儘管奧斯丁對非常普遍的理論有一種直覺的懷疑，並且認為這樣的理論常常未成熟而又草率地投入世界，但在他的腦後確實經常有這種理論，而且他通常使他保持在那裡。

第三，也是很特別的，我們至少花了一個學期討論實際的道德問題。無疑，這種討論的目的典型地是奧斯丁的，那就是使我們至少暫時收回理論，提醒我們去關心人們如何實際去做，而不是去說或想。但是在這種討論中有點奇怪的是，實際上沒有什麼哲學結論明白地被引導出來，而且我的印象是奧斯丁甚至也沒有什麼哲學在其腦後，他也沒有希望我們應學得什麼特別的哲學教訓。惟一與哲學明確有關的是，奧斯丁似乎以嘲諷的態度對待黑爾對「原則」迷戀。但當然，由於為極為不同的另一種興趣——即對人們所說的東西的興趣——所吸引，我們全都幾乎偏離了哲學。我不敢肯定該學期我在哲學上學了

點什麼，但這些討論無疑一樣給人以享受。

奧斯丁要求我們把哲學看作更像科學，而不是藝術，看作發現並解決問題，而不是創造某種個人影響。他肯定不贊成哲學是一種表演藝術。有一次，當我看到他在聽一個非常出名的哲學表演者的講演時，他發現場面如此地令他難以忍受，以致必須離開，在這樣做時，他本人不是在表演。他不可能有意做作。

我認為他畢竟不喜歡哲學的長久無序、長期分歧和爭吵，以及幾乎完全不能取得任何穩固和永久的進展。他認為在哲學的名目下所做的工作是令人沮喪的缺乏組織、無效率、無系統，確切地說，它甚至沒有得到它的從業者的認真對待。奧斯丁想做一些清理工作。這在我看來一點也沒有什麼神秘之處。

無疑，我並不真正清楚為什麼那些周六晨會對我來說，似乎是最好的哲學機會。也許是因為那時候我在哲學事業上還相當新進和比較年輕，因而一般說來，更充滿希望和易受影響，因而更容易享受周遭和受周遭感動。在 1950 年代早期，每一個出現在那裡的人，包括奧斯丁在內，都比我現在年輕；我們大部分人剛開始，而在一定意義上說，牛津大學戰後也重新開始。我想並不是每個人都像我一樣覺得奧斯丁的玩笑是好玩的，也不是每個人都立即被奧斯丁的可敬畏的人格所吸引，甚至有些人宣稱他們不相信奧斯丁目的是認真的。並不是每個人都為自然語言無盡的微妙所吸引，或欣賞羅列字詞和試驗它們的效能。但這些東西卻給我快樂和滿足。

奧斯丁絕對是第一手的。且不談他的能力、批評力或學問如何，他不是哲學的承銷商或解釋者。他是哲學的製造者，一個真正的源頭。我們時常感到，這些集會不是談論哲學、教哲學、學哲學的場合，而是做哲學的場合。在這些場合中，哲學

實際產生，然後形成生命，接著批評者和解釋者就有了可加以
解釋的東西。現在我似乎少有這種感覺。有這種感覺的場合，
是很值得在那裡的。

附錄III

奧斯丁在哈佛大學講學

　　1955 年 2 月，奧斯丁到哈佛大學開有關「辯解」的討論班並主持威廉・詹姆斯講座。普林斯頓大學的喬治・皮徹當時是哈佛的研究生。他上了奧斯丁的課，師生兩人以後又有比較密切的往來。後來皮徹寫了一篇個人回憶①，現摘譯如下（文中的「我」指的就是皮徹）：

　　1955 年 2 月，奧斯丁到哈佛大學來講學。我們以最高的期待等待他的光臨。我們聽說奧斯丁是牛津大學最有趣的哲學家，他支配了那裡的哲學舞台。這個名聲自然叫我們認為他是了不起的，因為我們都把牛津看作是一個主要的哲學中心，而我們許多人把它看作世界上激勵哲學新研究的地方。即使是他的討論班的題目，雖然在保守的陣營裡會引起貶損性的嘲笑，但卻會激起我們其餘人的好奇和愉悅。我們感到奧斯丁的光臨也許意味著舊哲學論證的某種解放，某種全新的突破。我們看到了我們面前冒險奇遇的可能性。奧斯丁討論班的第一次討論會在愛默生館的小教室 C，擠滿了研究生和教師。他走進來，穿著極為普通的藍色套服，沒有燙得很挺，在我的印象中，這是他外表的一個基本儀態。他給我的第一印象是某種紊亂的不相稱：他看起來像一個精明的稅律師，或者一個能幹、也許太

---

① 皮徹(G. Pitcher)〈奧斯丁：個人回憶〉，載於伊賽亞・柏林等著的《諸家論J.L.奧斯丁》，牛津，牛津大學出版社，1973年。譯文參考了台灣大學劉福增教授的《奧斯丁》，台北，東大圖書公司，1992年。

嚴格的學校拉丁文教師，但與我心目中傑出的哲學家應有的樣子並不很相稱。他立即開始按筆記講，以一種緊湊但一點也不令人不愉快的高音，造出整齊的詞語和極度精確的語句。他自信，不慌不忙，有效率和率真。他沒有訴諸任何舞台效果，他的作風和儀態像是一個漠然的法律專家。他首先講對日常語言密切注意的價值，以及他認為研究「辯解」可能有哲學上的回報的理由。對這個工作的要點和重點的這些一般性說明，對我十分有意義，但似乎並沒有引起激烈的興奮。奧斯丁好像是從一種義務感來表達這些說明，好像有人期待他去恢復我們的信心說，我們的哲學工作是值錢的。但是，當他開始處理日常語言中特別是「辯解」領或的實際研究時，氣氛立即上升。他從對「辯解」詞族的一般說明開始，然後在上課末尾引進整個學期我們所要做的工作——試圖發現各種重要的辯解詞的確切含義。

奧斯丁在這第一次研究班討論會上所說的，以及他後來所說的許多東西，現在大家都很熟悉，但是對我們來說，那時候是令人震顫的新。我清楚地記得我所感到的興奮，例如，當他說我們用一個副詞，譬如「voluntarily」（自願地）或「involuntarily」（不自願地），來修辭一個行動時，我們就把正常情況轉換為不正常情況。在日常的事件過程中，我僅僅打呵欠或在閱讀之後把報紙丟在椅子邊時，我既非自願地做它，也非不自願地做它，我僅僅做它。

在我職業生涯的情感起伏中，奧斯丁的討論班標誌著一個高峰。這個高峰是一種大膽的做哲學的新方式，這種方式似乎在每一個地方都放射光亮。儘管「辯解」這個題目有意使自身不受注意，但我們所研究的東西絕不是瑣碎的，因為實際上，它恰恰就是人類行為概念本身。使用謙遜但設計優美的例子，

奧斯丁欲使我們看到「deliberately」（故意地）、「intention-ally」（有意地）和「on purpose」（有目的地）做什麼之間的差別，「recklessly」（粗心地）、「heedlessly」（不留心地）和「thoughtlessly」（欠考慮地）做什麼之間的差別，「absent-mindedly」（心不在焉地）、「inadvertently」（不在意地）和「unwittingly」（不經意地）做什麼之間的差別。②在這些看似平淡的分析中，我們實際上達到了嚴肅的目的：我們看到人類行為的異常複雜性，它們的多樣性方面，以及我們評價它們的方式的複雜網絡。

　　奧斯丁討論班的部分趣味來自他的例子和他引人注意的形象。為表明專心地(attentively)做事和小心地(with care)做事之間的差別，奧斯丁讓我們考慮這樣的例子：一個年長的、謹慎的駕駛者很慢、很專心地(attentively)在馬路中間驅車。這個人不是在小心地(with care)駕駛。在舉例說明意圖(intention)和目的(purpose)的不同時，奧斯丁指出一個女孩的父親問她的求婚者：「你的意圖是什麼？」，而不是「你的目的是什麼？」。我們花了許多時間在行為的結果(result)、後果(consequence)和效果(effect)之間的差別上。關於結果，奧斯丁舉了一個例子：如果一個小孩拾起一顆地雷，拿來玩，而被炸死了，這是敵人行為的一個結果；但是如果一個成年人拾起一顆地雷，把它鋸成兩半，因而被炸死了，這不是敵人行為的結果。在另一個場合，奧斯丁說，只有在你能夠解釋在正常情況下習慣是對的，訴諸「習慣的力量」才能作為一個辯解。因此，儘管某人出於習慣的力量而在非吸煙區點煙，可以有某種辯解，但是一個謀殺者無法拿「他因習慣的力量而謀殺人」作為一個好的辯解。

② 這些英文詞的中譯僅供讀者參考。

在區分心理狀態和心理構架的不同時，奧斯丁說，如果某種東西使你處於某種心理狀態（沮喪、迷惑、煩擾），則它使你的心理機制失常，然而你如果處於某種心理構架中，你的心理機制並未失常，而是處於特別的運轉中。

在我們最後一次討論會中，我們花了一些時間嘗試去解決在企圖做什麼(attempting to do something)中包含的是什麼。我們沒有達成任何結論，但其中有一個令人刺激的論證是，如果一個人對棉被下的一堆木頭用斧頭亂砍，認為它是躺在床上的一個人，儘管法庭認為這不是謀殺，但難道它不是企圖謀殺嗎？最後，他留給我們一個想像的案子，這個案子至今仍然縈繞在我心中：瓊斯準備經過沙漠做一長期旅行。他有兩個敵人A和B。A陰險地給瓊斯的水壺添進致命的毒藥，B前來，對A的行為毫無所知，給水壺打了一個洞。瓊斯帶著他漏洞的水壺向沙漠進發，死於乾渴。問題是：誰殺了瓊斯？A 或 B？（我相信奧斯丁的許多例子來自司法報告和法律課本。在牛津，他和 H. L. 哈特一起開討論班，許多材料無疑首先來自哈特。哈特對奧斯丁的有關許多辯解詞意義的觀點有強烈影響。）

在任何哲學討論中，奧斯丁簡直是一個指揮者。他不僅老練，而且更為引人注目的是，他完全負責。我們記得，我們對許多人總是洗耳恭聽，因為他們所說的一般是值得聽的。但奧斯丁萬無一失地從他人、學生和同事博得的態度遠甚於此。無論何時，當一群人中的另一個成員做批評時，大家都會本能地注視奧斯丁，看他的反映如何；在論辯的每一個階段，我們都會急切地想知道他想什麼。因此，不用提高嗓子，不用求助於猛烈抨擊或譏諷，不用表現支配的虛飾，奧斯丁平靜地支配著他所參與的論辯。我從未目睹過與之可以相比的自然權威的展

現。

在哈佛的那個春季，奧斯丁和他的同事們進行了一系列著名的「周六晨會」。有兩三位研究生也被邀請，我很幸運是其中的一位。該學期的論題是感覺材料。羅德里克·費思(Roderick Firth)承擔對該概念的合法性和有益性進行論證的任務，而我們則使它遭受批評性處置。在這些討論中，身體位置和談話的重心都落在奧斯丁這個人那裡。他坐在木製的扶手椅子上，我們其他人對著他形成大致的半圓形。我們的討論似乎認定這種身體位置的排列，其他人的講話似乎不是對人群的全體，而是對著奧斯丁，而他則依次回答每一個人。

奧斯丁給我最鮮活的印象之一是，他在一次周末晨會上，聚集了他在哈佛的同事。他筆直地坐著，筆記放在腿上，沒有使用；他的腳交叉在膝部，而不是踝部。他靜靜地講，但十分專心，越過我們的頭頂凝視教室後面。他的眼睛敏捷閃爍，而他那有特色的微笑並不表示輕率。他左手拿著一枝裝滿煙，但未點火的煙斗。他的右肘輕放在扶手，右手拿著燃燒到盡頭的木製火柴。從他填好煙斗，已經點了第四枝或第五枝了；每次都直到燒盡，就像現在這一枝那樣快燒到手指頭了。我們的注意力被同等地分到奧斯丁這樣專注在講的東西，和火柴的燃燒過程之間。在最後可能時刻，而且仍然未看火柴，奧斯丁通過緩慢地搖動它而十分平靜地把它熄滅，而不是吹熄它。我總是半信半疑，做這種習慣行為是為了戲劇效果，但無疑大半是在無意中做的。但如果這實際上是辯論者的一個技巧，就我所知，這是奧斯丁的劇目中僅有的。

我個人和奧斯丁的相識，在他到達哈佛之後很快就開始。有幾個月我一直在做我的博士論文，當然，這篇論文想對哲學做出重要貢獻。維根斯坦的《哲學研究》使我相信語詞是有許多

不同使用的工具。這令我想到一個尚未被詳細研究的一個思想，我的論題就是要做這項工作。在聆聽第一次威廉·詹姆斯講座開場白的幾句話中，我知道奧斯丁將要討論的恰好和我所要處理的問題相同。他選的這個演講系列的題目是「如何以言行事」。依他的解釋，這個題目具有實效論特徵，是為了尊敬這個講座所紀念的那個人，因此顯然奧斯丁所要講的是語言的使用。

在他接下來一次威廉·詹姆斯講座之後，我緊張地接近他；我記得跟在他後面走到艾略特院(Elliot House)，他在那裡有房間，我很興奮，因而可能不知所云。但奧斯丁不但以他不慌不忙的步態和全然合理的談話，而且以我不能預期的十分親切的態度，很快使我輕鬆下來。他說，他當然會很樂意閱讀我的論題已寫的部分。我問能不能在兩周以後我們見面討論它，他說，「呀！可以」。

就在兩周後，奧斯丁和我於午餐後在艾略特院裡他的房間中見面。客廳陳設樸素整齊，除了書架上排列整齊的書本和桌上一些紙張外，看不到奧斯丁的私人物件。奧斯丁仔細地閱讀完我的手稿，做了許多有益的批評。我清楚記得其中一個批評。我堅持，一個詞，或一個句子是一個一般概念，即在說出它時所發出的聲音或在寫出它時的標記具有某種特定的結構方面。從這個觀點明顯可以推出，如果一個人發出適當的聲音，他必定在說相關的語詞或語句。奧斯丁用一個簡單的例子證明這個觀點是錯誤的。假如我問你「如果冷水是冰冷的水，那麼冷墨水呢？」，而你回答「冰冷的墨水」(iced ink)。你可能發出聲音「I stink」，而不是詞組「I stink」；確切地說，在說詞組「冰冷的墨水」(iced ink)時，你發出了聲音「I stink」。

在第一次會面，我們沒有討論奧斯丁的所有批評，因此安

排下周再次見面。在我離開時，他同我走了一段路，因為他有一封信要郵寄。他告訴我，他每天給他的妻子寫信，而每幾天給他的四個孩子每個寫信。這是我首次發現奧斯丁生活的另外一面，對於這一面我後來還有一些更切近的觀察，這就是奧斯丁作為丈夫和父親的一面。

在我們下一次的會面中，我們完成第一次無法完成的工作。在我們的談話過程中，我說我認為詞是具有多種使用的工具。奧斯丁說，「讓我們看看維根斯坦怎樣講」。他拿了一本他的《哲學研究》。他讀二十三節，在那裡維根斯坦列舉了語言的一些使用——下命令、沉思一件事、演戲、講笑話，等等。奧斯丁評論道，這些東西都十分不同，不能像那樣混在一起。然後，他對字詞的器具性(tool-hood)表示懷疑：「你十分確信『器具』是一個適當的字眼嗎？它們不也更像一些其他東西——例如器皿(utensils)嗎？」他建議我們嘗試去決定種種可能是什麼；他一頁一頁翻閱《簡明牛津詞典》，挑出候選者，我把它們記下來。我的條目表中有約三十個詞，包括：「appliance」（用具）、「apparatus」（器械）、「utensil」（器皿）、「implement」（器具）、「contrivance」（機械裝置）、「instrument」（工具）、「tool」（器具）、「machine」（機械）、「gadget」（小機械）、「contraption」（機巧品）、「piece of equipment」（裝備）、「mechanism」（機械）、「device」（裝置）、「gimmick」（小機械）。[3]我們試圖去想有關這些詞中的每一個的例子，並決定它們之間有什麼重要的差別。

奧斯丁在哈佛的停留給人印象深刻。他展現的以及他在每一件事上力求的語詞使用的極其高度的精確標準，對聽過他講

---

③ 這裡英文詞的中譯僅供讀者參考。

演的人產生了恆久的影響。在研究生當中,不少人甚至完全、明確地轉變成他的特別的處事方式,我就是其中的一個。大家普遍同意奧斯丁所做的東西,他做得相當好;但是有少數人並不確信它與哲學有什麼關係,而且有些人確信無論如何,它與哲學沒有什麼關係。就我所知,在哈佛的每個人,無論是哲學的朋友還是敵人,都喜歡他,儘管我們都對他有尊敬的距離。

1955-1956 年,我獲得哈佛的旅行獎學金。即使在奧斯丁來哈佛之前,我就計劃到牛津大學去一年,已經申請去馬格里達學院。現在我認識奧斯丁了,自然更熱切想到牛津去了。在學期結束奧斯丁離開後,我下次看到他是在八月,那是我在去柏林途中在牛津停留,我在柏林待了幾個星期,而後回英國訪學一年。我打電話給他。第二天他邀請我和他的家人一起吃午餐。他開車接我到他家。

對奧斯丁的家事我很沒有準備。我全然不知道我期待發現什麼。也許我幾分預見一位一絲不苟的中年太太,戴著大眼鏡受驚的聰明的小孩子,保守而又拘禮的冷靜氣氛。但我完全錯了。奧斯丁的妻子絕非一絲不苟,也不是中年。如同我很喜歡發現的,她在家裡創造出親切溫暖的氣氛,使得不安和冷漠很快消失。奧斯丁的四個孩子的確都很聰明,但沒有什麼東西使他們受驚,也沒有戴大眼鏡。實際上,他們每個人都有他們自己十分不同的方式,十分逗人喜愛。我很快就喜歡他們。他們有一個可見的共同點,但它肯定不具有我事先半意識地形成的荒唐形象的任何特徵。這就是他們的幸福。奧斯丁的家充滿寧靜的歡樂和放心的喜悅。的確,如同在別處一樣,奧斯丁在家裡擁有絕對的權威;但是這種權威絕不是從別人那裡要求來的,在我看來,它也沒有施展,它僅僅是家人親和地讓他擁有。自那時起到現在,對我來說,奧斯丁一家構成了一個家庭

所能擁有的一個理想。

在這之後的一年，除了參加奧斯丁的演講和上課之外，我平均兩三周看他一次。他很親切地自願當我的非正式的指導者。雖然他沒有閱讀我在寫的論文，但我們定期見面，討論我艱苦處理的問題。我常被邀請參加奧斯丁家的周日午餐。在這些場合，吃完飯後，奧斯丁全家和我經常擁進奧斯丁古舊的戰前洛瓦(Rover)牌轎車，到外邊小遊。這古舊的洛瓦常常拋錨，停在公路旁。奧斯丁會下車去，神秘地亂勳馬達；不論怎樣，每次都行得通。還說只有當我在車上時才拋錨；奧斯丁有一次很堅定地說：「你看，比徹，它就是不喜歡你！」

在二月或三月的某個時候，我得知奧斯丁在幾年前是拉小提琴的。由於我彈鋼琴，我請他找出藏在閣樓中的小提琴，以便我們能夠一起演奏一些簡單的奏鳴曲。奧斯丁有點猶豫，然後同意了我的提議。我買了一些簡單的科勒里(Corelli)和德里曼(Telemann)的奏鳴曲，之後幾周裡，奧斯丁和我在他的客廳裡，有幾次極其愉快的演奏。我不知道他單獨練習多少，但是我認為對好幾年沒有摸樂器的人來說，有這樣的演奏，已經是很好了。他好像和我一樣享受這些演奏，但是我想他從未克服在公眾面前表演的那種窘迫感。

由於奧斯丁的幫助，我被允許參加導師哲學俱樂部。在那年早些時候的一次聚會上，馬塞爾(Gabriel Marcel)宣讀了一篇論文。奧斯丁出席了那次會議，並在討論期間與馬塞爾發生爭論。大家知道，馬塞爾華而不實的見解對奧斯丁來說，必定是令人不快的，奧斯丁的質問儘管尖銳，但平靜而有禮貌。我確實認為奧斯丁不可能不禮貌。經過他堅持不懈的查究，馬塞爾許多隱晦的話語被證明為，通常都是陳詞濫調。例如，當馬塞爾告訴我們人類自由是對死的本體論上的抗衡力時，他所意味

的不過是，儘管我們都知道我們會死，因此我們的努力終究是徒勞的，但我們仍然通過自由意志行為使某種東西具有價值。

我已經談過奧斯丁的自然權威。這種權威引起奧斯丁幾乎不會錯的公眾形象。這是一個他似乎感到極為需要保持的形象。這樣，儘管他的觀點有時當然發生變化，但我從未聽過他明確或不明確承認他弄錯或犯錯誤。因此，他態度優越。但是，就我所知，沒有人覺得這是冒犯。因為我們知道，奧斯丁私下裡有最嚴厲的自我批評。實際上，大家模糊地意識到，他的自信部分是對抗內在不確定性的大膽外表。

我認識的奧斯丁是一個慷慨善意的人；因此我有點難以理解，為什麼他的許多同事畏懼他。部分的理由也許是他不尊重公認的意見，或公認的做事方式。在一切事情上，他都希望把他認為不好的去除掉，並在全新的基礎上重建起來。他肯定尋求在哲學上這樣做，我猜想，他的計劃是那樣技術和有權威，因此必定嚇倒他的許多哲學同事，因為這可以很容易被視為對他們工作價值的一種嚴重威脅。在這個意義上說，奧斯丁是一個革命者。他有一次告訴我，他認為學生在其相當後期的生涯以前，也就是在他們學過若干年有關日常語言的哲學相關領域之後，才可以給他們介紹標準的哲學著作和問題。下面這個事例生動地說明了奧斯丁性格的這種徹底的一面。學校有一次開會討論學校的建築規劃。對校長公館多少應該保存和多少應該摧毀這個問題，意見分歧，爭論了很久。校長最後轉向請教奧斯丁的意見如何。奧斯丁直截了當嚴肅地說：「把它夷為平地」。

在牛津的那年之後，我只看到奧斯丁兩次。1957年夏天我到英國度假時，有一天和他的家人一起吃午餐。1959年1月，從加州柏克萊回牛津，奧斯丁停留在普林斯頓大學做一次演

講，我和他見了面。第二天上午，他和一些老師和研究生開了一個座談會。之後湯姆・帕頓(Tom Patton)和我驅車把他送到斯瓦斯摩爾(Swarthmore)，他在那裡要做一次講演。在斯瓦斯摩爾，奧斯丁講的是感覺材料。他對某些感覺材料理論者的主張提出異議，如他們主張，有關感覺材料的陳述相當於，在普通英語中運用這樣的語句「It seems to me now exactly as if I were seeing the cat on the mat」可以做出的陳述。他把這個句子寫在黑板上。他認為，這種斷言的核心是「as if」後面那部分；例如，在一種標準的情況中，說出這個特定句子的人是在斷言他正在看草席上的貓，而該句子的前半部分的功能僅僅是修辭該斷言的力量，對它表達某種保留。

我們驅車把他送回特靈頓(Trenton)，並送他上了去紐約的火車。這最後一次見面，從我個人觀點看，極為不令人滿意。我們沒有時間重建舊日的交流。我們沒有五分鐘單獨相會的時間。我們好像是陌生人似的，雖然我們都知道這不是事實。次年二月的某一天，在課間匆忙吃午餐時，我無意中聽到我的一位同事同另一位同事說：「你知道奧斯丁將死於癌症嗎？」在這之前，我絲毫未聽到他生病的事。事實上，這個報告有點不準確，因為他已經死了。

奧斯丁在我的生命中至少起了兩種作用。他是一位老師，又是一位朋友。我想我能相當客觀地把他看作我的老師。他對我的影響既有好的，也有壞的。除了從他那裡學到許多可靠的真理外，奧斯丁使我覺察到並尊重語詞意義的微妙區分。十分一般地說，他為我建立了語言使用中（因而在思想中）的高標準的精緻和準確，這對我不負責的誇大的天生傾向是有意義的核查。壞的影響部分不是奧斯丁的錯。這個壞影響就是，我感到太長時間完全在他的支配之下，變成他的信徒。這就是說我

有接受他所說的一切東西的傾向；我接受它主要不是因為論證或支持的根據，而僅僅是因為他說過它們。例如，在感官知覺領域，我想的似乎是，「好，如果奧斯丁反對感覺材料理論，那麼這個理論就不能有什麼。」但是比這還壞的是，我事實上模仿奧斯丁。在我應該嘗試用自己的方式去做哲學時，我持續太長時間以我想像的他做哲學的方式去做哲學。這是我自己弱點的一種衡量，但也是奧斯丁可畏的人格和理智力量的一種衡量。

　　自然，師生之間的關係不能不影響我們彼此之間的個人情感。我幾乎是以一個下級軍官對他可敬且和藹的司令那樣的方式看他。我不能記起我曾以任何名字稱呼他。他叫我「比徹」，而在我們的談話中並沒有討論個人事務。奧斯丁對我的個人情感當然沒有公開表示，但我知道它存在。他的情感在舊式的英國禮節拘束之牆的後面，但那是有裂隙之牆。在我這邊，我認為我感到一些愛他。無論如何，我知道，我從沒有停止想念他。

附錄IV

奧斯丁和牛津哲學的早期階段

伊賽亞‧柏林爵士在 1930 年代曾和奧斯丁是哲學討論的合作者，後改治思想史，曾任牛津大學沃爾夫遜(Wolfson)學院院長，他寫了一篇紀念文章講述奧斯丁和牛津哲學早期情況①，現摘譯如下：

後來逐漸被稱為「牛津哲學」的那個哲學傾向主要產生於一小群年輕的牛津哲學家的每周一次的討論。這些年輕的牛津哲學家中，年齡最大的是二十七歲，而每周一次的討論則開始於 1936－1937 年間的某個時候。這些討論會是在奧斯丁提議下進行的，直到因戰爭被迫終止，奧斯丁一直是其主要靈魂。奧斯丁於 1933 年秋季被選為全靈學院的研究員。那時他還沒有完全決定從事哲學職業。他深信並因此常常說，哲學（像牛津所教導的哲學）對年輕人來說是極好的訓練；沒有什麼更好的方式能使他們合乎理性，在那個時代合乎理性是一個最高的讚揚詞彙。他後來修正了他的看法，認為即便是他所教導的哲學也無法對抗他的多數有才華的學生中某些人的傳統虔誠和樸素的信念。他抱怨說，他的所有努力不但不能削弱他們的傳統觀點，反而使其中的大部分不可救藥地受尊敬並具有模糊的效力。他知道作為一個教師他擁有卓越的才能，但他同時又有強烈的願望去做某種更具體、更實際的事情，一種作業性的工

① 伊賽亞‧柏林等著的《諸家論J. L. 奧斯丁》，牛津，牛津大學出版社，1973年。

作，在一天結束時，有更多的東西表現出來的事情。他常常告訴我，他後悔他花了那麼多時間在古典著作上，而不是學做一位工程師，或一位建築師。然而，現在為時已晚，他只能做一個理論家。他熱愛精確、事實信息、嚴格的分析、可檢驗的結論、把東西裝配在一起而後又把它們拆開的能力，而憎惡含混、模糊、抽象、借助隱喻或修辭或行話或形而上學的幻想對問題的回避。從一開始，他就決定嘗試去把能夠還原的東西都還原為普通的散文。儘管他欽佩實踐的專家，但實際上他本人為純粹的哲學問題所吸引，而且在他初到全靈學院時，似乎很少想其他東西。他最欽佩的兩位尚在世的哲學家是羅素和普利查德。他欽佩羅素是由於他原創性的天才、獨立的頭腦和表述力量；他欽佩普利查德是由於，在他看來，普利查德是那時牛津所發現的最嚴格、最精密的哲學家。奧斯丁既不接受普利查德的前提，也不接受他的結論，但他欽佩他論證的目的專一和秩序井然。在我看來，他自己的有關語詞施事功能的學説，在很大程度上應該歸功於普利查德對許諾的邏輯性質的痛苦反省。普利查德説道：「如果我説『我同意』這或那，我就創造了以前所不存在的權利」。奧斯丁並不認為普利查德的這種説法或他對道德義務性質的討論不重要或表述不恰當，在 1933 － 1935 年間，關於這個問題，他同我談了許多。我們的討論通常在早餐之後開始，地點是全靈學院的吸煙室。在我有學生需要教導時，我在上午十一點時離開他；但在另一個上午，我似乎重新拾起我們經常討論的東西，直到午飯時間。那時，他沒有任何穩固的哲學立場，也沒有透露任何原則。他僅僅抓住那時某個流行的話題，一個作家或一個演説家所講的某個命題，以高度的技巧和理智專注把它分成越來越小的碎片。在我聽 G. E. 穆爾的演講之前，我從未碰到過如此精細的分析技巧。30 年代

的牛津最受崇拜的哲學家是亨利・普賴斯(Henry Price)，他的清楚、機智和優美精緻的演講使他的聽眾著迷，並在很大程度上使知覺問題成為當時牛津哲學注意的核心。就年輕的哲學家所關注的東西而言，相反的影響力是對作為宇宙知識來源的整個傳統哲學概念的不斷增長的厭棄。A. J.艾耶爾領導了牛津的實證主義運動，他的有關維根斯坦的《邏輯哲學論》的論文是在1932 年春季宣讀的。《語言、真理和邏輯》還未出版，無論如何，除了《系統地引人誤解的表達式》外，賴爾的觀點也還沒有公開發表。不過，實證主義的攻擊，尤其是體現在約翰・威斯頓(John Wisdom)那時發表在《心》雜誌上的那些早期文章中的那種形式的攻擊，成為新派哲學家的啟示和激動的來源，而對於老派哲學家來說則是極大的恥辱。徹底的反形而上學的經驗主義迅速獲得改變。那時惟有普賴斯（儘管在某些方面他是一個牛津實在論者）對新的運動表示理解和同情，而被其成員看作是敵對陣營結盟的某種東西。該運動迅速增長。它已經擠進《心》雜誌，並擁有自己的地盤《分析》雜誌。這個運動是深刻困境和對最有影響的老派哲學家普利查德、約瑟夫和約阿希姆(Joachim)感到失望的源頭。這些老派哲學家以很不相同的方式做出反應。約阿希姆是溫和的大陸唯心論的最後的、最小心翼翼的和最文明的代表，他生活在亞里士多德、斯賓諾莎、康德、黑格爾和布拉德雷的世界裡，他傾向於忽視這股浪潮，把它看作一種偏離正軌、一種向粗糙的原始狀態和非理性的暫時倒退。普利查德明顯對該運動表示輕蔑並缺乏興趣。受害最深的人也許是約瑟夫。他對真實的傳統有極為敏銳的感覺，他感到有義務去捍衛從他深為欽佩的導師庫克・威爾遜那裡接受的傳統。雖有其門徒的努力，但庫克・威爾遜的名聲在牛津仍然有限。這種實在論的形而上學的最致命敵人不再是唯心論者，

而是經驗主義者和懷疑論者，從休謨開始，追隨者有穆勒、威廉·詹姆斯、羅素和其他的理智上和道德上顛覆性的作家。他們的學說是約瑟夫感到有義務加以反駁和根絕的。終其一生，他都從事於清除哲學之園的巨大任務。我相信，他曾經認為重建古老真理任務至少在英語世界最終能夠達到。但是隨著 20 年代的消逝和 30 年代的開始，他驚恐地看到，叢生的雜草再次發芽。蘭姆塞、布萊斯威特(Braithwaite)、艾耶爾及其同盟者、以及美國各種各樣的實用主義者，都是錯誤的傳播者和煽動者。約瑟夫的最後講演是在新學院的庭院中舉行的，他對羅素及其同道者進行了猛烈的攻擊。我懷疑，他是在理智絕望的狀態中逝世的，因為在他看來，真理已經淹沒在謬誤之海中，而這是一個他絕對無法解釋的災難。

奧斯丁本人是一個危險的經驗主義者，儘管在這個階段他不是一個好鬥的爭論者。他的經驗主義也並不為對任何特定傳統的忠誠所壓制。他不是一個教條主義者。他也並不持有綱領。在這個期間，我不記得我曾聽他說過什麼，這就是說，在戰前，他沒有提出任何種類的系統觀點。但是，當然，他具有非常清楚、敏銳和原創性的理智，因為在他談論時，在他和他所批評或闡述的主題之間似乎什麼也不存在，沒有傳統評論的累積，也沒有特定原則所提供的有色眼鏡。他經常使人產生這樣的感覺：問題是首次清楚地得到陳述的。在那些日子裡，當他明白別人對他所提出的問題時，他總是以他自己的話來回答。在他把問題轉譯為他自己的語言（他自己某種特定的術語系列）之前，他並不假裝問題是不清楚的。在這整個時期，他仍然對哲學的價值保持懷疑，除非作為教育的工具。但他不可能與哲學脫離關係：在 30 年代，無論我們何時見面，他總是尋找機會提出某個哲學問題。

當艾耶爾的《語言、真理和邏輯》於 1936 年出版時，奧斯丁對它表示了極大的欽佩，然後開始在我們下午的散步時間逐頁逐句對它加以評論。1936 年，在他到馬格達靈學院約一年後，有一天晚上，他到我在全靈學院的房間，問我在讀些什麼，問我是否在讀蘇聯哲學，以及它是否值得讀？他曾經作為一個旅遊者訪問過蘇聯，並對他的旅遊經驗留下深刻印象。他為他在那裡所見到的無人格外表的男人和女人的嚴厲、嚴格和奉獻所吸引，而且覺察到國家主義和對馬克思、列寧等偉人崇拜的增長。我認為他對共產主義奠基者的欽佩是短暫的。他後期所欣賞的理智美德的典範是達爾文和佛洛伊德，這倒不是因為他特別欣賞他們的觀點，而是因為他相信，一旦一個人本人確信他的假說到底值得追求，他就應該一直追尋到它的邏輯結局，無論結果如何，不應因畏懼奇怪的結果或因市儈常識的控制而受阻礙。如果邏輯結果事實上不可靠，人們應該能夠依據無可否認的證據收回假說或對它們進行修正。但如果人們不能探索假說的全部邏輯結論，真理將永遠為膽怯的可敬所打敗。他說，一個不顧抱怨、警告和批評而堅定地追求選定的道路的無畏的思想家，是適當的欽佩和仿效的對象。奧斯丁讀過或認為值得讀的惟一的英國馬克思主義者是拉爾夫·佛克斯(Ralph Fox)的著作，而除此之外，我也沒有讀過任何值得向他推薦的當代共產主義哲學家的著作。但我在一、二年前讀過一本有趣的哲學書，就是我以前沒有聽說過的哈佛大學教授 C. L. 劉易斯所寫的《心靈和世界秩序》。該書談到牛津哲學的隔絕和自我中心，而很少談美國哲學。一個純粹偶然的機會我在布萊克威爾書店的書架上碰到它，我翻閱了一下，覺得頗為有趣。我買了這本書，仔細閱讀，認為它對康德範疇的實用主義的轉換是原創性的、有成果的。我把它借給奧斯丁，而他也幾乎馬上離

開我。他告訴我他不再拉小提琴，而馬上開始讀這本書。三天後，他向我提議我們應該開一門有關這本書的課程。顯然，該書也引起了他的極大興趣。

對這件事我可能有弄錯的地方，但我記得這是在牛津所開的第一個有關當代思想家的課程或討論班。這次，奧斯丁作為一個教師的名聲相當成功，相當數量的本科生一周來聽一次我們在全靈學院開的課。我對合作的課程如何進行沒有概念，而認為主持者應該開始就文本所提供要點進行對話。奧斯丁開始請我闡述一個論點。我選擇了劉易斯特定的可感性質學說，就此談了我的想法。奧斯丁嚴肅地盯著我說，「你介意再說一遍嗎？」我就重述了一遍。奧斯丁語調緩慢地說，「在我看來，你剛才所說的東西完全沒有意義」。無疑，奧斯丁在我們課堂上的表現對參加聽課的某些學生有深刻的、持久的影響。他們中的某些人後來成為著名的職業哲學家，已經驗證了奧斯丁表現的異常的力量和豐富。他的表現很像穆爾每年在亞里士多德學會和心靈學會聯會上所開的課。奧斯丁始終如一地同等對待有洞察力和乏味的批評和反對意見，緩慢、使人敬畏、嚴酷。在這個過程中，他使我們班上真正的哲學家不受壓制、不灰心喪氣，而是為他所捍衛的劉易斯的唯名論理論的簡單性和清晰性鼓舞和激勵。「如果在這張紙上有三塊朱紅斑跡，那麼那裡有多少種朱紅斑塊？」我的回答是「一種」，而奧斯丁的回答是「三種」。這個學期的其餘時間我們都花在這個問題上。奧斯丁就像哈佛法學院令人敬畏的教授那樣引導這個討論班。他向班上的學生提問。如果每個人由於驚懼而保持沉默，他會隨機指定某個學生回答。而被指定的學生有時由於害怕就默不做聲。奧斯丁就意識到這一點，而自己做了回答，並回到正常的討論狀態。除了這些有些令人害怕的片刻外，該討論班保持了

學生數量不減少和興趣強度。我們那個學期就花在唯名論上。這是我曾參與的最好的討論班，而且在我看來，這標誌著奧斯丁作為一個獨立的思想家生涯的真正開端。

　　1936 年夏季，我們提議我們舉行經常性的哲學討論會，探討我們以及我們同時代的牛津哲學家所感興趣的主題。他希望小組非正式聚會，除了澄清我們的思想和追求真理外，他沒有考慮發表我們的「結果」（如果我們曾經取得結果的話）或任何目標。我們同意邀請艾耶爾、麥克納博(Macnabb)、伍茲利(Woozley)，這些人當時都在牛津教哲學；還邀請了漢普舍爾和麥克肯龍(Donald MacKinnon)，前者已經被選為全靈學院的研究員，而後者已成為凱伯學院(Keble)的研究員。討論會開始於 1936 － 1937 年的某個時候（我記得是 1937 年的春季）。它們於周四晚飯後在我的全靈學院的房間中進行，持續到 1939 年夏季，中間有幾次間斷。回顧往事，它們似乎是我所參加的最富有成果的哲學討論會。討論的主題事先並沒有仔細準備好，也不必預先宣布，儘管我們每周都知道我們將可能討論什麼。主要的討論題目在數量上有四個：知覺，即普賴斯和布勞德(C. D. Broad)所討論的感覺材料理論；先天真理，即看起來必然真或假的命題，這些命題不能被還原為規則、定義以及它們所推導出的東西；反事實陳述的證實和邏輯性質，那時我們稱之為未完成的假說或違反事實；個人同一性的性質和標準，與此相關的是我們有關他心知識的主題。當我談到知覺是我們的主題之一時，我應該說我們談論的主要是現象主義和證實理論，與艾耶爾強烈主張的著名觀點密切相關。奧斯丁攻擊整個感覺材料術語學，質問感覺材料的同一性標準是什麼：如果一個人的視覺領域像老虎的皮膚一樣包含七種黃色和黑色的條紋，它包含七種黑色材料和黃色材料嗎？或由一種連續的條紋材料構

成？材料的平均尺寸是什麼？它的平均壽命是什麼？人們如何計算它們？這些都是那時人們所熟悉的問題。艾耶爾為實證主義辯護，而且希望知道，如果現象主義被拋棄，將以什麼東西取而代之？奧斯丁假設存在古老的、原始的洛克意義上的不可感知的實體或現代科學和哲學意義上的不可證實的、形而上學的存在物嗎？我不記得奧斯丁曾經試圖為這些問題提供任何肯定性的答案，或試圖表述他自己的原則。無疑，他更喜歡尋找別人所提供的解決方法的漏洞。在這種懷疑論式的攻擊過程中，四種或五種純粹現象主義的還原論表述被奧斯丁駁倒。艾耶爾驚呼道：「你像一隻自己並不想跑的賽犬，而且還咬別的賽犬，目的是使牠們也不能跑」。我記得在戰前，奧斯丁並未完全從現象主義之林中脫離出來。但是，即便是那時他確實開始說他看不出用於談論外部世界的普通語言有多少毛病。例如，由光學幻覺——雙重影像、水中的棍子等——所產生的問題是由於為哲學家錯誤分析的語言的歧義性，而不是由於不可能的非經驗信念。在他看來，在這一點上，貝克萊是正確的。一根「實際上」彎的棍子當然與在水中是彎的棍子極為不同，而且一旦光的折射規律被發現，混亂就不會產生：彎是一回事，而看起來彎是另一回事。如果一根棍子插在水中而看起來並不彎，那確實就是怪事。感覺材料語言是一種亞語言，為了特定目的而用於描繪印象派畫家的作品，或是要求病人描繪它們症狀的醫生所需要的。這是一種從日常語言中精煉出來的人工語言，而日常語言對我們通常的目的來說是夠用的，其本身並不引人誤導。人們可以想像到，艾耶爾，也許還有我們當中的其他人，強勁地抵制對穆爾、羅素、布勞德和普賴斯觀點的這種正面攻擊，抵制對英國學派的知覺理論的工具和術語的全盤拒絕。這些討論導致了「牛津分析」的產生。這種分析主要

附錄 IV 奧斯丁和牛津哲學的早期階段

243

並不是奧斯丁的特定理論的結果，也沒有明確涉及維根斯坦後期學說，儘管「藍皮書」已經在劍橋流行並於 1937 年左右傳到牛津，而是出於我們所有人所確定的對普通語言用法的訴求。相似的方法被用於討論反事實陳述——它們的延伸以及它們與證實原則的關係，同樣也運用於個人同一性原則及其與記憶的關係。如果我記憶正確的話，關於後一個問題我們選擇的主要事例是卡夫卡《變形記》中的男主人公，一個名為格里高爾·薩姆沙商業旅行推銷員，他在一天早晨醒來後發現他變成一隻巨大的甲蟲，儘管他對他的日常人生活保持清楚的記憶。我們是把他看作是具有甲蟲身體的人，還是看作具有人的記憶和意識的甲蟲？奧斯丁宣稱，「二者都不是」。「在這種情況中，我們不應該說我們知道怎麼說。這就是我們所說的『言詞使我們失望』的情形。我們將需要新的詞彙。舊的詞彙恰恰不能勝任。它們無法涵蓋這種特殊的情形。」從這個例子我們又轉移到說話者關於他本人做出的命題分析和他所做出的關於他人的命題分析之間的不對稱性，明顯的不對稱性。這個問題從艾耶爾和奧斯丁相應的不同立場來處理，他們逐步成為兩種不相容的觀點的支持者。在我看來，在與艾耶爾及其支持者的實證主義和還原論的持續對立中，奧斯丁特殊的哲學立場在這些周四晚上得到發展。我的意思並不是說奧斯丁和艾耶爾完全支配了討論，而我們其餘人幾乎僅僅是聽眾。我們大家都說了許多，儘管如果我問自己，除了批評證實原則和純粹卡爾納普式的邏輯實證主義外，我自己說了什麼，或者，相信什麼，我將會發現這很難說。我所能記得的一切是，沒有任何東西定型為永久的派別。

　　對先天陳述的討論產生於羅素在劍橋道德科學俱樂部上所宣讀的一篇論文，論文題為「經驗主義的界限」。羅素的論點

是，儘管像「同一個對象不可能在同時同地既是紅的又是綠的」這樣的命題似乎不容質疑地是真的，而不可能是假的。這是因為它們的真理性似乎不是從語詞的定義推出的，而是從顏色詞的意義推出的，而顏色詞的使用是通過指示行為學會或解釋的。因而，這種命題的矛盾命題最好被描繪為荒謬的、無意義的或不可理解的，而不是術語上的矛盾。這就激起了關於語詞定義或非語詞定義的長久討論。奧斯丁和艾耶爾的方法的差別再次清楚地表現出來。如果艾耶爾知覺到一個特定的理論推導出他所確定的錯誤或荒謬結果，他就感覺到整個論證必定按錯誤的路線進行，而他就準備去拒絕那個前提，並試圖去考慮一個新的前提，不合乎需要的結果不能從它那裡推出的前提。奧斯丁則盯著擺在他面前的東西，準備跟隨那個論證。他的一些批評者後來堅持，這種哲學的自發性和明顯擺脫預想的原則不完全是真的：事實上，它們是煞費苦心的蘇格拉底方法，其中隱藏著他不準備表達的肯定性原則。我相信這種觀點是錯誤的。在1936－1939年期間，他在哲學上具有非常開放的頭腦。實際上，在那時，他對任何枯燥乏味的原則充滿懷疑。在我看來，他的主要目的是建立特殊的真理，在後面的階段引出原則。他確實希望「拯救現象」，而在這個意義上說，他是亞里士多德的追隨者，而不是柏拉圖的追隨者，是貝克萊的追隨者，而不是休謨的追隨者。他不喜歡整齊劃一的二分法，如普遍和特殊、描述語言和情感語言、經驗真理和邏輯真理、可證實的表達式和不可證實的表達式、可矯正的表達式和不可矯正的表達式之間的二分法。在他看來，所有的這些清楚而又徹底對照的斷言不能履行他們所期望的功能，即不能借助它們給語詞的普通用法分類。在他看來，意義的類型和區分通常反映在普通語言中。普通語言不是無誤的指南，但它是語言所描述或

表達的主題的區分的最好的指示者。而這些區分卻被全然無效的哲學所提出的整齊劃一的二分法消滅了。他極為尊重自然科學，但他相信，學習行為、知識、信念、經驗種類的惟一可靠方法在於有關實際慣用法數據的耐心積累。奧斯丁並不認為慣用法是神聖不可侵犯的，但他確實堅持慣用法的差別反映了意義的差別，並反映了概念的差別，因此提供了一個有價值的並相對受忽視的通向確立意義區分、概念區分、可能的事態區分的道路，而且在這方面，確實有助於清除混亂和消除發現真理的障礙。奧斯丁不大相信特別的哲學技術。無疑，他對語言和語言學的不知足興趣本身與此有關，而他出色的古典學問助長了他無節制的收藏家的好奇，有時以真正的哲學問題為代價。不過，他對邏輯上的理想語言（能夠反映實在結構的語言）原則的含蓄拒絕來自一種與維根斯坦並不相似的哲學觀，那時，維根斯坦未發表的但暗中傳播的觀點——例如「藍皮書」和「棕皮書」——就我所能記得而言，戰前沒有傳到我們小組的成員。確實，他的第一篇有關「先天概念」的哲學論文中的許多肯定性的原則與維根斯坦的觀點並沒有直接的聯繫，也許，通過閱讀約翰·威斯頓的文章，他對維根斯坦觀點有間接的了解。

　　偶爾，這些周四晚上聚會的人討論道德問題。我們確實討論意志自由，在討論過程中，奧斯丁為了不激怒艾耶爾（他那時是一個堅定的決定論者），低聲地對我說，「他們都在談論決定論並說他們相信它。我在生活中從未碰到決定論者，我的意思是一個真正堅信決定論的人，如同你和我相信人是有死的一樣。你碰到過嗎？」在一次散步中，他也這樣回答我所提出的一個問題。我問道：「假如一個小孩表示希望見到奧斯特利茨戰爭中的拿破崙；我對他說『這是不可能的』，那個小孩就

問道：『為什麼不能？』，我回答說『因為它發生在過去，而你不可能既活在現今又活在一百三十年前，並保持為相同年齡』；那個小孩進一步追問道：『為什麼不能？』，我回答說『當我們使用語詞時，說你能夠同時在兩個地方或回到過去是無意義的』；而這個極為老練的小孩說：『如果這僅僅是一個語詞問題，我們難道不能簡單地改變一下我們語詞的慣用法？那將可以使我們看到奧斯特利茨戰爭中的拿破崙，又同時使我們處於現在的時間和地點。』」我問奧斯丁，該如何對這個小孩說。奧斯丁回答說，「不要這樣說。而叫那個小孩試圖回到過去。告訴他沒有什麼規律反對他這樣做。讓他試一試，而後看發生了什麼。」在我看來，奧斯丁理解哲學的性質，即便他過於學究、過於謹慎。

由於幾個原因，這些討論是富有成果的。其一是參加討論的人數很少，從未超過七人，通常更少。其二是參加者彼此認識，談論極為自由。其三是討論完全是自發的，不必擔心犯錯誤。其四奧斯丁和艾耶爾個人的理智創造性和力量。他們總是處於不斷衝突的狀態中，艾耶爾像一顆無法抵擋的導彈，而奧斯丁則像無法移動的障礙物。他們衝突的結果不是僵局，而是我所知道的最為有趣、自由和生動的哲學討論。

這些討論會的缺點之一在我看來是可以一般地運用於牛津哲學的某種東西，至少在那些日子裡是這樣。我們過於自我中心。我們希望去說服的人僅僅是我們自己所欽佩的同事，因此，我們沒有發表的壓力。我們沒有感到發表我們想法的需要，因為我們惟一的聽眾是生活在我們身邊的同輩人。我們並不認為其他人發現不了關於知識的性質或其他任何東西的真理，但我們確實認為在牛津學派、劍橋學派和維也納學派之外，沒有人對我們有太多的教益。這種想法自負而又荒唐，並

且無疑激怒了別人。但我懷疑那些從不被這種幻覺所迷的人不曾知道真正的理智快樂。

附錄 V

奧斯丁：一位原創性的哲學家[①]

　　奧斯丁生前僅發表七篇論文，都收於他逝後出版的《哲學論文集》中。其中最早的論文〈有先天概念嗎？〉發表於1939年，而最後一篇論文〈偽裝〉發表於1958年，即他逝世前兩年。還有三篇論文他生前未發表，其中一篇是〈施事話語〉，是1956年所做的廣播演講稿。這些論文都是為適應不同場合以各種各樣風格寫成。然而，這些論文都同樣不容易讀。由於其中的三篇論文都是繼續別人在心靈學會和亞里士多德學會所組織的年會上的討論，儘管奧斯丁總是交代清楚他由以出發或批評的論點，但在這些情況中，背景自然被遺漏。

　　《感覺和可感物》是有關知覺的一系列演講，這些講演於1947年在牛津首次開設，在隨後的十二年中多次修改。這些演講筆記高度濃縮，因為奧斯丁能夠依據很少的書目材料做出完好形式的講演。該書現在出版的形式是由 G. J. 瓦諾克先生重建而成的，瓦諾克的重建做得極富技巧。它以輕鬆、非正式的風格寫成，與奧斯丁的其他論文相比，該書是對他做哲學的獨特方式的更好的記錄。

　　在其最早的論文中，奧斯丁對哲學術語的不信任就已很明

---

① 本文摘譯自大衛‧皮爾斯(David Pears)的〈一個原創性的哲學家〉一文，載於范光棣編的《J. L. 奧斯丁討論集》，倫敦，勞特利奇和基根‧保羅出版公司，1969年。我在寫好本書的正文（1999年完成的博士論文）後，收到台灣大學哲學系劉福增教授寄給我的《J. L. 奧斯丁討論集》一書英文本的複印件，閱後知皮爾斯的這篇文章與本書正文中的觀點頗有相似之處，特摘譯於此以備讀者參考。

顯。他認為，那麼多哲學爭議被拖延和不能決定的原因之一是雙方都已經接受不切實際的術語。如果兩個人發明一種遊戲，而後在玩遊戲過程中發現遊戲規則不能涵蓋不可避免產生的某些偶然情況，或發現它們是相互矛盾的，那麼雙方都無望取得勝利，惟一合理的事情就是回過頭來定更為實際的規則。與此相似，在哲學中，許多合作性的工作必須在競爭性階段能夠開始之前完成，大多數人會發現這種合作性的工作更能給人樂趣。例如，假設兩個哲學家都接受專門術語「T」，當其中一個人提出一個論題：所有屬於 T 的東西都是 X，而另一個哲學家舉例說，某個東西肯定不是 X，但確實似乎是 T，那麼，如果他們兩個人都不知道它是否是一個 T，以致他們不能決定最初的論題是真還是假，那就是可悲的。

這當然是專門術語與實在失去聯繫的極為簡單的方式。如果在科學中經常發生這種情況，那將是荒唐的。但在哲學中，新的術語常常未得到嚴格定義就倉促引進，因此，即便是這種缺乏實在性的簡單形式也經常發生。而且還存在其他的更為複雜的情形。例如，兩個專門術語能夠相互衝突地存在達數個世紀，儘管總是存在它們都運用於其中的非常熟悉的例子。另一種情況是，兩個專門術語一起似乎涵蓋了所有情況，儘管存在它們二者都無法運用的例子。或專門術語可能是含混的，或它混合了兩個應加以分開的觀念，或它可能引入分類原則的混亂。

人們通常認為，奧斯丁堅持，或至少傾向於堅持，在哲學中專門術語必定是不切實際的，因為最大數量的有效區分已經在非技術的語言中被劃分和標示。但這種看法是不可靠的。因為奧斯丁自己在〈如何談論〉和〈施事話語〉中就引進了一些新的專門術語。實際上，他相信的是，如果專門術語被倉促地

250

引進就是不切實際的，而在哲學中專門術語的引進幾乎總是倉促的。但這種觀點不能被表達為，哲學術語必定是不切實際的。

當然，有幾種情況可以解釋對奧斯丁的誤解何以產生。首先，儘管他的哲學從未改變方向，但在早期他的哲學更傾向批判性，而在後期則更傾向於建設性。他早期的某些論文削弱傳統哲學術語的無情方式也許暗示他相信沒有任何哲學術語能夠很好地建立起來。

但這種誤解還有另外更為重要的原因。許多哲學問題首先產生於人們所關注的人類經驗領域尚未為科學或其他精確的學科所觸及的時期（許多哲學問題還處於這種狀態，也許某些問題還會繼續處於這種狀態）。當然，這並不意味著哲學家所面對的是完全未分類的材料。相反，人們思考特定經驗領域（如感覺－知覺領域）的普通的、非嚴格的方式，以及他們描述它們的方式，將給他提供一個他能夠由以出發的許多很好的區分（亞里士多德的著作經常以這種方式開始）。即使專門的區分後來增加上去——維根斯坦把它們比喻為圍繞舊城建立起來的郊區——作為核心的普通區分仍然很重要，當一個哲學家引進某些他自己新的專門術語時，要求這些專門術語至少應該建立在這些普通區分的基礎上是合理的，奧斯丁就是這樣要求的。但這種要求容易被誤解。因為對哲學專門術語的非技術基礎的強調導致了科學家們的所有技術術語都被拒絕這樣一個幻覺，而這個幻覺又加強了一切專門術語在哲學中被消除的幻覺。

奧斯丁有兩個假定，二者都不是新東西：第一，語言揭示了思想的結構；第二，如果一個思想體系長期成功地起作用，以它的對象分類為基礎的區分將會很好地建立起來。在這兩個假定條件下，自然就集中注意非科學語言。儘管集中注意非科

學語言的這種原因可能似乎意味著對科學語言的不信任，但實際上它所意味的不過是前者擁有保證實在論的憑據（它的長期服務），而後者通常缺乏這種憑據。但最新引入的術語並不必然意味著缺少實在性，如果科學術語為了滿足特定的需要而小心地引進，它將會是持久的。這種引進同時也將保證哲學術語的長期生命。但是，當然，重要的是長壽的原因，而不是長壽本身。維根斯坦所謂的「空轉」的長壽將是無價值的。

對奧斯丁哲學的這些誤解值得一提，因為表達真理的良好方式之一就是從超出真理的虛假開始，更何況這些誤解已經贏得某些接受。但是，尤其需要理解奧斯丁對哲學術語批判的性質，這不僅因為這種批判本身是重要的，而且因為他的建設性著作從這種批判產生的方式。因為他的批判性工作和他對哲學的肯定性貢獻是密切相聯繫的。

二者之間的聯繫是複雜的，但其發展的主線並不難於追蹤。假設奧斯丁意欲擺脫一部分不切實際的專門術語。那麼，僅僅引用以非技術語言描述的熟悉例子有時就足夠了。但同時也存在一些情形，需要穿透非技術語言和思想的表層，並試圖發現在它表面下的是什麼。因為非技術體系的結構需要得到徹底探究，這樣才可能判斷專門的哲學體系是否與它一致。

當然，存在他為何進行這種探究的其他理由，實際上，這種探究占據了他大部分時間。其中一個原因是，他想修正經常使哲學著作無效的另一個錯誤，即非專門術語的不切實際的使用（關於知覺的演講包含這種批評的很好的例子，這種批評與對專門術語的批評一樣重要）。但這種探究的最重要結果是他自己的建設性著作。這種轉換是自然的，因為他用於批評別人的那些事實本身值得研究。通常，他想阻止的是不理解情況下的哲學思考。如果他的目標能夠實現，其否定性的後果將會是

不切實際的專門術語和非專門術語的不切實際的使用都在哲學中得以消除，而肯定性的後果將是對實在的理解，這是哲學應該關注的重要任務。

他的建設性步驟通常是選取某個熟悉的詞或某個詞族，描述揭示它們意義的使用的那些特徵。鑑於他的兩個假定中的第一個假定，其結果將是對潛含在所考察的那部分語言之下的概念框架的解釋。這種工作的最簡單例子是〈偽裝〉一文。但是，即使在這裡，人們也可以學到許多，而且會感覺到驚奇，因為概念是那麼熟悉。然而，這種現象在很久以前就為蘇格拉底所注意；熟悉概念的分析僅僅需要比通常走更深一點，而且它產生了人們不能夠說他們是首次學到還是僅僅回憶起來這樣一個結果。

關於這種工作在有關知覺的演講中表現更為複雜。在這裡，奧斯丁攻擊堅持僅有物質事物和感覺材料兩種知覺對象的傳統理論（當然，感覺材料在不同時期被賦予各種不同的名稱，在 20 世紀這兩種東西之間的區分被表達為兩種語言之間的區分）。因此，這些演講的一般計劃是爭論性的，最經常被批評的文本是艾那爾教授的《經驗知識的基礎》（1940 年）。但在許多點上，奧斯丁放棄了批評，目的是獨立發展他自己的思想。無論他是以建設性的方式工作，或以批判性的方式工作，他在這些講演中的步驟總是相同的。耐心地理解非專門語言和思想的複雜體系，這種體系的進化為複雜的感知事實所限制。這本書是經典性的，知覺這個主題已永遠為其所改變。

在其他書中，這種工作的最好例子可以在論文〈他人的心〉和亞里士多德學會主席演講〈為辯解辯〉中找到。在後者中，他考察了初看起來似乎屬於一個人的行為的東西如何在那些詞的充分意義上可能不能成為他的行為的各種各樣的方式。

這些方式中的每一種方式都為適當的副詞或修飾詞所標示，它們中的某些詞被認為是在縮減責任。附帶說及，這種討論是他願意從技術語言開始的一個很好的例子，因為某些區分是從法律術語選取的。

〈他人的心〉一文包含對知識和信念的原創性的重要討論，而且在這裡所使用的也是同樣的分析程序。但專門術語也被使用：他在這裡首次引入了施事話語和描述話語的區分。這種區分在他 1956 年的廣播講演中也以非正式的方式被論及，但其充分的闡述見於他的有關「言與行」的演講中，這就是後來出版的《如何以言行事》一書。事實上，在論文集中包含他系統地提出他自己的專門區分的惟一論文是〈如何談論〉，它是有關不同種類述謂的。人們常說，致力於對非哲學術語透徹分析的哲學家冒在細節中使自己迷失的危險。但奧斯丁總是更多地為相反的危險所影響，這就是，如果他引進他自己的新哲學術語，他會使自己迷失在概括中。然而，在他的後期生涯中，他越來越多地使用第二種步驟。

在他所有的批判性和建設性著述中，他的首要目的是使哲學和人類經驗保持密切的聯繫。其結果是，他的肯定成就具有嚴格性和可靠性，而這在哲學史中是罕見的。一些人發現這令人激動，而另一些人則失去繼續前進的勇氣。似乎在平面上表達第三維度的方法剛剛找到，或更確切地說被重新發現，因為奧斯丁的實在論並不是全新的。它依賴於語言的特有方式是新的，而他語言分析實踐的細緻和專心也是新的。但其他時期的其他哲學家已經鼓吹回到實在論，並付諸實踐。這種實踐極端困難，但遵循實在論的那些人贏得了理智的自由。他們的著作總是特別新穎並具有力量。這些品質在奧斯丁的著作中極為明顯。閱讀奧斯丁著作的人們會感到，哲學或至少其中的一部分

變得更像科學。

奧斯丁所做的哲學看起來如此異於其他人所做的哲學，以致它的新穎性已經既被它的崇拜者又被它的貶損者所誇大。確實，他以新的方式運用語言證據，但是他試圖從這種運用中贏得的仍然是其他哲學家以其他方式所尋求的那種理解。因此，儘管方法不同，但目標是一樣的。但人們也誇大了他在哲學中使用新方法的程度。把方法表達為戒律應該是可能的，奧斯丁的惟一戒律是，某些語言事實應該得到詳細的研究，而至今為止，它們多半為哲學家所忽視。他自己遵循這個戒律的成功應歸功於他對語言的極端敏感（當然，這對於以他那種方式做哲學來說是極為重要的）和他頭腦的極端敏銳。無疑，在他作品背後應該還有更多的東西，某種秘密的方法論戒律或理論假定系列。

據說，在哲學討論中，像蘇格拉底一樣，奧斯丁具有使人麻痹的效果。這在他的批評中有明顯的運用，但同時也運用於他發展他自己的思想方式。因為當他思考某種東西時，他就對這種東西密切注意，並以細節作為立足點，以致從哲學標準來說，他的動作是緩慢的。但這與不變是兩回事，他所壓制的是速度。他誇大了以幾句話涵蓋很大距離的危險嗎？他的立腳穩固的風格必要嗎？

奧斯丁確實和蘇格拉底有類同之處。當有人問蘇格拉底美德是否能被教導時，蘇格拉底說，他無法回答這個問題，因為他不知道美德是什麼。當然，他的意思是，他並不確切知道美德是什麼。許多人發現這種做哲學的方式令人難以接受，這是可以理解的。因為連貫的思想是一種如此困難的成就，以致當某人挑出主要的語詞並質問它的確切運用時，有人自然感到不滿。

當然，奧斯丁使思想更為實際的方式與蘇格拉底的方式不同。當蘇格拉底試圖發現美德或其他東西是什麼時，他總是尋找以直接的方式把該詞項和其對象相連接的定義。但當奧斯丁分析一個詞項時，他並不尋求與實在的這種簡單的聯繫。他相信，經常的結果是，詞項可以運用於各種不同的情況，而這些不同的情況不能被置於任何一般的公式之下。這就是他總是收集各種各樣的事例並極為注意細節的原因。他從未有維根斯坦所謂的「對普遍性的渴望」或「對特殊事例的輕蔑態度」那種感受。奇怪的是，有些人認為，當奧斯丁使哲學更為經驗時，他使哲學變得更為容易。但實際上，如果說奧斯丁使哲學有所變化的話，他使哲學變得更為困難。當然，他實際上所做的是表明它是如何困難。

奧斯丁與 20 世紀其他哲學家的關係是一個頗不易談論的問題。由於他與維根斯坦的兩個相似之處（對語言和語言使用詳細研究的堅持）已為人們所提及，這裡主要談談他們在其他方面的不同之處。奧斯丁比維根斯坦對不切合實際的哲學理論的原因更不感興趣。維根斯坦試圖發現思想和實在之間的圖像如何，而且以直覺的同情和理解描繪它們。與此不同，奧斯丁使思想和實在之間的關係的討論更為實際。他們之間另一個重要的差別是，奧斯丁相信系統哲學的可能性，而維根斯坦在其後期則不相信這種可能性。

他的真正先輩是 G. E. 穆爾。他和羅素在非專門語言和思想是否需要改革問題上發生分歧。改革者的主張是，非專門語言無法涵蓋新的科學事實，而且存在哲學論證表明它甚至無法連貫地處理舊的事實。奧斯丁承認這兩點中的第一點，但堅持這僅僅表明需要的是補充，而不是修正。他拒絕第二點，因為他認為對受指責的那部分語言的詳細研究幾乎總是表明，需要

修正的是哲學論證。

奧斯丁的批評者大多專注於一般的問題，即在多大程度上他與以前的哲學家在同一領域工作。這部分是歷史事實問題，部分是價值問題。即使是歷史問題也難於回答，因為奧斯丁哲學的原創性及其形式的新穎性使其難於看到基本的連續性。價值問題由於其他原因而難於回答，它以兩種方式產生：一些人相信，永久的哲學問題是重要的問題，因此對它們的忽視是一個錯誤；另一些人相信，許多傳統哲學問題是站不住腳的，因此它們的消除是一種美德。這兩種信念都是有爭議的，很明顯，它們二者都不可能是完全真的或完全假的。同時我們有必要決定它們在多大程度上可以以奧斯丁的方式達到。他的那種工作是所有哲學工作中的一個要素嗎？

幸運的是，他是一個原創性的哲學家，因此我們不必在完全追隨他和完全拒絕他之間進行選擇。他自己發現如此這般的虛飾性的二難推論荒謬可笑，而有諷刺意味的是，他特殊的理智性質有時會使別人把他裝扮成這種可笑的形象。當然，他的工作的範圍和潛能難於估價，我們首先要做的是力圖弄清他的工作究竟是什麼。

參考文獻

Ⅰ.奧斯丁(Austin, John Langshaw)著作

Philosophical Papers, third edition, Oxford University Press,1979.

How to Do Things with Words, Oxford University Press, 1962.

Sense and Sensibilia, Oxford University Press, 1962.

Ⅱ.相關英文著作

Armstrong, D.M.: *Perception and Physical World*, Humanities Press, New York,1961.

Ayer, A.J.: *The Foundation of Empirical Knowledge*, Macmillan, 1940.

——, *Philosophy in the Twentieth Century*, Rondom House, New York,1982.

Berlin, Isaiah: *Two Concept of Liberty*, Clarendon Press, Oxford, 1958.

——, *Essays on J. L. Austin*, Oxford University Press, 1973.

Cavell, Stanley: *Philosophical Passages: Witgenstein, Emerson, Austin, Derrida*,Blackwell Publishers, 1995.

Chapell, V. C. (edited): *Ordinary Language*, Dover Publication, Inc., New York, 1964.

Charlesworth, Maxwell John: *Philosophy and Linguistic Analysis*, Paquesne University,Pittsburgh, 1961.

Chisholm, Roderick M.: *Theory of Knowledge*, third edition, Prentice-Hall Inc., New York, 1989.

Craig, Edward (ed.): *Routledge Encyclopedia of Philosophy*, Routledge, London, 1998.

Fann., K. T. (edited): *Symposium on J. L. Austin*, Routledge &

Kegan Paul Ltd, London,1969.

Flew, Antony (edited): *Logic and Language*, (I), Basil Blackwell, Oxford, 1951.

——, *Logic and Language*, (II), Basil Blackwell, Oxford, 1953.

——, *Essays In Conceptual Analysis*, Macmillan, Co Ltd, 1963.

Furberg, Mats:*Locutionary and Illocutionary Act: A Main Theme in J. L. Austin's Philosophy*, Gothenburg Studies in Philosophy, Alongvist & Wiksell,Stockholm, 1963.

Griffiths, A. Phillips (edited): *Knowledge and Belief*, Oxford University Press, 1967.

Hacker, P. M. S.: *Wittgenstein's Place in Twentieth-Century Analytic Philosophy*,Blackwell Publishers Ltd, 1996.

Hill, Thomas: *Contemporary Theory of Knowledge*, The Ronald Press Company, New York, 1961.

Holdcroft, David: *Words and Deeds*, Clarendon Press, Oxford, 1978.

Lehrer, Keith: *Knowledge*, Oxford University Press, 1974.

Lewis, H. D. (edited): *Clarity Is Not Enough*, George Allen & Unwin Ltd, London, 1963.

Lean, Martin: *Sense-Perception and Matter*, Routledge & Kegan Paul Ltd, London,1953.

Lucey, Kenneth G. (edited): *On Knowing and the Known*, Prometheus Books, New York, 1996.

Macdonald, Margret: *Philosophy and Analysis*, Philosophical Library, New York,1954.

Moore, G. E.: *Principia Ethica*, Cambridge University Press, 1903.

——, *Ethics*, Oxford University Press, 1912.

——, *Philosophical Papers*, George Allen & Unwin Ltd, London, 1959.

——, *Philosophical Studies*, Kegan Paul, London, 1922.

Parkinson, G. H. R. (edited): *The Theory of Meaning*, Oxford University Press, 1968.

Passmore, John: *A Hundred Years of Philosophy*, Penguin Books, 1966.

Pitcher, G. W. (ed.):*Truth*, Prentice Hall, Englewood Cliffs, NJ, 1964.

Price, H. H.: *Perception*, Methuen, London, 1932.

Prichard, H. A.: *Moral Obligation*, Clarendon Press, Oxford, 1949.

Ramsay, F. P.: *The Foundations of Mathematics and Other Logical Essays*, Kegan Paul, London, 1931.

Recanati, F.: *Meaning and Force*, Cambridge University Press, 1987.

Rorty, Richard M. (ed.): *The Linguistic Turn: Essays in Philosophical Method*, The University of Chicago Press, Chicago, 1992.

Rosenberg, Jay F. And Travis, Charles (edited): *Readings in the Philosophy of Language*, Prentice-Hall Inc, New Jersey, 1971.

Russell, Bertrand: *The Problem of Philosophy*, Williams & Norgrate, London, 1912.

——, *Our Knowledge of the External World*, Open Court Publishing Company, 1914.

——, *Portrait from Memory*, Allen & Unwin, London, 1956.

Ryle, Gilbert: *The Concept of Mind*, Penguin Books, Ltd, 1949.

——, *On Thinking*, Basil Blackwell, London, 1979.

——, *Dilemmas*, Cambridge University Press, Cambridge, 1954.

參考文獻

Schillp (Ed.): *The Philosophy of G. E. Moore*, Northwestern University, Chicago,1942.

Searle, John R. (ed.): *Speech Act*, Cambridge University Press, London, 1969.

——, *The Philosophy of Language*, Oxford University Press, 1971.

Nowell-Smith, P. H.: *Ethics*, Pelican Books, Harmondsworth, 1954.

Strawson, P. F.: *Logico-Linguistic Papers*, Methuen Co, Ltd, London, 1971.

——, *Introduction to Logic Theory*, Methuen & Co Ltd, London, 1952.

——, *Individual*, Methuen & Co Ltd, London, 1959.

——, *Analysis and Metaphysic*, Oxford University Press, 1992.

Urmson, J. O.: *Philosophical Analysis*, Clarendon Press, Oxford, 1956.

Warnock, G. J.: *Berkeley*, Pelican Books, 1953; revised edition, Blackwell,Oxford, 1982.

——, *English Philosophy Since 1900*, Oxford University Press, 1958.

——, *J. L. Austin*, Routledge, London and New York, 1989.

Weitz, Morris: *Twentieth-Century Philosophy: the Analytic Tradition*, Free Press, New York, 1966.

White, A. R.: *G. E. Moore*, Oxford, Blackwell, 1958.

Williams, B. and Montefiore, Alan (edited): *British Analytical Philosophy*, Routledge & Kegan Paul, London,1966.

Wittgenstin, Ludwig: *Tractatus Logico-Philosophicus*, Translated by D. F. Pears & B.F. MacGuinness, Routledge & Kegan Paul, 1961.

——, *Philosophical Investigation*, Translated by G. E. M. Anscomber, Basil Blackwell, Oxford, 1958.

Ⅲ.相關論文

Ayer, A. J.: "Has Austin Refuted Sense-data?", *Synthese* 17(1967), 117-140.

Bennett, Jonathan: "Real", *Mind* 75 (1966), 501-215.

Cavell, Stanley: "Austin at Criticism", *The Philosophical Review* 74 (1965), 204-219.

Firth, Roderick: 'Austin and the Argument from Illusion', *Philosophical Review* 73 (1964), 372-382.

Goldstein, Leon: 'On Austin's Understanding of Philosophy", *Philosophy and Phenomenological Research* 25 (1964), 223-232.

Hampshire, Stuart: "In Memorial: J. L. Austin", *Proceedings of the Aristotelian Society* 60 (1959-1960), I-XIV.

——,"J. L. Austin and Philosophy", in *The Journal of Philosophy* 62(1965), 511-513.

Harrison, J.: 'Knowing and Promising', *Mind* 71 (1962),443-457.

Malcolm, Norman: "Understanding Austin", *The Journal of Philosophy*, LXⅡ (1965), 508-509.

Osborn, Jane M.: "Austin's Non-conditional Ifs", *The Journal of Philosophy*, LXⅡ (1965), 711-715.

Quine, W. V.: "J. L. Austin, Comment", *The Journal of Philosophy*, LXⅡ (1965), 509-510.

Ryle, G.: 'Systematically Misleading Expression', in *Proceedings of the Aristotelian Society*, 1931-1932.

Sesonske, Alexander: "Performatives", *The Journal of Philosophy*, LXII (1965), 459-468.

參考文獻

∎

Urmson, J. O.: "J. L. Austin", *The Journal of Philosophy*, LXⅡ
(1965), 499-508.

Urmson J. O. and Warnock, G. J.: "J. L. Austin", *Mind*, LXX(1961),
256-257.

IV.中文書目

柏拉圖，《理想國》，商務印書館，1986 年版。

亞里士多德，《尼各馬科倫理學》，載苗力田主編的《亞里士多
德全集》第八卷，中國人民大學出版社，1992 年。

休謨，《人性論》（下卷），商務印書館，1980 年版。

金岳霖，《知識論》，商務印書館，1983 年第 1 版。

洪謙主編，《現代西方哲學論著選輯》（上冊），商務印書館，
1993 年。

陳啟偉主編，《現代西方哲學論著選續》，北京大學出版社，
1992 年。

陳啟偉，〈塞爾〉，原載於涂紀亮主編的《當代西方著名哲學
家評傳》第一卷（語言哲學）山東人民出版社，1996 年；重
印於陳啟偉《西方哲學論集》，遼寧大學出版社，1998 年。

涂紀亮主編，《語言哲學名著選輯》，三聯書店，1988 年。

車銘洲主編，《現代西方語言哲學》，四川人民出版社，1989
年。

周昌忠，《西方現代語言哲學》，上海人民出版社，1992 年。

何自然，《語用學概論》，湖南教育出版社，1988 年。

劉福增，《奧斯丁》，台北東大圖書公司，1992 年。

黃宣范，《語言哲學》，台北文鶴出版社有限公司，1983 年。

後　記

　　本書是在我的博士論文基礎上修改擴充而成的。國內對奧斯丁的介紹較少，為了便於讀者了解奧斯丁的生平事跡、學術背景以及相關的一些情況，同時也為了增加本書的可讀性，彌補博士論文過於專門化的不足，我選擇摘譯了國外的一些較精彩的評介性材料，作為本書的五個附錄。除此之外，本書基本上保持原論文的基本框架和基本內容，只在細節上做些修改。

　　我對奧斯丁哲學的興趣首先源於準備博士生入學考試時對奧斯丁作品的一些閱讀。進入北京大學外國哲學研究所後，在導師陳啟偉教授指導下選定以「普通語言學派哲學」作為主攻方向，並在中期考核後確定以「奧斯丁哲學」作為博士論文選題。博士生三年的學習研究，以及博士論文的寫作和修改，頗多受惠於陳老師的指導。陳老師嚴謹的治學態度和可敬的學者風範令我景仰。在本書即將出版之際，陳老師慨然應允撥冗作序，使我倍感榮幸。

　　中國人民大學哲學系鍾宇人教授、中國社會科學院哲學所涂紀亮研究員、北京師範大學哲學系宋文淦教授、北京大學外國哲學研究所陳嘉映教授和葉闖副教授對我的論文詳加評閱，他們的肯定和鼓勵使我信心倍增。他們還在論文答辯會上提出一些非常中肯的意見，指出某些錯誤，有助於論文進一步的修改和完善。台灣大學哲學系劉福增教授給我寄來了不少有關奧斯丁的資料，給論文的修改和擴充帶來很大的幫助。學友薛孝斌仔細閱讀了論文，提出了不少重要的修改意見。責任編輯王希勇博士細緻而又出色的工作使本書增色不少。在此，我要對

所有這些師長和學友表示誠摯的謝意。

在廈門大學哲學系學習期間，導師白錫能教授，以及王善鈞教授、陳嘉明教授、陳埡成教授、陳亞軍教授等諸位師長，給我諸多指導和幫助。這兩年在福建師範大學從事博士後研究，得到導師陳征教授、李建平教授和郭鐵民教授的關心和指導。在此一併表示衷心感謝。當然，我還要特別感謝妻子戴音對我生活的悉心照顧，對我學習和科研的理解與支持。

漫漫求學生涯，始得年邁父母苦力支撐，後得兄長楊玉增鼎力相助。今先父已逝十載有餘，每念及先父剛毅之面容和對我拳拳之希冀，不禁潸然淚也！

楊玉成

2002 年 2 月 3 日謹識於福州

奧斯丁：語言現象學與哲學 ／ 楊玉成著 --
初版. -- 臺北市：臺灣商務, 2003 [民 92]
　　面 ； 公分
參考書目：面
ISBN 957-05-1814-6(平裝)

1. 奧斯丁 (Austin, John Langshaw, 1911-1960)
　　- 學術思想 - 哲學

144.79　　　　　　　　　　　92014735

奧斯丁
──語言現象學與哲學

定價新臺幣 280 元

著 作 者　楊　玉　成
責 任 編 輯　李 俊 男
美 術 設 計　吳 郁 婷
校 對 者　江 勝 月
發 行 人　王　學　哲
出 版 者
印 刷 所　臺灣商務印書館股份有限公司
　　　　　臺北市 10036 重慶南路 1 段 37 號
　　　　　電話：(02)23116118 · 23115538
　　　　　傳眞：(02)23710274 · 23701091
　　　　　讀者服務專線：0800056196
　　　　　E-mail：cptw@ms12.hinet.net
　　　　　網址：www.commercialpress.com.tw
　　　　　郵政劃撥：0000165 － 1 號
　　　　　出版事業
　　　　　登 記 證　局版北市業字第 993 號

· 2003 年 10 月初版第一次印刷
本書由北京商務印書館授權出版繁體中文字本

版權所有 · 翻印必究

ISBN 957-05-1814-6 （平裝）　　　　　a 24100010

讀者回函卡

感謝您對本館的支持，為加強對您的服務，請填妥此卡，免付郵資
寄回，可隨時收到本館最新出版訊息，及享受各種優惠。

姓名：＿＿＿＿＿＿＿＿＿＿＿＿＿＿＿　性別：□男 □女

出生日期：＿＿＿年＿＿＿月＿＿＿日

職業：□學生　□公務（含軍警）　□家管　□服務　□金融　□製造
　　　□資訊　□大眾傳播　□自由業　□農漁牧　□退休　□其他

學歷：□高中以下（含高中）　□大專　□研究所（含以上）

地址：□□□＿＿＿＿＿＿＿＿＿＿＿＿＿＿＿＿＿＿＿

＿＿＿＿＿＿＿＿＿＿＿＿＿＿＿＿＿＿＿＿＿＿＿＿＿

電話：（H）＿＿＿＿＿＿＿＿＿＿（O）＿＿＿＿＿＿＿＿＿

E-mail：
＿＿＿＿＿＿＿＿＿＿＿＿＿＿＿＿＿＿＿＿＿＿＿

購買書名：＿＿＿＿＿＿＿＿＿＿＿＿＿＿＿＿＿＿＿＿＿

您從何處得知本書？

　　　□書店　□報紙廣告　□報紙專欄　□雜誌廣告　□DM廣告
　　　□傳單　□親友介紹　□電視廣播　□其他

您對本書的意見？（A/滿意 B/尚可 C/需改進）

　　　內容＿＿＿＿　編輯＿＿＿＿　校對＿＿＿＿　翻譯＿＿＿＿
　　　封面設計＿＿＿＿　價格＿＿＿＿　其他＿＿＿＿＿＿＿＿＿

您的建議：＿＿＿＿＿＿＿＿＿＿＿＿＿＿＿＿＿＿＿＿

＿＿＿＿＿＿＿＿＿＿＿＿＿＿＿＿＿＿＿＿＿＿＿＿＿

＿＿＿＿＿＿＿＿＿＿＿＿＿＿＿＿＿＿＿＿＿＿＿＿＿

臺灣商務印書館

台北市重慶南路一段三十七號　電話：（02）23116118・23115538
讀者服務專線：0800056196　傳真：（02）23710274・23701091
郵撥：0000165-1號　E-mail：cptw＠ms12.hinet.net
網址：www.commercialpress.com.tw

100臺北市重慶南路一段37號

臺灣商務印書館　收

對摺寄回，謝謝！

- -

傳統現代　並翼而翔

Flying with the wings of tradition and modernity.